不法行為法研究

5

【編集委員】

新美育文
浦川道太郎
古谷英恵

成文堂

はしがき

　21世紀になって、ICT 技術の著しい進化によってもたらされる科学・技術の変貌は目を見張るものがある。それは我々に大きな利便をもたらしている。しかし、そこには従来とはかなり異質なリスクも潜んでいる。このような状況は、18世紀末から19世紀にかけての産業革命がもたらした状況に酷似する。産業革命期、科学・技術に潜むリスクの顕在化による被害に対して、不法行為法は、過失の客観化、そして通常外の危険に対する無過失責任の承認によって救済の途を拓いてきた。

　本書は、現代社会の新たなリスクに対して、不法行為法はどう対処すべきかを考えるために、「温故知新」にならい、無過失責任を取り上げた。現代社会の新たなリスクに対処する途を探るための、今後の議論にとって一助となればと願う。

　不法行為法研究①から④までに掲載されてきた森嶌昭夫教授の「不法行為行為法の再検討を試みる（一）～（四）」は、本書で取り上げたテーマを考える上では、極めて貴重な示唆を与えてくれており、研究会において森嶌先生からの指摘が期待されていた。しかし、残念ながら、森嶌先生は、今年５月に永眠なされ、我々研究会同人の期待も叶わぬことになった。本書を森嶌先生がどのように評価されるかを伺いたかった。

　本書の基盤となっている21世紀不法行為法研究会は、不法行為法に関心を持つ方ならば、いつでも参加できる。森嶌先生からの叱咤激励はもはや期待できないが、研究会同人との意見交換は参加者にとって貴重な刺激となっている。今後も研究会活動は地道に続けるつもりである。

　そして、こうした我々の研究成果発表の場を提供してくださる成文堂には心から感謝すると共に、編集担当の篠崎雄彦氏には一方ならぬ助言と協力をいただいていることを記してお礼申し上げる。

2024年11月

編集委員を代表して

新　美　育　文

目　　次

はしがき　*i*

［特別寄稿］

我が国における危険責任論の端緒 ……………………………… 浦川道太郎（ 3 ）

　一　はじめに　*3*
　二　明治初期における欧米の不法行為論の導入と危険責任論　*4*
　三　東京大学法学部の法律討論会における危険責任をめぐる議論　*5*
　四　我が国における危険責任論の受容と山田喜之助の『英国私犯法』　*10*
　五　おわりに　*14*

［特集　無過失責任の諸相］

過失責任と無過失責任の分界線は？ ……………………………… 新美育文（ 19 ）

　一　はじめに　*19*
　二　主観的過失から客観的過失へ　*20*
　三　無過失責任の帰責根拠　*42*
　四　結　論　*63*

使用者責任における逆求償の発生原因
　　──最判令和 2 年 2 月28日民集74巻 2 号106頁を契機として──

　　……………………………………………………… 齋藤　航（ 67 ）

　一　序　論　*67*
　二　令和 2 年判決の概要　*68*
　三　逆求償に関する学説とこれまでの判例　*71*
　四　令和 2 年判決の意義と残された課題　*81*

iv　　目　　次

　五　判例における使用者責任の帰責根拠　*86*

　六　結　論　*93*

製造物責任における製造物の「欠陥」と医薬品の副作用
……………………………………………………………………… 村山淳子（ *97* ）

　一　本稿の問題意識　*97*

　二　製造物責任法の理論的課題　*99*

　三　薬害訴訟の法理
　　　──スモン事件東京地裁判決とクロロキン事件東京地裁判決──　*104*

　四　医薬品の欠陥判断──イレッサ事件判決──　*112*

　五　学説による批判的検討　*117*

　六　現行制度の欠缺　*120*

　七　結論と展望　*123*

運行供用者と責任保険
　──特定自動運行車事故を対象として── ………………… 肥塚肇雄（*125*）

　一　はじめに　*125*

　二　特定自動運行車の運行と利用　*128*

　三　特定自動運行車の社会実装化と自賠法　*134*

　四　責任保険の法的限界と被害者救済　*145*

　五　おわりに　*154*

［論　説］

民法第3編第5章題号「不法行為」の意義
　──今日的状況に照らして── …………………………… 畑中久彌（*159*）

　一　はじめに　*159*

　二　民法第3編第5章題号「不法行為」の意味　*160*

　三　違法性要件固有の判断内容　*164*

　四　諸外国の状況　*172*

　五　おわりに　*187*

特別寄稿

我が国における危険責任論の端緒

浦　川　道太郎

一　はじめに
二　明治初期における欧米の不法行為論の導入と危険責任論
三　東京大学法学部の法律討論会における危険責任をめぐる議論
四　我が国における危険責任論の受容と山田喜之助の『英国私犯法』
五　おわりに

一　はじめに

　危険責任は、産業革命により高度な危険な技術・施設・物が開発・利用に供される中で、注意義務の履行によっては回避不能な前時代にはなかった事故に対して、過失責任主義に基づく不法行為責任では十分な被害者救済ができないという認識から生れた無過失損害賠償の法理論である。また、それは、市民に不安を与える危険を内包する新たな技術・施設・活動を摩擦なく社会に受容するために、法政策的にも採用された法理論でもある。

　この法理論について、我が国の法律家が何時どのような形で接触したか、また、それを如何に取り扱ったかを明らかにすることが本稿の課題である[1]。

1　『不法行為法研究　第５号』の特集は「無過失責任の諸相」であるので、その巻頭論文としては無過失責任に関するものが適当であると考えた。そのため、小著『ドイツにおける危険責任』（成文堂、2021）から継続して書き進めている『我が国における危険責任』の冒頭部分を独立させて、「我が国における危険責任論の端緒」と題する小論を寄稿することにした。
　本稿の基礎になっているものは、星野英一編『民法講座　6』（有斐閣、1985）所収の拙稿「無過失損害賠償責任」の第一節の中の「一　民法典成立に至るまでの無過失損害賠償責任の動向」であるが、本稿は、それを大幅に改訂・補充している。しかし、いずれにせよ対象とするところは、危険（無過失損害賠償）責任の考え方が我が国に何時・どの様な形で導入され、論じられたかを明らかにするものである。

二 明治初期における欧米の不法行為論の導入と危険責任論

　ヨーロッパの近代市民社会の成立を支えた自由主義の考え方は、個人の自由な意思と行動を拘束する法制度を排斥した。そして、不法行為法の分野でも、従来の原因責任（因果関係のみを帰責の要素とする責任）や客観的責任制度を排除・抑制して、注意を尽くして行動すれば責任を問わないという過失責任主義を不法行為の中心的な帰責原理として確立する[2]。このようにして生まれた過失責任主義は、個人と勃興しつつある産業に自由な活動領域を保障し、資本主義の発達を促進するものとして、19世紀の欧米諸国の民法典に採用され、判例法の原則にもなる。しかし、過失責任主義の確立は、同時に、その一元的支配の崩壊過程の開始でもあった。19世紀の社会で進行していた産業革命による技術革新が前時代に予想もできなかった危険と危険の現実化としての深刻な事故損害を発生させ、過失を立証できないために被害の救済を得られない犠牲者を続出させたことで、過失責任主義の限界を強く社会に認識させたからである[3]。

　危険責任は、この不法行為制度における過失責任主義の限界を克服して、迅速かつ完全な被害者救済を如何に確保するかという課題に対する19世紀後半の欧米の判例・立法と法理論の実践的な取り組みの中に、その起原をもっている[4]。

2　欧米諸国の不法行為法において、近代社会の成立の中で過失責任主義が主たる地位を占めることについて相違はないが、「過失」の厳密な意義及び他の帰責原則との関係については、各国において微妙な相違がある。

3　近代における過失責任主義の確立とその後の修正について、山田卓生「過失責任と無過失責任」有泉亨編『現代損害賠償法講座（１）』55頁以下（日本評論社、1976）、石川信「過失責任と無過失責任」内山尚三・黒木三郎・石川利夫先生還暦記念『現代民法学の基本問題（中）』329頁以下（第一法規出版、1983）等参照。フランスにおけるフォート（faute）概念の変遷との関係で、この点について触れるものとして、野田良之「不法行為民法における faute の概念」我妻先生還暦記念『損害賠償責任の研究（上）』109頁以下（有斐閣、1957）。なお、危険責任特別法の嚆矢ともいうべきプロイセン鉄道法25条が制定されたのは1838（天保９）年であり、鉄道に関する無過失責任を導入するドイツ帝国（Deutsches Kaiserreich）のライヒ責任義務法（Reichshaftpflichtgesetz）が成立したのは1871（明治４）年である。ドイツにおける過失責任主義の一元的支配の成立と危険責任立法の制定に関して、浦川・前掲書（前注１）19頁以下。

4　19世紀の産業革命の進展の中で開発された危険技術・施設・物による過失責任では救済が難しい事故に対応して形成された無過失損害賠償責任の法理論は、ドイツでは危険責任（Gefährdungshaftung）、英米では厳格責任（strict liability）、フランスでは無生物責任（responsabilité du fait des choses inanimées）と呼ばれ、それぞれの法体系の中で微妙な相違が存在している。しかし、本質的には同一の課題に取り組む中で生れたものであり、本稿では、このような無過失損害賠償責任を危険責任という。

ところで、欧米において危険責任を導入する動きが始まった19世紀後半の時代は、我が国では明治維新の時代に当たる。この時代は、文明開化・殖産興業の名の下に、産業革命により発明・利用に供された近代的技術が我が国に移入され[5]、また、欧米の法理論が継受された時代でもあった[6]。危険責任の考え方も、次章に述べるように、この欧米の法理論の導入とともに我が国に紹介された。

三　東京大学法学部の法律討論会における危険責任をめぐる議論

　1880年代に創設された我が国の法律学校（法学部）では、フランスや英米の法律学を学修するとともに、学修成果の応用を図る目的で教員・卒業生・生徒による法律討論会が頻繁に開催された[7]。その中でも、東京大学法学部で開催された一法律討論会（以下、「本討論会」という）のテーマは、「鉄道馬車アリ夜中市街ヲ通行スルニ当リ軌道ニ障害物アリテ顛覆セリ車傍通行人ノ負傷セシモノヨリ馬車

5　新橋・横浜間26kmの鉄道の開通は、1872（明治5）年であるが、1883（明治16）年には鉄道の営業キロは393kmに、1889（明治22）年には新橋・神戸間の東海道線が全線開通し、明治民法が施行された1898（明治31）年には鉄道の営業キロは5,503kmに延伸している。また、官営工場として、1871（明治4）年に大阪造幣局（寮）、翌年には富岡製糸場が開設され、さらに1880年代には別子・足尾・日立等の銅鉱山や三池炭鉱の近代的経営が開始されている。野田正徳など編著『日本の鉄道』（日本経済評論社、1986）、石井寛治『日本の産業革命』（講談社学芸文庫、2012）参照。

6　明治政府は、1871（明治4）年に司法省明法寮を開設し、1872年にジョルジュ・ブスケを、1873年にはボアソナードを招聘して仏法の教育を始めた。また、1876年及び1878年には後述するテリーやターリングを招聘して、東京大学で英法の講義を担当させている。両校の卒業生の多くは卒業後に留学して、さらに英・仏・独の新しい法理論を摂取しており、磯部四郎（仏国留学）、穂積陳重（開成学校から英・独国留学）、梅謙次郎（仏国留学）のように、旧民法及び明治民法の起草者は、これら留学生組である。両校出身者ではないが小野梓（米・英国留学）や富井政章（仏国留学）などのように、欧米に留学して、法律知識を我が国に齎した者も多い。なお、西欧法の摂取について、五十川直行「日本民法に及ぼしたイギリス法の影響〈序説〉」加藤一郎先生古稀記念『現代社会と民法学の動向（下）』17頁以下（有斐閣、1992）も参照。

7　1884（明治17）年に発刊された法学協会雑誌は、当初は「東京大学法律研究会」が行った法律討論会の記録掲載を主たる目的としたものであった（玉乃世履「叙」法協1号1頁（1984）を参照）。法学協会における法律討論会については、小栁春一郎「明治前期の民法学」水本浩＝平井一雄編『日本民法学・通史』11頁以下（信山社、1997）が詳細に検討している。また東京の五大法律学校（東京法学校（現・法政大学）・専修学校（現・専修大学）・明治法律学校（現・明治大学）・東京専門学校（現・早稲田大学）・英吉利法律学校（現・中央大学））は、1888（明治21）年に「五大法律学校連合討論会」の第1回を開催し、以後、1900（明治33）年まで6回にわたり毎回1500人以上の来場者を集めてほぼ隔月に民事・刑事の議題を討議し、講演会を開催している（この記録として、『五大法律學校聯合討論筆記（雑誌）第1編〜第6編』（博聞館・博文舘、1889-1890）等も公刊されている）。瀬戸口龍一「『五大法律学校』に関する基礎的研究」専修大学史紀要8巻18頁以下（2016）参照。

6　　特別寄稿

会社ニ対シ損害要償ヲ起訴ス、但此際駁者ハ充分ノ注意ヲ用ヒタル事実ヲ認定ス」[8]という事例問題をめぐるものであった。

　この課題は、注意義務違反を責任の前提とする過失責任主義の下で、駁者の不注意（過失）を問えない事例での馬車会社の損害賠償責任を論じさせるものであり、危険（無過失損害賠償）責任論の基本に関わるものである。

　討論においては、穂積陳重（1855-1926年）[9]が議長を務めた。そして、原告主論者・山田喜之助（1859-1913年）[10]と被告主論者・青木八重八（1860年 -?）[11]がそれぞ

8　山田喜之助ほか「討論筆記・鉄道馬車会社ニ対スル損害要償ノ件」法協3巻（通号23号）1頁以下、同「討論筆記・討論題（前号ノ続）」（通号24号）1頁以下（1886）（以下、本討論筆記を「討論筆記」、「討論筆記・続」という）。

　　この法律討論会については、浦川道太郎「無過失損害賠償責任」星野英一ほか編『民法講座6』193頁（有斐閣、1985）が引用・検討して以降、過失論との関係で、瀬川信久「危険便益比較による過失判断」星野英一先生古稀祝賀『日本民法学の形成と課題（下）』837頁（有斐閣、1996）が、また、法学協会討論会の全体像の観点から、小柳・前掲論文（前注7）39頁以下が、そして、公害・環境私法史との関係で、吉村良一『公害・環境私法の展開と今日的課題』112頁（法律文化社、2002）などが触れている。

9　穂積陳重は、宇和島藩の貢進生として1870（明治3）年に大学南校に進学、開成学校を経て、1876年にロンドン大学キングズ・カレッジに留学。ミドル・テンプル法曹学院において1879年にバリスター（英国状師）の資格を取得後、ドイツに移りベルリン大学にも学び、1881年に帰国。帰国後は、1882年に東京大学教授兼法学部長に就任し、同学部教授として、民法・比較法学・法史学等の法律学の幅広い分野で業績を残した（この法律討論会の時は、東京大学法学部教授であった）。また、彼は、1885年に増島六一郎らとともに英吉利法律学校（現・中央大学）を創設した。民法典論争では、法律進化論、歴史法学の立場に立って自然法主義に基づくボアソナード起草の旧法典に批判的であり、延期派に属し、施行延期後の民法修正作業では、梅謙次郎、富井政章とともに明治民法典起草に当たった。穂積八束は、彼の弟である。松尾敬一「穂積陳重」潮見俊隆ほか編『日本の法学者』55頁以下（日本評論社、1975）等参照。なお、内田貴『法学の誕生』（筑摩書房、2018）は、穂積兄弟の生涯とその法律学を論じるものとして興味深い。

10　山田喜之助は、大阪の裕福な薬種砂糖商の二男として生れ、幼少時から漢学、英語を学び、大阪英語学校（旧制第三高等学校）・東京開成学校・東京大学予備門を経て同大学の法学部に進み、1882（明治15）年に卒業し、無試験で代言人（弁護士）となる。弁護士となった動機は、「政府者に対する不平」であった。すなわち、民権思想の拡張に不安を感じた政府が法律・政治学を学ぶ学生を維新後の厚遇から転じて圧迫するようになったため、それに抵抗し、官途を断念して弁護士になったと自ら述べている（法曹の片影「山田喜之助」法律新聞594号（1909））。山田は、弁護士業の傍ら、小野梓を中心とする高田早苗・市島謙吉・天野為之・砂川雄峻・岡山兼吉・山田一郎ら鷗渡会のメンバーとともに東京専門学校（現・早稲田大学）の創立（1882年）に協力し、その後英吉利法律学校（現・中央大学）の開設（1885年）にも参加し、東京専門学校では、後に著書となる英国私犯法のほか、英国憲法、英国組合法等を邦語で講義し、演習も実施している。また、1885年には、司法省権少書記官に任官、以後、司法省参事官、大審院検事・同判事を歴任したが、民法典論争（1890-92年）では英法派として延期派に立って司法大臣・山田顕義と対立して職を辞し、弁護士に復職した。1898年には衆議院議員に当選、同年の第一次大隈内閣で司法次官を務めた。岡松参太郎の父である岡松甕谷の弟子として漢学・漢詩に秀で、その次女を娶り、甕南の号がある。晩年は病気がちになり、隠遁的生活をする中で没した。七戸克彦「山田喜之助・正三・作之助・弘之助」神院46巻2号95頁以下（2016）等参照。本法律討論会当

れ原告側・被告側の主張を述べ、参加者が各人の意見を述べる形で議論が取り交わされた。

この中で、原告主論者の山田は、本題は難しい問題であるため異論も多いと思うと述べたうえで、馬車会社に損害賠償責任があるとする概略次のような持論を展開する[12]：

　　　私犯（民事不法行為）の中には、注意・不注意を問わず結果を齎したことについて損害賠償責任を負わす「固有義務（アブソリュート・ジュテー）」がある。この固有義務は、第一に虎豹のような「危険な物件」を貯蔵・保有する者に課される。また第二に、固有義務は、水・火や犬のような「危険の傾向ある物」にも妥当する[13]。

　　　鉄道馬車は、猛獣のようにそれ自体において本質的に危険な物ではないが、「危険の傾向ある物」である。危険の傾向ある物には、①薬品のように危険の性質を内在している物、及び②外部からの作用で危険性を帯びる物があるが、脱線事故が頻繁に生じている鉄道馬車は危険性を内在しており、また、置石により顛覆する危険があり、上記の危険の傾向ある物のための①②の双方の性質を具えている。したがって、駆者に不注意のない「危険の傾向ある」鉄道馬車の顛覆事故について、馬車会社は、固有義務により負傷者に対して損害賠償をする責任がある[14]。

　　　さらに、これに加えるに、駆者と通行人の双方に過失がない場合に、どちらに損害を負担させるのが妥当かといえば、原因に近い馬車会社に損害を負担させる方が妥当である。また、馬車会社は営業から生じる危害について保険をかけることでリスクの回避が可能である[15]。

　　　これらを総合考量するならば、馬車会社が責任を負うべきである。

　　時は代言人であった。

11　青木八重八は、徳島県の出身で、大阪専門学校（旧制第三高等学校）を経て1880（明治13）年に東京大学予備門に入学、その後法学部に進み、1889年の卒業後は東京地方裁判所検事となり、1892年に退官している。退官後は弁護士として活躍、後藤本馬『鑛山法典註釋』（青木嵩山堂、1899）の校閲者にもなった。なお、この法律討論会の時は東京大学法学部学生であった。

12　討論筆記1頁以下。

13　山田は、危険の傾向ある物から生じる固有義務と物の管理を怠り危険の傾向ある物にしてはならない義務の区別の必要を述べる。例えば修繕の極めて行き届かない建物は危険な傾向ある物であり、その柱が倒れて人が負傷すれば、所有者は固有義務違反として損害賠償の責任があるが、これは純然たる固有義務ではなく、完全な物をして危険の傾向を生じさせない義務を怠ったために固有義務違反の状態を生み出したものであるという。討論筆記4頁以下。

14　山田は、自説を補強するために、欧州の鉄道条例には過失の証明責任を転換して責任を鉄道会社の役員に負わせるものがあり、この理は鉄道馬車の事例に当然適用されるべきと述べており、また、公益性を理由に馬車会社の固有義務を免除する主張に対しては、この問題は立法で解決すべきであるとして、立法的措置が講じられなければ、公益を理由に私権を制約すべきでないとも指摘している。前掲討論筆記6頁以下。

15　討論筆記8頁。

8 特別寄稿

　山田喜之助の上記の主張に対して、原告敗訴の立場に立つ青木八重八は、概要以下の反論をした[16]:

　　建物や樹木などが倒れて損害を与えた場合のように、通常の物品により損害が生じた場合には、不注意がなければ所有者に損害賠償の責任はない。これに反して、危険物や危険の傾向のある物については、注意・不注意を問わず、その物から生じた損害に対して、物の所有者は損害を賠償しなければならない。だが、鉄道馬車は、一定の軌道上を走行し、障害物排除の機器も装置され、駆者・車掌により操縦されているなど［安全性が確保されており］固有の危険性を持っていない。このため、鉄道馬車を危険の傾向ある物ということはできず、駆者が充分注意しながら顛覆した事故にも鉄道馬車会社が責任を負うとする山田の見解には同意できない。さらに、危険物や危険の傾向ある物でも想定外の偶然の事故で損害を与えたような場合には、所有者等は責任を負うことはない。したがって、鉄道馬車は、危険物・危険の傾向ある物でもなく、また、危険の傾向ある物としても、その本来的な性質によって被害を与えたのではないため、被告に責任はない[17]。

　本討論会では、主論者である山田と青木の意見表明の後、討論参加者各人の見解が述べられている。しかし、危険責任論の端緒を論じる本稿の目的からは、その見解に立ち入って検討する意味がないため、以下に、各論者の主張を簡単に示す:

　　土方寧（1859-1939年）[18]は、山田の意見に全面的に同意するとともに、法律上負担する義務に、①故意に他人に損害を与えない義務、②他人に損害を与えないように相当の注意をする義務、③必ず結果を生じさせない危険物を所有する者の義務という3種の義務があると述べる。そして、彼は、②の義務を課される物と③の義務を課される物との相違は社会的環境によって相対的なものであり、市外地で走行すれば鉄道馬車は危険物でないかもしれないが、人の輻輳する市街を走行するならば危険物であり、駆者無過失の顛覆事故で危難にあった被害者に対して馬車会社の責任を肯定するに問題はないという[19]。

16　討論筆記9頁以下。
17　討論筆記12頁。
18　土方寧は、土佐士族の出身で、1873（明治6）年に東京英語学校に入学後、開成学校、大学予備門を経て1878年に東京大学法学部（英語科）に入学、1882年に卒業。卒業の翌年に東京大学法学部助教授に任命された。また英吉利法律学校（後の中央大学）の創設発起人に名を連ね、講師も務めた。その後、1887年に英国のミドル・テンプルに留学、1891年の帰国後は教授に昇任、法学博士の学位を得た。民法典論争では延期派の中心的人物として活躍し、明治民法編纂では、1893（明治26）年に法典調査会査定委員を経て主査委員に任命されている。大学の講義においては、英法のほかに民法を教授した。高柳賢三「土方寧先生を憶ふ」法協57巻8号111頁以下（1939）参照。

原告勝訴の立場でも、中橋徳五郎（1861-1934年）[20]は、馭者の無過失を前提にする設題に異論を唱え、被告が天災・不可抗力・第三者の故意を立証できない限り軌道上の障害物に乗り上げて車輌が顛覆した場合には、馭者の不注意を認定すべきだとして原告の請求を肯定する意見を述べている[21]。

　これに対して、榊原幾久若（1863-1936年）[22]は、過失の立証責任は原告にあると中橋に反論し、鉄道馬車のみならず世の中の物件は大概危険の傾向あるため、それら物の所有者が固有義務により注意の有無を問わず責任を負わされるとの山田の主張は不当だと述べて、請求棄却の判断に与している[23]。

　討論の終わりに発言した議長の穂積は、山田の固有義務の論には感服するが、固有義務の適用できる危険物の区別が困難であるとし、馭者の不注意がなくても、鉄道馬車の所有者である馬車会社には「他人の権利を害せざる様に自己の権利を用いよ」[24]の原則から、不注意を問うことができると述べる。すなわち、危険が大きくなれば、それに応じて注意義務の要求は厳しくなると論じて、危険な鉄道馬車の所有者である馬車会社には線路上の障害物の監視を怠った過失があるとして、固有義務によらずに、馬車会社の責任を肯定する山田の結論に賛成している[25,26]。

　本討論会の論点は、無過失の馭者による鉄道馬車顛覆事故の損害に対する馬車会社の損害賠償責任であった。そして、前述したように、大方の論者の関心は、所有者（馬車会社）に注意・不注意を問わず損害賠償責任を認める固有義務（アブソリュート・ジュテー）を負わす対象として、鉄道馬車が妥当するか否かという問題に向けられた。換言するならば、馬車会社の所有する鉄道馬車が固有義務の適用ある危険物乃至危険の傾向ある物といえるかが実質的に討論の中心に据えられていたといえる。すなわち、本討論会の論者の中では、危険物乃至危険の傾向あ

19　討論筆記・続4頁以下。
20　中橋徳五郎は、加賀藩士の家に生れ、1886（明治19）年帝国大学法学部選科を卒業。判事試補、農商務省を経て、1898年逓信省鉄道局長を最後に官界を退き、大阪商船社長に就任。後に宇治川電気社長、日本窒素肥料会長なども兼任。関西財界の重鎮となる。その後、政界に転じて、1915年衆議院議員に当選。以後当選6回。政友会内閣の下で文相、商工相、内相を歴任した。
21　討論筆記・続1頁以下。
22　榊原幾久若は、愛知県に生まれ、1886（明治19）年帝国大学法科大学を卒業。大学院に進学後、1890年東京地方裁判所判事となり、東京控訴院判事、宇都宮地方裁判所長を経て、1899年東京控訴院部長となる。その後、大審院検事および判事を歴任、1924年退官。大審院判決例の編集に功績があった。
23　討論筆記・続2頁以下。
24　英法のニューサンスにおいて引用される法格言である "sic utere tuo ut alienum non laedas" を述べたものと思われる。
25　討論筆記・続8頁以下。
26　本討論会の最後に、原告・被告のいずれを支持するかの賛否を参加者に問うたところ各27名の同数であり、議長の穂積が原告勝訴の側に立つと述べて閉会している。

10　特別寄稿

る物については所有者の注意・不注意に関わらず損害賠償責任を負う無過失責任
としての「固有義務（アブソリュート・ジュテー）」があることが前提になっていた
と、指摘することが可能である[27]。

四　我が国における危険責任論の受容と
山田喜之助の『英国私犯法』

　このように討論会の中では、山田らは、鉄道馬車を運行する馬車会社には「固
有義務（アブソリュート・ジュテー）」があり、馬車会社は鉄道馬車の顛覆事故に対
して無過失でも責任を負うと論じたが、この考え方を何処から得たのだろうか。
　討論の場であった当時の東京大学法学部ではお雇い外国人である米国人のテ
リー教授（Henry Taylor Terry, 1847-1936年）[28]や英人のターリング講師（Charles
James Tarring, 1845-1923年）[29]及び討論会の議長であった穂積陳重によって英法が
講義されていたことから、英法における「固有義務（アブソリュート・ジュテー＝
absolute duty）」のルーツをたどると、討論の行われた20年ほど前に英国の裁判所
で下された下記のライランズ対フレッチャー（Rylands v. Fletcher）事件（以下、本
事件を「ライランズ事件」といい、本事件で示された危険物に対する判例法を「ライラン

27　原告の請求を棄却する論を展開する青木・榊原も危険物に固有義務が適用されることを否定す
　　るのではなく、鉄道馬車を固有義務の対象となる危険物乃至危険の傾向ある物と解することがで
　　きないとしている。また、注意義務の側面から馬車会社の責任を肯定する穂積も、鉄道馬車が危
　　険物か否かを判断する困難を指摘しているが、危険物に固有義務（無過失責任）が妥当すること
　　自体を否定してはいない。
28　テリーは、1869年にイェール大学を卒業後、弁護士等を経て開成学校法学科教師として1876
　　（明治9）年に来日、翌77年から東京大学法学部教授に就任して英米法を教えた。1884年の任期
　　満了後の一時帰国中断があったが1894年に東京帝国大学法科大学教授として再来日、1912年の辞
　　職（帰国）まで英米法を教授した。テリーは、東京帝国大学での講義のために著した Terry, H.,
　　Outlines of Lectures on Torts, Teikoku Daigaku, 1899-1900の Chapter XII Duties as to Danger-
　　ous Things as Nuisances で negligence or blame によらずに責任を負うライランズ準則に触れて
　　いるが、この裁判例が少なく、将来変動する可能性があると述べている（158頁以下）。東京大学
　　におけるテリーについては、高柳賢三『米英の法律思潮』315頁以下（海口書店、1948）、彼の過
　　失論に関しては、瀬川・前掲論文（注8）813頁以下に詳しい。なお、この時代の東大における
　　英法教育に関して、和田啓子「明治お雇い外国人から、2004年夏法科大学院サマースクールへ」
　　ICCLP Annual Report 2004, 48頁以下も参照。
29　ターリングは、ケンブリッジ大学トリニティ・スクールで学んだ後に1878（明治11）年10月に
　　東京大学法学部講師として来日し、1880年9月まで英法を教えた。その後トルコや西インド諸島
　　グレナダの裁判官等を務めて帰国し、本国のカウンティ・オブ・ロンドンの治安判事の職に就い
　　た。武内博編著『来日西洋人名事典［増補改訂普及版］』（日外アソシエーツ、1995）242頁参照。

ズ準則」という）の判例[30]に遡ることができる。

1 ライランズ事件と「固有義務＝ absolute duty（絶対的な義務）」

ところで、ライランズ事件は、被告（ライランズ）が請負業者に任せて綿織物工場の動力用貯水池を建造させたところ、貯水した水が池の底部にあった竪穴から隣地にある原告（フレッチャー）の石炭採掘場に浸入して、採掘事業を不能にしたため、原告が被告に対し、損害賠償を請求したものであった[31]。

被告の過失が認められないとの理由で請求棄却した第一審（Court of Exchequer）[32]を不服として原告が上訴した控訴審の財務府会議室裁判所（Court of Exchequer Chamber）では、法廷を代表してブラックバーン裁判官（Colin Blackburn, 1813–1896年）[33]が事実関係を要約した後に、以下の判断を示した：

> 「本件では次のような法律上の問題が生じる。すなわち、被告のように、合法的に自分の土地に持ち込んだものが、その土地に留まっている間は無害であっても、その土地から流出するならば当然損害を齎す可能性がある場合に、法律がその人に課す義務とはどのようなものであろうか。当然のことながら、土地に持ち込んだものを流出させて隣人に損害を与えないように、その土地に留めておく義務がある。しかし、このような状況下で法律が彼に課す義務が自己の危険において保管すべき*絶対的な義務（＝absolute duty)*であるのか、又は、財務府裁判所［第一審裁判所］の多数意見が考えたように、その物を保管するためにあらゆる*合理的かつ思慮ある予防措置を講じる義務（＝duty to take all reasonable and prudent precautions)*に過ぎず、それ以上のことを

---

30 本稿においては、我が国における危険責任のルーツとしてライランズ事件及びライランズ準則を取り上げており、英米法における同事件（同準則）の厳密な検討をするものではない。

31 ライランズ事件は、炭鉱（フレッチャー）と綿織物工場（ライランズ）との間の訴訟であり、その意味では、イギリス産業革命期の典型的な企業者間の事故に関わる事件でもあった。また、当時はダム決潰による大事故があり、貯水施設に対する不安が事件の背景にあった。同事件の歴史的背景については、A. W. B. Simpson, Legal Liability for Bursting Reservoirs: The Historical Context of "Rylands v. Fletcher", The Journal of Legal Studies, 1984, Vol. 13, No. 2, pp. 209. なお、同事件の法的問題については、小堀憲助「イギリス不法行為法における無過失賠償責任に就いての一考察（1）（2）」新報59巻4号、5号（1952）、富井利安「ライランズ対フレッチャー事件におけるレイシオ・デシデンダイの決定について」早研6号115頁以下（1970）、同「近代イギリス不法行為法における厳格責任法理形成の一断面」季刊現代法6号57頁以下（1971）を参照。

32 Fletcher v. Rylands and Horrocks（1865）34 L.J.（Ex.）177.

33 ブラックバーンは、スコットランドの聖職者の二男として生れ、ケンブリッジ大学のトリニティーカレッジを経て、リンカーンズ・イン及びインナー・テンペルで法曹教育を受けた後、弁護士となった。1859年に裁判官となり、判事として17年間に下した判決の中でコモン・ロー上重要な判断を示した。1873-75年の最高法院法（Supreme Court Judicature Act）により高等法院の裁判官となり、1876年に常任上訴貴族（Lord of Appeal in Ordinary）に任ぜられた。

12 特別寄稿

する必要はないかが問題となる。もし前者が法であるならば、危険な物を自分の土地に持ち込んでそこに保管し、その保管を怠った者は、その危険な物が流出することによって生じる全ての当然の結果に対して責任を負うことになる。もし後者がその義務の限界であるとすれば、過失（*negligence*）が証明されない限り、その者は責任を負わず、その結果、通常の思慮と技術（*ordinary prudence and skill*）では発見できないような潜在的欠陥に起因する流出については責任を負わないことになる。」

「我々の考えるところでは、［本件に妥当する］*法の真のルールは、自己の目的のために、自己の土地に流出すると災いをもたらす可能性のある物を集積して保管する者は、自己の危険において保管しなければならず、もしそうしなければ、流出の当然の帰結である全損害に対して責任を負うものと推定される。*［しかし］その者は、流出が原告の懈怠又はその流出が不可抗力（vis major, or the act of God）の結果であったことを立証して責任を免れることができる。」[34, 35]　［下線は筆者］

2　ライランズ準則と山田喜之助の教科書『英国私犯法』

上記のライランズ事件控訴審判決を見るならば、ブラックバーン裁判官が説示した他人に危険を与える物の保管者に課される過失の有無を問わない「絶対的義務（absolute duty）」が馬車会社の賠償義務を認める山田らの論拠である「固有義務（アブソリュート・ジュテー）」の出典であったことは明らかであろう[36]。そし

34　Fletcher v. Rylands（1866）1 L.R. Ex265（279）.ブラックバーン裁判官が下した判決の訳は、小堀・前掲論文（1）（注31）304頁以下を参考にした。

35　ライランズ事件控訴審判決で示されたライランズ準則は、貴族院でも承認・確立された（Rylands v. Fletcher（1868）L.R. 3 H.L. 330）。なお、ライランズ準則のその後について、望月礼二郎『英米法』（青林書院新社、1981）は、「［ライランズ準則は、］客観的にみれば、不法行為法に新しい章を開いたものであり、それは危険物の保管者に課される厳格責任の包括的理論へと発展する可能性をもつものであった。しかし、イギリスでは必ずしもそのようには発展しなかった。その後の判例による責任要件の操作により責任の範囲はかなり限局されることになったのである。」（234頁以下）……「［これに対して、］アメリカでは当初多く州がライランズ準則の受容を拒否したが、その後大部分の州で積極的にこれを受容し発展させる方向に変わった」と述べ、第2次リステイトメントの「異常に危険な活動＝ abnormally dangerous activities」の定式化の基礎になったと指摘している（前掲書240頁）。アメリカにおける厳格責任に関しては、樋口範雄『アメリカ不法行為法［第2版］』252頁以下（弘文堂、2014）参照。

36　瀬川・前掲論文（注8）837頁は、馬車会社の義務について、東京大学で英法を教えていたテリー教授の3つの義務を参考にして、法律討論会の参加者達が議論していると述べている。しかし、本文に見るように、「固有義務（アブソリュート・ジュテー）」の出典は、ライランズ準則の「絶対的義務（absolute duty）」に求めることができ、また、穂積の述べた馬車会社の注意義務を問う考え方は、ライランズ事件第一審判決の「あらゆる合理的かつ思慮ある予防措置を講じる義務（＝ duty to take all reasonable and prudent precautions）」を参考にしていると思われる。もっとも、彼らがライランズ事件の判例にアクセスし、それを理解することについては、テリー教授の英法の講義から得た知識があったことは疑いがない（土方の述べた義務の3分法（本文6頁）はテリーの説く義務の3分法を参考にしているのかもしれない）。なお、ライランズ事件判

て、本討論会の大方の参加者が鉄道馬車について危険物として「固有義務」が妥当するかを争点としていたことから、危険物に対して過失責任と異なる厳格な責任（危険責任）が認められるとの共通認識が彼らにあったことも確認できるであろう。

　特に、原告主論者の山田は、鉄道馬車が「固有義務」適用の対象となる理由として、討論の中で、鉄道馬車がしばしば脱線する性質があること及び児童の悪戯による顛覆事故があることを挙げ、［注意しても事故を回避できない］危険性を潜在している物であると指摘している。また、駆者・通行人双方に不注意がない場合には原因に近い者［危険を作出した者］が損害を負担すべきであり、事故損害に対して保険をかける義務は、営業をしている［リスクを内部化できる］馬車会社にあるとも述べている。これらの主張をみるならば、山田は、危険責任の意義と本質を十分に理解していたといえる。

　事実、山田は、本討論会の２年前である1883（明治16）年に出版した『英国私犯法』[37]の「第8編　土地ニ対スル私犯ヲ論ス」において、ライランズ事件の判例法理に関して以下のように述べている：

　　　［ライランズ事件に示された法理は、］被告人ノ不注意ヲ責ムルニアラズシテ他人ノ権利ヲ妨害スベカラズト云フ法理ニ基クモノナリ故ニ被告人注意ヲ怠ラズト雖モ其責ニ任セサルヲ得ス英国判例法ヲ按スルニフレッチャル対ライランドノ裁判ニ反対セル判文多シト雖モ要スルニ皆被告人ノ怠慢ヲ基本トシテ訴ヘタルモノ多キガ故ニ被告人怠慢ナキトキニハ原告人ノ敗訴トナリ余ヲ以テ之ヲ見ルニ若シ右等ノ訴訟ニ於テ原告代言人ガ被告人ノ不注意ヲ基本トセズシテ其権利妨害ヲ以テ訴ヘタランニハ或ハ勝訴トナリシモノ多カラン他日再考ヲ期ス。

　この記述から窺われるところでは、山田は、ブラックバーン裁判官がライランズ事件で述べた危険物の保管に関する「固有義務＝absolute duty」を中核にし

　　決の直後にイギリス留学をしていた穂積は、ライランズ準則の評価に関して議論が錯綜していたことから、この新判例に注目・精通していたであろう。

37　山田喜之助『英国私犯法』（九春社、1883年）。この本は、東京専門学校（早稲田大学）の教科書として出版された。本書は、邦語で法律学を教える東京大学別課法学科を含む他大学の参考書としても利用されたため、1885年に再版され、さらに1886年には増訂版が出版されている。執筆においては、米国で出版されたアンダーヒル（Arthur Underhill, 1850-1939年）の英吉利私犯法（Principles of the Law of Tort, 1881）を基礎に、ビゲロー（Melville M. Bigelow, 1846-1921年）とアジソン（Charles G. Addison, 1812-1866年）の私犯法（Bigelow, Elements of the Law of Torts, 1878; Addison, Law of Torts, 1874）、及び、東京大学の教師であったテリーとターリングの講義筆記等を参考にしたと初版の「緒言」で述べている。

14　特別寄稿

たライランズ準則の拡張可能性を意識しており、この見解に基づき鉄道馬車の所有者たる馬車会社に「固有義務」を課して損害賠償責任を負わせる彼の意見が形成されたものと推測できる。

五　おわりに

　本討論会の議題は、馭者の過失責任を問えない鉄道馬車の顛覆事故において、馬車会社の被害者に対する損害賠償責任を問うものであった。この事例問題の出題者は、議長の穂積陳重であったと思われるが、本問題の出題に当たっては、法の継受に関する彼の考えがあったといえよう。

　穂積は、周知のように、英・独での留学を終えて1881（明治14）年に帰国して翌年には東京大学教授兼法学部長に就任したが、本討論会前の1884年に「英仏独法学比較論」と題する論文を公表している[38]。この中で、法律進化論に依拠する彼は、「法律ハ社会ノ進化ニ伴随シ国民ノ文化ト駢馳ス」と言い、「外国ノ文化ヲ輸入スル時ハ必ス之ト共ニ法律ヲ継受シタル者タルヤ之ヲ古今各国ノ歴史ニ徴シテ明ラカナリ」と述べている。すなわち、穂積は、新たな欧米の新技術の導入には、それに相応しい法制度の継受が必要だと考えていた。この考えに基づいて、新時代の交通革命といえる鉄道馬車の実用化[39]とそれによる事故被害[40]が生じる社会の中で、事故被害者の救済に必要な法制度を考えさせる課題を本討論会のテーマにしたのであろう。そして、本討論会では、英法のライランズ事件で示された危険物（危険の傾向ある物）による事故に結果責任を負わせる固有義務＝アブ

38　穂積陳重「英仏独法学比較論」法協1巻9号26頁以下（1884）。

39　馬が車両を曳いて軌道上を走る鉄道馬車（馬車鉄道）による旅客輸送は、1807年にイギリスのウェールズ地方のオイスターマス鉄道により開業され、日本では、東京馬車鉄道がイギリスの車両を輸入して1882（明治15）年に新橋・日本橋間で営業を開始した。馬車鉄道は、歩く速度の2倍の時速8kmで動揺なく走行し、1台の車両に24〜27名を乗車させることができ、それまでの交通手段が徒歩・籠・馬・人力車であったことからすると、「交通革命」の名に値するものであった。篠原宏『明治の郵便・鉄道馬車』111頁以下（雄松堂、1987）。

40　開業当時の鉄道馬車は、物珍しさから軌道内を「彷徨」する者が多く、また馭者の未熟なこともあり、事故が多発した。新橋・日本橋間で開業した1882年の年末までに鉄道馬車に轢き殺された者3名、負傷者数名の被害者を出し、翌年1月には7歳の女児が轢き殺される事故が発生して、内務省は馬車会社の社長を召喚して注意を与えている。また、軌道上の置石などによる顛覆事故も多かった。本法律討論の論題は、前時代には想像すらできなかった鉄道馬車の交通事故という社会問題を背景に提出されたものである。東京都『都史紀要33 東京馬車鉄道』90頁以下（東京都公文書館、1989）参照。

ソリュート・ジュテー（absolute duty）をキーワードとして議論が闘わされ、そこでは−本件の鉄道馬車が危険物に該当するかは別にして−危険物に対しては注意・不注意を問わない無過失責任としての危険責任の適用があるとの見解が討論参加者の共通理解であった[41]。

この事実から、危険責任の考え方は、明治初期の東京大学での英法教育を通して英法の判例法理であるライランズ準則の形で我が国に摂取されたことが確認できる[42]。

しかし、このようにして継受された危険責任を含む英国の不法行為法の考え方は、同時代に条約改正のためにフランス民法を基礎に法典化作業が急がれた旧民法には、影響を及ぼすことはなかった。だが、明治民法典の編纂において、穂積は、不法行為規定を起草しているため、そこでは英法の不法行為法の考え方の影響があると思われ、また、この時代に英国の不法行為を学んで実務法曹となった者たちの代言人（弁護士）・裁判官としての実務では、修得した英法の知識が影響を及ぼしたものと思われる[43]。

41　法律討論の参加者で、固有義務の適用に消極的な意見により山田の主張に反論した榊原幾久若の口述した『私犯法』（1891年）345頁には、ライランズ事件判決に関する記述があり、判例名を示さず境界侵犯（Trespass quare clausum fregit）の1例として精確に判決内容を示している。

42　建築請負人甲が建物建築のために不注意なく能力ある被用者乙・丙を雇用して仕事をさせていたところ、乙の懈怠により丙を負傷させた事例において、丙が甲に使用者責任を問えるかという問題が討論された（法協9巻1号1頁以下（1891））。この法律討論会では、明治〜昭和時代の社会事業と社会政策の分野で大きな足跡を残した討論参加者の窪田静太郎（1865-1946）は、英法の使用者責任（respondeat superior）の根拠として、ライランズ準則を取り上げている。すなわち、他人に対する危険を内在する雇用契約をする使用者は、「我庭園ニ大ナル水溜ヲ作リ隣人ニ対シ危害物ヲ持来ルト」と変わらないため、結果としての危害［被用者による加害］に対して担保の責任を負わねばならないと、代位責任の根拠を危険責任に求めているのである。山田の場合もそうであるが、この時代のイギリス法学の継受は、具体的な事件を前提としたレイシオ・デシデンダイを摂取するというのではなく、判例から抽出された法理を学ぼうとしたものであった。その意味で、ライランズ準則も抽象的な危険責任の法理として摂取されたということができる。なお、伊藤正己「イギリス法」伊藤正己編『岩波講座現代法.14 外国法と日本法』269頁以下参照。

43　五十川・前掲論文（注6）51頁以下、及び瀬川・前掲論文（注8）835頁以下も、明治民法の不法行為規定に英法が影響を与えた形跡を指摘する。

特　集

無過失責任の諸相

過失責任と無過失責任の分界線は？

　　　　　　　　　　　　　　　　　　　　新　美　育　文

　一　はじめに
　二　主観的過失から客観的過失へ
　三　無過失責任の帰責根拠
　四　結　論

一　はじめに

　［１］　O.W. Holmes, Jr. が指摘したように、不法行為法の役割は、ある者が行ったことに対して責任が課される場合と責任が課されない場合との間に境界線を引くことにある[1]。そして、我々は、法学部あるいは法科大学院での不法行為法の講義において、過失責任原則を学び、同時に、過失責任原則の例外として、無過失責任が存在することを学んできた。

　［２］　では、過失責任及び無過失責任のそれぞれにおいて責任を課すための根拠はどのようなものなのであろうか。

　［３］　我々は、過失責任は過失という落ち度がある者に負わせられ、無過失責任は過失の証明がなくとも負わせられる責任であるという漠然とした定義に満足してきたように思われる。しかし、無過失責任は単なる結果責任ではなく、「過失」とは違う何らかの要件（たとえば、「瑕疵」、「欠陥」など）が必要とされる。では、過失責任における「過失」と無過失責任を課すためのそれら要件との間にはどのような違いがあるのか。この問いについて、必ずしも明快な回答がなされてきたとは思われない。そもそも、過失責任原則の中核をなす「過失」が帰責根拠とされるのはなぜかという問いに対してすら十分な説明がなされていないことが問題の根源にあるともいえる。

1　O.W. HOLMES, JR., THE COMMON LAW, 79（Dover, 1991）(*originally published* 1881)(*hereinafter*, HOLMES, COMMON LAW).

20 特集　無過失責任の諸相

　［4］　二項対立の関係にあるはずの過失責任と無過失責任との間の分界線が曖昧である状況は、我が国のみならず、アメリカ[2]やドイツ[3]など欧米諸国においても見られる。このような状況は、単に理論的な混乱を招くのみならず、実務上も、法的判断にばらつきが生じる可能性が大きく、法的安定性、ひいては法の信頼性を損なうのみならず、法的妥当性の判断基準が不明確となり、個別具体的な事例における公正さないし具体的妥当性を評価することも困難になる。

　［5］　本稿の目的は、過失責任と無過失責任との分界線に近接して存在すると思われる過失責任類型における「過失」及び無過失責任類型における「過失」に対応する要件を検討することによって、それぞれの帰責根拠を探り、両者の間に分界線があるのかどうか、そして、あるとするならば、どの辺りにあるのかを検討することにある。

二　主観的過失から客観的過失へ

1　過失の判断基準

（1）結果回避義務違反としての過失——大阪アルカリ事件判決

　［6］　過失責任と無過失責任との分界線を探るには、まず、過失責任の核となる「過失」概念を検討することが求められよう。

　［7］　過失という概念は多義的であり、日常語としては、不注意で過ちを犯すことを指し、過失のある行為者を非難する意味を帯びる。不法行為法における過失概念も当初はそうであった。しかし、19世紀半ば、社会の高度化、流動化が急速に進み、偶発的な事故による被害が多発するようになった。そこでは、加害者に対する非難よりも、被害者の損失を被害者と加害者との間で公正に分担することに関心が向けられるようになり、過失の有無は客観的に判断されるようになっていった。

　［8］　客観的過失は、損害という結果を生じさせた事象を取り巻く諸状況の

　2　*See, e.g.,* J.C.P. Goldberg and B.C. Zipursky, *The Strict Liability in Fault and the Fault in Strict Liability,* 85 FORDHAM L. REV. 743 (2016)(*available at; //ir.lawnet.fordham. edu/flr/vol85/iss 2/16*)(*hereinafter,* Goldberg and Zipursky, *Strict Liability in Fault*).

　3　N. JANSEN (*translated by* S. STEEL), THE STRUCTURE OF TORT LAW (2021)(*hereinafter,* JANSEN, THE STRUCTURE).なお、浦川道太郎・ドイツにおける危険責任317頁以下（2021年）（以下、浦川・危険責任）をも参照。

下、結果発生の原因となった事象を現実に支配管理していた者と同じ属性を有する通常人[4]（又は、合理人）ならば、当該結果を予見し、回避できたかどうか（通常人による結果回避可能性）を基準として判断される。その結果として、個別具体的な加害者が結果を現実に回避できたかどうかは度外視される。つまり、安全性の確保、又はリスク除去のための合理的な行為基準を内容とする行為規範を定立し、それを遵守しなかったことを過失と判定する。いわば、「行為の欠陥（安全確保に欠ける点）」が客観的に認められることを「過失」と判断することになり、行為者の非難性の有無についての判断は希薄化することになった[5]。そして、合理性という概念が道徳的判断に支えられることから、客観的過失は、一般の人々にとって遵守することが非現実的である行為基準（以下、「厳格行為基準」という）を内容とする行為規範の下でその有無を判断することへの道が拓かれることとなった[6]。

［9］　客観的過失による不法行為責任を明確に判示した我が国の先例として、工場排煙による周辺農地の作物の枯死についての農民からの工場を操業する会社に対する不法行為損害賠償請求を判断した1916年の「大阪アルカリ事件」大審院

---

4 「善良なる家父長」とか、「市井においてみられる慎重な人」ともいわれることがある。

5 G.C. KEATING, REASONBLENESS AND RISK, 123 (2022) (*hereinafter*, KEATING, REASONBLENESS) は、19世紀後半に形成された近代不法行為法の主たる関心が故意不法行為から偶発的な事故による人身被害に移るに伴って、不法行為の趣旨が被害抑止よりも被害救済に重点を置くようになり、不合理なリスクの賦課に責任の根拠を求めるようになった結果として、過失の客観化が始まったとする。

　　なお、これはコモン・ロー法域についての Keating の観察であるが、大陸法に関しては、ローマ法以来の歴史的な変遷を踏まえて、若干趣を異にするが、ほぼ同様の説明がなされる。詳しくは、JANSEN, THE STRUCTURE, *supra note* 2参照。ただ、留意しておきたいのは、コモン・ローの発祥の地であるイギリスが、ローマ帝国の支配の下、ローマ法によって長きにわたって統治されていたという背景を有しており、その後の大陸諸国との交流の中で、コモン・ローも大陸法域におけるローマ法を源とする市民法（civil law）の変遷に大きな影響を受けてきたことである。*See* HOLMES, COMMON LAW, *supra note* 1, 1-38 . したがって、コモン・ローと市民法とをまったく別異のものとして扱うことに対しては、慎重でなければならない。

6 *See* Brodmann, '*Ueber die Haftung für Fahrlassigkeit, insbesondere über die Haftung des Schiffers*' (1906) 99 AcP 327, 344（近時創造された「注意義務」という法概念を用いることによって、裁判所が「善良な家父長（diligens paterfamilias）」という法の要求する注基準をはるかに超えて、過失責任の境界を拡張していると指摘する）; *See also*, HOLMES, COMMON LAW, *supra note* 1, 108-11; K.S. Abraham, *Strict Liability in Negligence*, 61 DE PAUL L. REV. 271, 273 (2021) (Negligence 法が厳格責任を包含する余地を有することは、Negligence 責任が本来的な不正行為に関する過去の裁判例が判示してきた「過失」概念を拡張していることを示しているとする。). なお、ドイツ法との比較において、我が国における過失を巡る議論を詳細に検討するものとして、潮見佳男・民事過失の帰責構造（1995年）。

　　また、「合理性」概念を巡る議論は、KEATING, REASONBLENESS, *supra note* 5 が参考になる。

判決[7]が挙げられよう。大審院は、「相当の設備」をもって結果（損害発生）を回避すべき注意義務を尽くしたかどうかによって過失の有無が判断されるべきであるとして、農民らを勝訴させた原審判決を破棄差戻。そして、差戻審判決は、諸外国の例に言及したうえで、現状よりも高い煙突を備えることが「相当な設備」であると述べて、過失を肯定して、原告を勝訴させた[8]。当時の我が国の社会経済事情に照らすと、厳格行為基準ないしそれに近い行為基準による判断を示した判決と評しうる。

　[10]　注意しておきたいのは、上記大審院判決については、当時の学説が「適法行為による不法行為」の文脈において取り上げ、「違法性」の問題として論じていたことである[9]。「違法性」は、我が国の不法行為の成立要件としては規定されていないが、それを不法行為の成立要件とするドイツ民法典とそれを巡る実務及び学説の影響の下、我が国でも違法性を不法行為の成立要件として論じるのが通例であり、現在もそれに変わりはない。しかし、過失と違法性との関係をどのように理論的に捉えるのかについての問題は現在においても解決されていない[10]。ここでは、この問題に立ち入る余裕はないが、ドイツ法においても、客観的過失と違法性とを理論的にどのように位置づけるべきかについて議論が戦わされていること指摘するに止める[11]。ただ、客観的過失概念の下で、（通常人又は合理人の行為という）一定の行為基準を満たす行為の実施を内容とする不法行為法上の行為規範を（つまり、法規範）設定し、これに違反することを過失と呼ぶならば、過失は不法行為法上の規範に違反することを意味し、違法性との違いを見つけることは難しい[12]。

　7　大判大正5年12月22日民録22輯2474頁。
　8　差戻審（大判大正8年12月27日新聞1659号11頁）は、「相当の設備」を現在で言うところの「最善の利用可能な技術（Best Available Technology：BAT）」と捉えたものといえる。
　9　この点を指摘するものとして、潮見佳男・環境法判例百選［第2版］4頁。
　10　平井宜雄博士は、早くから、過失と違法性の同質性を指摘し、違法性概念不要論を展開していた。平井宜雄・不法行為法理論の諸相52-53頁（2011年：初出、法学教室123号、1990年）。
　11　See Jansen, The Structure, *supra note 2*, 305-19.
　12　ドイツ民法の下においては、違法性をこのように解することは難しい。なぜならば、ドイツ不法行為法における「違法性」要件は、不法行為責任の効果について原状回復原則を採用しており、違法な行為は禁止され、又は差止めが可能であるという効果をもたらすことを意味し、したがって、行政によって適法とされる行為を不法行為法上違法であるとして、禁止又は差止めを許容することには強い抵抗があるからである。適法行為による不法行為という問題を巡る議論は、この点から生じていると思われる。See e.g., Jansen, The Structure, *supra note 2*, 8; Münchner Kommentar/Hanau, §276 [27].これに対して、我が国においては、金銭賠償原則が採用されて

[11]　客観的過失による責任は、権利濫用の先例として名高い「信玄公旗掛松事件」大審院判決の登場によって確固たる地位を得た[13]。「信玄公旗掛松」といわれる由緒ある松の近傍に敷設された線路上を列車が頻回に往来した結果、列車からの煙害によってその松が枯死した事案について、大審院は、権利の行使といえども、適切な範囲を超える権利行使は不法行為を構成しうるとして、線路の位置を変更したり、列車からの煤煙による被害を防止すべき相当な設備を設けるなどを怠ったことは過失に相当するとした原判決を維持した。本判決は、適法行為による不法行為という論点については、適切な範囲を超える権利行使は許されず、権利行使の適切な範囲は相当な結果回避措置を講じることによって定まると説示した上で、煤煙による被害防止のための相当な措置を講じる結果回避義務違反をもって、つまり客観的過失を理由として不法行為の成立を認めたものといえる[14]。そして、少し立ち入るならば、蒸気機関車が走行のために煤煙を排出することは不可避であり、蒸気機関車が走行する限りにおいて沿線に煤煙の影響を及ぼすことは明らかである。つまり、同判決が述べる結果回避のための「相当な設備」の内容は不明確であるのみならず、路線を変更して列車を運行させることが信玄公旗掛松の枯死を回避できるとしても、沿線の他の場所で煤煙によって何らかの法益侵害が生じるであろうことは避けられないことに鑑みるならば、本判決は、事業活動に必然的に伴うリスクの回避のために、遵守を期待することが事実上不可能な「厳格行為基準」を内容とする行為規範を設定して、過失判断をしたといえる。

　[12]　ちなみに、我が国の判例法形成に大きな影響を及ぼしてきたドイツにおいては、1871年の無過失責任を規定したライヒ責任法[15]施行以前の時点である1861年に、鉄道運行による被害発生について、政府公認の鉄道運行であっても、「純粋に民事法の観点からすると、違法な行為であった」とし、「民事法の観点において、それは間違いなく過失行為にあたる。なぜならば、その行為は、人がそれを行うときには常に損失を惹起すること知るべき類いのものであり、それにもかかわらず、行為を続行するからである」として、「鉄道の運行は必然的かつ不

　　おり、ドイツにおけるような抵抗は考え難い。
13　大判大正8年3月3日民録25輯356頁。
14　大村敦志・不法行為判例に学ぶ——社会と法の接点（2011年）65頁以下参照。
15　ライヒ責任法成立前後のドイツ法の状況については、浦川・危険責任、前掲注（3）37頁-44頁
　　参照。

可避に過失行為となる」と判示するミュンヘン控訴裁判所判決が登場している[16]。「損失を惹起することを知るべき」であった、つまり、被害発生が予見可能であったにもかかわらず、運行を継続したことをもって、過失があるとしたものであり、結果の予見可能性の存在だけで過失を肯定したものと評しうる。そして、その後、事案を異にする訴訟において、いくつかの裁判所が同様の判断を示した[17]。そこでは、正義という観点から損害賠償を肯定することが強く要請されるとの司法の認識が明らかにされていた。これに対して、当時の学説の多くは、こうした判例によって設定された注意義務によって、「善良な家父長の注意」という法の要求する注意義務をはるかに超えて、過失責任の境界が拡張されることになるとして反対した[18]。しかし、後に見るように（[19]）、裁判所がこれに従うことはなかった。

[13]　客観的過失に基づいて責任を肯定する「大阪アルカリ事件」大審院判決も「信玄公旗掛松事件」大審院判決も、近代科学技術を駆使する工場や鉄道などの大規模な産業活動に必然的に付随するリスク、つまり、日常生活における一般人の活動によるリスクとは大きく異なるリスクによる被害を対象としており[19]、特別な事例についての判決であるとの議論もありうる。そこで、一般人の日常生活の活動におけるリスクについての裁判所の過失判断に眼を転じてみよう。

（2）一般人の日常生活の活動に関する過失判断

[14]　一般人の日常生活の活動におけるリスクから生じた被害に関する過失判断に関しては、世間の耳目を集めたいわゆる「隣人訴訟」津地裁判決[20]から見ておこう。

[15]　隣人から小児を預かった者が目を離した隙に、その小児が近所にある農業用ため池に立ち入り、そこで遊んでいるうちに、溺れて死亡した。小児を預けた両親が、ため池の設置管理者（国、県及び市）とそれを掘削して深くしていた

16　OAG München 14 *SeuffArch* 355 (1861).

17　*E.g.,* OLG Bayern 41 *SeuffArch* 404ff, no 27 (1866); OLG Stuttgart 52 *SeuffArch,* no 19 (1895).

18　*See e.g.,* Brodmann, *supra note* 6, 344.

19　19世紀末において、Holmes は、「我々の不法行為法は、良き古き時代の、それぞれ孤立した、一般化されない不正行為、暴行、名誉毀損などに由来するが、我々の裁判所は、主に、……今日、鉄道、工場などの……一定の周知の事業に関する事故に忙殺されている」と述べていた。O.W. Holmes, Jr., *The Path of the Law,* in Collection Legal Papers 167, 183 (1920) (*originally delivered* 1897).

20　津地判昭和58年 2 月25日判時1083号125頁。

建設業者の他に、小児を預かった隣人に対しても損害賠償請求訴訟を提起。津地裁は、設置管理者と建設業者への請求を棄却したが、小児を預かった者に対しては、小児がため池で遊び、深みにはまることは予見可能であり、小児を監督する親の立場からすると、ため池の水際付近に子供らだけで立ち入らないように適宜の措置をとるべき注意義務があったとして、その過失を認めた。

[16]　控訴審において当事者双方の合意の下で訴えが取り下げられたため、津地裁判決は効力を生じることはなかった。しかし、親から小児を預かる者は親に代わって監督する立場に立つことになるので、その者には親一般、つまり「合理的な」親としての監督義務が負わされるとして、小児を預かった隣人の過失を肯定した判断は少なくとも客観的過失の考え方を忠実に表現しているものと評価できる。ただし、実親といえども、常時、又は短い間隔で定期的に小児を監視することは非現実的である。いわんや、小児を預かった者においておや。このような厳格行為基準を内容とする行為規範の遵守を要求することは非現実的であるとの評価は、津地裁の判決後に、社会に巻き起こった当惑ないし批判の声によって裏付けられよう[21]。

[17]　一般人による日常的な活動におけるリスクに関して、厳格行為基準による過失判断がなされた事例としては、サッカー試合中にプレー中の高校生が落雷に遭って死亡した事故について、チームを引率していた指導者の注意義務違反が問題になり、平均的なスポーツ指導者にとって当該落雷事故を予見することは可能であったとは言えないとの理由でこれを否定した控訴審判決[22]に対して、予見可能性がないとすることは当時の科学的知見に反するとして注意義務違反があるとした「土佐高校事件」最高裁判決[23]も挙げることができる。このような厳格行為基準を設定することに対する評価については、控訴審判決と最高裁判決とを比較するとその揺らぎが鮮明となる。

[18]　ちなみに、[15]で見た津地裁判決が小児の両親である原告らにも過失があったとして、過失相殺によって賠償額を7割減額していることは留意しておきたい。日常生活上の一般的な活動によるリスクに関して、被告に厳格行為基準を

21　判決後、多くの論評ないし批判の声が挙がり、結局、本文で述べたように、控訴審の段階で、原告・被告双方の合意で訴えが取り下げられた。このことは、裁判を受ける権利という観点からは看過できない問題を含んでいるが、ここでは立ち入らない。

22　大阪高判平成16年10月29日判時1913号66頁。

23　最判平成18年3月13日判時1929号41頁。

26 特集 無過失責任の諸相

内容とする行為規範が適用されるとしても、そのリスクが現実化する可能性があることについては、被害者側も受容しているという判断が背後に存在しているのであろう。原告と被告のそれぞれの立場におけるリスクの引受についての相対的な比較がなされることは、客観的過失を論じる場合には見落とせない[24]。

[19] 日常生活の活動の中での通常見られる危害に関する一般人の過失についての判断においても、裁判所が厳格行為基準を採用し、その行為者の非難性に無関心であるという状況は、ドイツにおいても同様である。[12]において触れたように、「善良な家父長」の注意義務を超える注意義務を課すことに対して学説の多くは反対していたが、裁判所の立場に変更は見られなかった。たとえば、1975年のDusseldorf州高等裁判所判決[25]は、主婦が洗濯機を作動させたまま15分ほど外出した間に、洗濯機が故障し、水が階下に溢れ出して、階下の住人に損害を負わせた事案（いわゆる「洗濯機事件」）について、洗濯機から目を離した主婦の注意義務違反を認め、過失があると判示した[26]。この判決が課した行為規範は「洗濯機を使用する者は定期的に短い間隔で洗濯機からの漏水を監視する」という内容となるが、このような行為規範を遵守することは非現実的であり、合理的でないとの批判が加えられる[27]。ちなみに、その後のドイツでは、隣人同士の侵害事例については、インミッションを理由として「受忍限度」を超える被害に対する金銭的補償請求権を定めるBGB第906条第2項第2文を類推適用する方向に転換し、境界線が不明確な隣人同士の間に広範な厳格責任が認められることになったといわれる[28]。

[20] コモン・ローにおいては、「洗濯機事件」に類似する事案は、厳格責任類型に属するニューサンスの事案として処理されてきている[29]。イギリスの著明

---

24 注意しておきたいのは、本件における被害者は死亡した小児であって、その両親は被害者の相続人である。被害者本人の過失が問題とされていない。したがって、遺族固有の慰藉料については別として、過失相殺という表現は必ずしも適切とは思われない。被害者「側」の過失を理由とする過失相殺と説明することも可能ではあるが、過失相殺事由として取り上げられた両親の行動は被害者に対する加害者としての過失とも評しうるものであり、判決が過失相殺として両親の受けるべき賠償額を縮減した部分は共同不法行為者としての負担部分であると理解する方が理論的には筋が通るように思われる。

25 OLG Dusseldorf (1975) VersR 159.

26 *See also*, OlG Hamm (1984) MDR 668; OLG Karlsruhe (1992) VersR 113; OLG Hamm (1995) VersR 457.

27 *See e.g.*, JANSEN, THE STRUCTURE, *supra note 3*, 38.

28 *Ibid*, 3. *See also*, Suss, *Haftung analog § 906 Absatz 2 Satz 2 BGB*, 19f, 72ff.

なニューサンス責任に関する判決である、Sturges v. Bridgman 判決[30]は、ニューサンス責任の特徴を理解するうえで有用であろう。

[21]　菓子職人である隣人と壁を共有する住居を所有する原告医師が、被告菓子職人の台所の背後に位置する壁に寄りかかる状態で、新たな診察室を建築したところ、被告がその壁の反対側に2つの石鉢を設置しており、被告の従業員らがその石鉢に食材を入れて、大きな木製のすりこぎで突き砕く作業をしてきており、その作業による騒音が原告の診察室の利用を著しく妨げた。そこで、原告が被告に対してニューサンスを理由にその責任を追及した。控訴裁判所は、騒音による妨碍の事実、原告がその騒音を我慢してきたこと、被告の石鉢の使用がニューサンスを構成するのかについては格別の争いもなかったことを踏まえて、原告のみならず、従前の当該住居の所有者らが被告菓子職人の活動を不承不承でも承諾（つまり、受忍）してきたかどうかに大きな関心を寄せ、結論として、被告のニューサンス責任を肯定し、菓子店の操業停止ではなく、原告への妨碍を軽減するための石鉢の配置換えという内容の差止めを認容した。そこでは、原告の所有権という絶対的な権利への不当な侵害が問題とされ、その不当性が排除されることがもっぱら関心の対象とされたといえる。ただし、原告及び従前の所有者の不承不承の承諾、つまり受忍があったかどうかに裁判所の関心が寄せられたことは、権利侵害という結果とともに、当該地域における被告の土地利用行為に対する法的評価、つまり、当該土地の利用における「合理的な」あるいは「慣習」的な行為であったかどうかを裁判所は考慮に入れていたことを示唆する。換言すると、当該地区において維持される土地利用ないし環境利益の享受の調整とそれに伴う各構成員によるリスクの引受が考慮されており、その引受の範疇を超える行為をする加害者の責任が問われているともいえよう。

[22]　我が国の事案で、ドイツのインミッシオン事例やコモン・ローにおけるニューサンス事例と類比できるのは、日照妨害事例や騒音事例であろう。

[23]　「世田谷区砧町日照妨害事件」最高裁判決[31]は、増築によって建築基準法の定める容積率を超える違法建築を完成させた南側の土地所有者がそれによって

29　See e.g., Sedleigh-Denfield v O'Callaghan［1940］AC 880（配水管のつまりによる溢水に帰因する隣人被害）; British Celanese Ltd. v. A.H. Hunt Ltd.［1969］WLR 959（地上保管されていた金属箔が風に煽られて150メートル離れた繊維工場に飛来し、停電を招いた事案）.

30　Sturges v. Bridgman, 11 Ch D 852（Eng. 1879）.

31　最判昭和47年6月27日民集26巻5号1067頁。

28 特集 無過失責任の諸相

北側土地所有者の日照・通風を妨害した事案について、「権利者の行為が社会的妥当性を欠き、これによって生じた損害が、社会生活上一般的に被害者において忍容するを相当とする程度を越えたと認められるときは、その権利行使は、社会観念上妥当な範囲を逸脱したものというべく、いわゆる権利の濫用にわたるものであって、違法性を帯び、不法行為の責任を生ぜしめる。」と判示した。受忍限度を超える日照妨害を不法行為とした最高裁判決として注目されるが、過失論という観点からは、社会的妥当性を有する行為であるかどうかを行為基準とする行為規範が示されたことは留意されるべきである。そして、そこで言及される行為規範の内容は当該地域の土地利用に関する地域住民の（明示または黙示の）合意、換言すると、当該地域の土地利用に伴うリスクの引受に関する合意に従うことである。そして、その合意されたリスクによる被害を超えた被害をもたらす行為ないし活動について過失があるとされることになる。このような行為基準を内容とする行為規範の遵守を要求することは必ずしも非現実的とは言えない。

　［24］　日照妨害などにおける過失判断、つまり、共同体における各構成員によるリスク引受の範囲を超えた場合に過失責任を肯定するという処理をより端的に示すのが、スポーツ競技や経済活動における競争者間に存在するリスクの事例である。

　［25］　競技中に競技者間に生じた事故については、東京地判平成28年12月26日[32]を例に挙げることができる。社会人サッカーの試合中に、ボールを蹴ろうとした選手の脛部に相手側の選手が伸ばした足の裏で接触したことによって、接触された選手が骨折したという事故について、上記東京地判は、接触した選手は接触された選手が脚を振り上げることは予見しており、接触を回避することは可能であったとして、その過失を認めた上で、接触した選手の行為は「退場処分が科されるということも考えられる」著しく不正な反則行為であったと考えられ、接触された選手の怪我は「競技中に通常生じうる傷害結果とは到底認められない」として違法性を認めた。接触プレーが当然であるサッカーにおいて、接触が予見可能であることは当然であり、東京地判の過失判断は言わずもがなである。むしろ、その違法性判断において、スポーツ競技における行為規範である競技規則の違反が指摘されていることに注目すべきである。すなわち、競技規則に定める違

32　判時2392号29頁。

反行為によって被害を生じさせた場合に不法行為責任が課されるということであり、逆に言えば、競技のルールに従う限りにおいては責任は生じないということである。要するに、競技者は互いに競技のルールに従った行為に伴うリスクを引き受けているということになる[33]。

　[26]　市場での経済活動において競争関係にある者の間におけるリスクに関しては、二重契約事例に関する裁判例を典型例として挙げることができる。二重契約事例の中でしばしば裁判所が取り上げる事例は、不動産の二重譲渡事例である。そこでの法律構成を所有権侵害とするか債権侵害とするかについて議論があるが、ここではそれに立ち入らない[34]。取り上げるべきは、不動産二重譲渡事例に関して、判例[35]は、第二買主と第一買主とは自由競争の当事者であり、第二の買主が第一の買主の存在について悪意であっても、第二の買主が対抗要件である登記を備え、第一の買主の所有権取得を不可能にしたとしても不法行為とはならないとしてきている。その基礎にある考えは、「第二の買主が第一の買主を害する目的で自由競争の許容される範囲外の不法手段を用いたり、もしくは売主と共謀して第一の買主の所有権を失わしめる等信義則に照らして不当な手段を用いたりしたような場合には、第二の買主の行為は不法行為となる」とした名古屋高判昭和54年7月30日[36]に示されている。すなわち、自由競争の当事者は、その競争に敗れた場合に生じるリスクを覚悟の上で競争に参加しており、自由競争におけるルール違反がある場合にのみ、ルール違反をした競争相手にそのリスクによる損失を転嫁することができるというのである。

　[27]　ちなみに、同様の考えは、従業員引き抜き事例に関する裁判例においてもみられる。たとえば、大阪地判平成14年9月11日[37]は、次のように判示する。「労働市場における転職の自由の点からすると、従業員が他の従業員に対して同

33　ただし、競技のルールに違反しないとしても、競技参加者の競技経験・力量・能力からして、競技者間に顕著な非対称性が存在し、リスクの引き受けがあるとは言えない場合には、責任が肯定される余地もあろう。長野地佐久支判平成7年3月7日判時1548号121頁参照。

34　この問題については、執行秀幸「法規範対立ケースにおける民法規範の衝突（4）」中央ロー・ジャーナル13巻1号3頁以下（2016）参照。

35　大判明治44年12月25日民録17輯907頁、大判昭和6年5月29日民集10輯360頁、最判昭和30年5月31日民集9巻6号774頁等。

36　判時946号61頁、判タ401号85頁。

37　労働判例840号62頁。なお、東京地判平成3年2月25日判時1399号69頁、東京地判平成17年9月27日労働判例909号56頁等参照。

30　特集　無過失責任の諸相

業他社への転職のため引き抜き行為を行ったとしても、これが単なる転職の勧誘にとどまる場合には、違法であるということはできない。」「しかし、企業の正当な利益を考慮することなく、企業に移籍計画を秘して、大量に従業員を引き抜くなど、引き抜き行為が単なる勧誘の範囲を超え、著しく背信的な方法で行われ、社会的相当性を逸脱した場合には、このような引き抜き行為を行った従業員は（中略）債務不履行責任ないし不法行為責任を免れないというべきである。」「引き抜き行為が社会的相当性を逸脱しているかどうかの判断においては、引き抜かれた従業員の当該会社における地位や引き抜かれた人数、従業員の引き抜きが会社に及ぼした影響、引き抜きの際の勧誘の方法・態様等の諸般の事情を考慮すべきである。」

2　医療事故
（1）東大輸血梅毒事件

［28］　工場や鉄道などの大規模な活動ではなく、基本的に、個人又はチームによる比較的小規模な活動ではあるが、最先端の科学技術を駆使する活動として、医療を挙げることができる。そのような医療行為に伴うリスクについて、過失判断がどのようになされているのかを次に概観する。

［29］　医療事故における過失判断の先例としては、「東大輸血梅毒事件」最高裁判決[38]が挙げられる。現実には梅毒に感染していたが、検出不可能な期間に行われた検査に基づく血液反応陰性の検査証明書等の書類を持参する職業的供血者に対して「身体は丈夫か」と聞いただけで、適切な問診をしないまま採血し、それを輸血された患者を梅毒に感染させた医師の過失が問われ、当該医師を雇っていた病院の設置者の賠償責任が争われた事案について、最高裁は、「（当該検査証明書がある場合には）問診を省略する」慣行が医療界において広まっていたとしても、「そのことの故に直ちに注意義務が否定さるべきいわれはな」く、確定診断するために他に利用可能な科学的方法がない場合には、従属的とはいえ、問診によって梅毒感染の危険の有無を確かめたうえで、輸血をすべき注意義務が医師にはあるとし、その基礎にある考えとして「いやしくも人の生命及び健康を管理すべき業務（医業）に従事する者は、その業務の性質に照らし、危険防止のために

38　最判昭和36年2月16日民集15巻2号244頁。

実験上必要とされる最善の注意義務を要求される」と述べる。

［30］　上記最高裁判決は、文言上、「問診によって梅毒感染の危険の有無を確かめ」るとするが、むしろ、その趣旨は、検出不可能な期間があることによる検査証明書の不確実性を少しでも補うために、供血者の生活状況に感染を疑いを抱かせる点があるかどうかを確かめるための簡便な問診という結果回避措置を実施するべきであるとの行為規範を示すことにあったといえる[39]。多くの学説は原告の賠償請求を肯定したこと自体には賛成するが、検査証明書を持参する者に対して問診を行うことの非現実性、問診によって供血者から適格な回答が得られる可能性が低いことなどとともに、「実験上必要とされる最善の注意義務が要求される」という極めて厳しい行為基準を内容とする行為規範を示す一般論が展開されたことから、無過失責任に類する責任を課した判決であるとの指摘もなされた[40]。しかし、問診をすべきであるとの行為規範は、医師にとって容易に遵守できるものであり、これを怠った医師の非難性を否定することは難しい。問診をすることが慣行に反するとしても、その慣行は、検査には感染後一定期間は検出できないといういわゆる空白期間ないし潜伏期間（window period）が存在するという盲点を黙認するものであり、問診がその盲点を補う簡便な方法であり、問診による的確な情報を得る可能性が低いとしても、情報が得られることによって回避されるリスクの重大性と比較するならば、慣行に盲従して適切な問診をしなかった医師の責任を否定することは難しい。

（2）未熟児網膜症事件

［31］　東大輸血梅毒事件判決の実質的な判断はともかく、その理由において示された「実験上必要とされる最善の注意義務」という厳格行為基準を内容とする行為規範に疑問を抱いた医療界からの問題提起を受けて、（ⅰ）有効性と安全性とが是認された臨床医学における実践において目標とされるべき医療内容を医療水準と捉えて、これを基準とする内容の行為規範を臨床医療の実現目標とし、（ⅱ）これを基準として、取り巻く具体的な諸事情に照らして、個別具体的な医師ないし医療機関が個別具体的な患者に医療措置を実施すべきであるとする法的

39　医薬品の添付文書の記載事項を守らない医療慣行に従った医師の過失を肯定した最判平成8年1月23日民集50巻1号1頁は、慣行に従っていたというだけでは、過失を免れないとする点においてこれと趣旨を同じくする。

40　「輸血梅毒事件」最高裁判決を巡る議論については、千種達夫・判時254号5頁以下、我妻栄・民事研修50号2頁以下、谷口知平・民商45巻3号317頁以下等参照。

32 特集 無過失責任の諸相

行為規範を設定し、この法的行為規範が遵守されなかったときに、過失が肯定されるとする「医療水準」論が論じられるようになり、これを肯定的に受け止める状況が整いつつあった[41]。そこに、相次いで登場したのが、救命のための酸素投与を受ける未熟児がしばしば発症する網膜症を予防するための酸素管理、あるいは、発症した網膜症に対して新規に開発されつつあった光凝固法という治療行為を実施すべきであったかどうかが争われた未熟児網膜症事件に関する一連の判決である。そして、これら諸判決をまとめ上げたとも言うべき判決が「姫路日赤未熟児網膜症事件」最高裁判決[42]である。

[32] 最高裁は、「人の生命及び健康を管理する業務に従事する者として、危険防止のために経験上必要とされる最善の注意を尽くして（患者の）診療に当たる義務を負担し」ており、「右注意義務の基準となるべきものは、当該診療当時のいわゆる臨床医学の実践における医療水準である」とした上、「ある新規の治療法の存在を前提にして検査・診断・治療等に当たることが（中略）医療機関に要求される医療水準にあたるかどうかを決するについては、当該医療機関の性格、所在地域の医療環境の特性等の諸般の事情を考慮すべきであり」、「新規の治療法に関する知見が当該医療機関と類似の特性を備えた医療機関に相当程度普及しており、当該医療機関において右知見を有することを期待することが相当と認められる場合には、特段の事情が存しない限り、右知見は当該医療機関にとっての医療水準であるというべきである」と判示した[43]。

[33] 「医療水準」の内容は論者によって差異が見られるものの、上記最高裁判決は、医療水準とは「責任が問われる医療機関の性格、所在地域の医療環境の特性」を考慮した「臨床医学の実践における医療水準」であるとし、新規の治療法に関する知見については「当該医療機関と類似の特性を備えた医療機関に相当程度普及しており、その知見を有することを期待することが相当と認めれる」場合には、当該知見をもって当該医療機関の医療水準であるとする。しかし、このように定義される「医療水準」、つまり行為基準の内容は不明確であり、東大輸血梅毒事件判決で示された「実験上必要とされる最善の注意義務」という厳格行

---

41 議論状況のあらましについては、加藤一郎・鈴木潔監修・医療過誤紛争をめぐる諸問題153-193頁（1976年）参照。

42 最判平成7年6月9日民集49巻6号1499頁。

43 この判決は医療機関の責任を債務不履行と法律構成した上での説示ではあるが、医療機関の債務の内容は、その責任を不法行為と構成した場合の注意義務と異なるところはない。

為基準を内容とする行為規範を変更するものとは思われない。なぜならば、医療機関を取り巻く医療環境の特性は地域毎に様々であることに鑑みるならば、どの程度の類似性があれば、類似の特性を有する医療機関といえるのかきわめて曖昧である。のみならず、医療に関する知見、とりわけ新規の治療法に関する知見は、医療機関にではなく、そこに所属する個々の医師の能力及び研鑽に依存する属人的な性格が極めて濃厚であり、かつ、そのような知見を有する医師その他の医療資源は限定されており、仮に類似する特性の医療機関を認定できたとしても、その類似する特性の医療機関が有する知見、すなわち、そこに所属する医師の知見を当該医療機関の有すべき知見として要求することは、非現実的な行為基準を内容とする行為規範を設定するものといえる。「姫路日赤未熟児網膜症事件」最高裁判決で示された行為基準は、「東大輸血梅毒事件」最高裁判決のいう「実験上」ではなく、「経験上」必要とされる最善の注意義務と表現はされるが、実質的には、厳格行為基準を内容とする行為規範が設定されていることに変わりはない。

3 薬 害

（1）スモン訴訟判決

[34] 現代の医薬品は、生命・健康の維持・回復又は増進を可能にする科学技術の結晶と言っても過言でない。しかし、医薬品は、その強力な作用の故に、同時に、人の生命・健康にとって有害な結果、いわゆる副作用をもたらすリスクを内在させる。医薬品が広く活用される現代社会においては、そのような副作用の適切な防止措置が講じられないかぎり、薬害といわれる深刻な被害が発生する。世界的規模で発生した薬害として有名なのは、悪阻防止剤としても使用されていた医薬品サリドマイドを妊娠初期に服用したことによって死産、又は四肢、聴覚若しくは内臓に障害を持つ児の誕生という被害が生じたサリドマイド事件である。我が国もその例に漏れることはなかったが、サリドマイド事件について、我が国では和解による紛争解決が図られ、判決が下されることはなかった。しかし、その後、スモン事件という深刻な薬害が発生した。

[35] スモン事件は、主として整腸剤として使用されてきたキノホルムを服用した者が亜急性視神経脊髄末梢神経炎（Subacute Myelo-Optico Neuropathy (SMON)：以下、「スモン」という）に罹患するという被害が発生した事件である。

34 特集 無過失責任の諸相

スモンに罹患した患者らがキノホルム剤を製造・販売した製薬会社及びその製造・販売を許可した国に対して不法行為を理由として損害賠償を請求したのがスモン訴訟である（以下、本稿では、製薬会社の過失についてのみ取り上げる）。

　［36］　スモン訴訟は全国27地裁に提訴され、9地裁において判決が下され、これを受けて、すべての訴訟が和解によって解決されることとなった。これら各地裁判決[44]は、それぞれ特色のある責任論を展開している[45]。しかし、製薬会社の過失、つまり注意義務違反についての判断は、いくらかのニュアンスの違いはあるものの、その基本的骨格をほぼ共通にする。その代表例ともいうべき東京スモン訴訟第一審判決[46]の過失判断の概要を見ておこう。

　［37］　東京スモン訴訟第一審判決は、製薬会社の注意義務を予見義務と結果回避義務とに区分して、以下のように論じる。

　［38］　予見義務については、市販前と市販後とに場合分けする。（a）市販前の時点における最高の技術水準による試験管内試験、動物実験及び臨床試験を行って当該新薬の副作用の有無およびその程度を予見する義務と、（b）市販後は、類縁化合物を含めて、医学・薬学その他の関連諸科学の分野における知見や情報を常時収集して、副作用の疑いが生じたときには、可能な限り早期に、動物実験、当該医薬品の病歴調査、追跡調査などによって、当該医薬品の副作用の有無及び程度を確認すべき義務とである。なお、予見すべき対象については、スモン自体である必要はなく、中枢神経系又は末梢神経系のいずれかの障害であればよいとする。

　［39］　そして、結果回避義務は、副作用の危険性にもかかわらず、その有効性からしてなお当該医薬品の利用価値が認められる場合に、適応疾患を限定すると共に、副作用の危険性の内容を具体的に公表し、副作用回避のための指示・警告をし、場合によっては、当該医薬品の販売停止ないし製品回収をすることであるとする。

　［40］　東京地裁判決の過失判断で特に注目すべき点は、隣接分野の科学をも含めて最先端の知見や情報を収集してリスクの有無を調査・確認することを予見義

44　各判決を的確に整理するものとして、竹内昭夫（編）・我が国の製造物責任法——現状と立法論20-31頁（1990年）、太田幸夫「スモン判決の軌跡を辿る」駿河台法学27巻2号97頁以下（2014年）。後者は、製薬会社の過失についてより丁寧な整理をしている。

45　最大の争点は、因果関係の有無であったが、本稿の目的から外れるので、ここでは触れない。

46　東京地判昭和53年8月3日判時899号48頁、判タ365号99頁。

務の内容としたことである。それまでは、リスクに関する現存する情報の認識可能性の有無をもって予見可能性があったかどうかを判断するのが通例であったが、東京地裁判決は、最先端の科学技術を総合して、リスクの疑いを察知するための調査すべき義務として予見義務を課す。しかし、最先端の科学技術の知見が仮説と検証を繰り返しながら次第に確立していくことを踏まえるならば、そこで言及される最先端の科学技術というものが何を指すのか明らかにされていないといわざるをえないし、それらを総合して調査する義務という予見義務というのは、少なくとも文言上は、予見すべき対象を無限定に拡張するものと評しうる[47]。つまり、製薬会社にとって遵守することが事実上不可能な厳格行為基準を内容とする行為規範が設定されているといえる。もっとも、（有効性と危険性との比較衡量において、前者が勝るという）有用性が確認できない限り、製造・販売されるべきでないという医薬品開発の基本理念からするならば、この厳格行為基準に異論は挟みがたい。

（2）クロロキン網膜症訴訟判決

［41］　薬害に関する訴訟の例として、「クロロキン網膜症訴訟」も取り上げておこう。慢性腎疾患の治療として長期にわたってクロロキン製剤を投与され、それによって網膜症に罹患した患者らが集団で医師、製薬会社、国に対して損害賠償責任を追及したのが「クロロキン網膜症訴訟」である。医師及び製薬会社、国を訴えた第1次訴訟、製薬会社と国を訴えた第2次訴訟とが相次いで提起された。第1次訴訟に関しては、東京地裁は被告全員の責任を肯定した[48]。控訴審である東京高裁は、医師と製薬会社の責任は肯定したが、国の責任を否定した[49]。第2次訴訟に関しては、東京地裁は製薬会社の責任を肯定したが、国の責任は否定した。判決後、患者と製薬会社との和解が成立したが、患者は、国の責任を認

47　ただし、畔柳達雄「医薬品の副作用合併症と医師・製造者の責任（3）」耳展39巻4号115頁（1996年）が「先進諸外国では承認されていない、あるいはいったん承認されたが、後日撤回された用途に対して積極的に進出し、しかもその際、薬の投与期間・投与量等を厳しく制限してきた先進諸国の使用法を無視して、長期・大量の薬を患者に服用させ」た結果として、「患者に回復不能の重篤な神経障害を起こした」との指摘をしていることは留意しなければならない。この指摘を踏まえるならば、先進諸外国での当該医薬品への消極的評価を覆すだけの根拠を得るため調査・研究が必要であるというのが判決の主旨であり、製薬会社にとってリスクを疑うに十分な状況が存在していることに鑑みると、このような義務を課したことは妥当な判断であったといえる。

48　東京地判昭和57年2月1日判時1044号19頁。

49　東京高判昭和63年3月11日判時1271号3頁。

36　特集　無過失責任の諸相

めるよう控訴した。しかし、東京高裁はこれを棄却した[50]。以下において、製薬
会社の過失に絞って、昭和63年3月11日に下された第1次訴訟東京高裁判決の判
断のあらましを見てみよう。

　[42]　東京高裁は、製薬会社が薬の製造・輸入・販売するにあたっては、その
時々の最高水準に基づき、その副作用に関する最大限の正確且つ十分な情報と、
これに則った徹底した警告、指示とを医師、患者および国民に逐次速やかに提供
して、これによって副作用による被害を未然防止する義務があり、「当該医薬品
との因果関係を疑うに足りる相当な理由のある副作用情報を得たときは、直ちに
右因果関係の有無の検討に着手すべきであり、かつ、その疑いが医学に見地から
完全に払しょくされない限り、結果回避措置に踏みきるべきである」との一般的
な原則を述べる。その上で、当時の「医薬品の再評価」によって否定されるまで
は、クロロキン製剤の腎炎、てんかんに対する有効性があるとされていたことか
ら、製薬会社には、この2疾病への適応を能書から削除したり[51]、製造・輸入・
販売を中止する義務まではないが、同製剤には網膜症の危険性という副作用が存
在することはすでに認識可能であり、かつ、現実に認識した以上、網膜症発症の
可能性、頻度、疾患の性質、程度、症状、特徴、診断方法、発症後の対処方法等
を能書その他の文書に記載するなど適切な方法で警告・指示をすべき義務があっ
たと判示した。

　[43]　クロロキン網膜症訴訟判決においても、スモン訴訟判決と同様、製薬会
社には、ある医薬品の開発・製造・販売の間、常時、その時点における最高水準
の科学的知見に基づいて、当該医薬品の副作用（リスク）の有無を調査・確認
し、副作用の存在（又はその疑い）がある場合には、その回避措置として、能書
等による指示・警告の義務が課されており、これに異論を唱える学説は見当たら
ない。製造・販売の中止まで求められないのは、本件判決も認めるように、クロ
ロキン製剤の有用性が認められる疾患も存在しているからである。ただ、そこで
示される行為規範、特に、予見義務は、やはり、スモン訴訟判決において示され
た行為規範と同様に、製薬会社にとってすら遵守することが非現実的な厳格行為
基準を内容としていることは指摘されるべきである。

50　東京高判平成6年9月13日判時1505号17頁。
51　原審東京地判は、クロロキン網膜症の発症を知り得た以上、腎炎、てんかんへの適応は能書か
　　ら削除する義務があると判示していた。

4　公害・環境被害

（1）水質汚濁

[44]　現代科学技術を駆使する活動による被害としては、いわゆる公害もその典型例の１つである。そして、そのもっとも深刻な事例が有機水銀による水質汚濁に帰因する水俣病事件である。以下、水俣病の原因となった水質汚濁の汚染源であった企業の過失について論じた第１次熊本水俣病訴訟熊本地裁判決[52]を取り上げよう。

[45]　熊本地裁は、いわゆる汚悪水論を採用して、「（化学工場の）工場廃水中に未反応原料・触媒・中間生成物・最終生成物などのほか予想しない危険な副反応生成物が混入する可能性も極めて大であり」、「そのまま河川や海中に放流されるときは、動植物や人体に危害を及ぼすことが容易に予想される」ので、「化学工場が廃水を工場外に放流するにあたっては、常に最高の知識と技術を用いて廃水中に危険物質混入の有無および動植物や人体に対する影響の如何につき調査研究を尽してその安全を確認し」、「有害であることが判明し、あるいは又その安全性に疑念を生じた場合には、直ちに操業を中止するなどして必要最大限の防止措置を講じ」る注意義務がある、と判示した。

[46]　熊本地裁が判示した危険の有無を調査すべき注意義務は、第３節で概観した薬害の裁判例において判示されたそれとほとんど異ならない。リスクが存在する可能性がある活動を行う限り、そのリスクの存否及び程度を調査・確認する予見義務があるとし、そのリスクの具現化による有害事象の発生又はその疑いがある場合には、活動停止を含めた結果回避義務があるというのである。ここにおいても、理論的に考え得る最善の危険予見措置及び回避措置を講じたかどうかを判断基準として過失が論じられる。その行為基準を内容とする行為規範を遵守することは非現実的であり、厳格行為基準が採用されていることはいうまでもない。ただし、医薬品の製造・販売におけると同様の予見義務を課して、安全性に疑念が生じた場合には操業を中止するなどの回避措置を講じるべきとの内容の厳格行為基準が肯定されるべきかどうかは、もう少し慎重な検討が求められよう。

52　熊本地判昭和48年３月20日判時696号15頁、判タ294号108頁。ちなみに、第１次新潟水俣病第１審判決（新潟地判昭和46年９月29日下民集22巻９-10号１頁）も、「最高技術の設備をもってしてもなお人の生命、身体に危害が及ぶおそれがあるような場合には、企業の操業短縮はもちろん、操業停止まで要請される」と判示する。

38　特集　無過失責任の諸相

安全性が確認されるまで、排水を貯留する、又は有害物質を徹底的に除去できる浄化装置を設置するなどの行為を特定した厳格行為基準が提示されることも考えられよう。

（2）大気汚染

[47]　大気汚染事例における過失判断に眼を転じよう。

[48]　冒頭に紹介した大阪アルカリ事件判決は大気汚染事例に関する先例であり、そこでの過失判断は現在でも基本的に踏襲されているといってよい。近時の大気汚染事例では、複数者による大気汚染物質が複合して被害を発生させている場合に、各汚染者の過失をどのように判断するのかが問題とされている。その問題を意識的に論じた裁判例として、コンビナートを構成する各事業者から排出された汚染物質の複合に帰因する呼吸器系疾患について争われた「四日市ぜんそく事件」津地裁四日市支部判決[53]を挙げることができる。四日市ぜんそく事件訴訟においては、因果関係の存否及び共同不法行為の成否が中心的な争点となったが、単独ではぜんそくを発症させることがないと思われる程度の汚染物質しか排出していない事業者の過失も争点となった。この問題について、津地裁四日市支部判決は、①立地上の過失と②操業上の過失とに区分して、事業者の注意義務について次のように判示した。

[49]　①コンビナート工場群として相前後して集団的に立地しようとする場合には、汚染の結果が付近の住民の生命・身体に対する侵害という重大な結果をもたらすおそれがあるのであるから、事前に排出物質の性質と量、排出施設と居住地域との位置・距離関係、風向、風速等の気象条件等を総合的に調査して、付近住民の生命・身体に危害を及ぼすことのないように立地すべき注意義務がある。本件被告事業者らにはそのような調査・研究を怠った立地上の過失がある。

[50]　②被告事業者らの工場がその操業を継続するに当たっては、製造工程から生じるばい煙の付近住民に対する影響の有無を調査研究し、当該ばい煙によって住民らの生命・身体が侵害されることのないように操業すべき注意義務がある。被告各事業者はそれら注意義務を怠り、漫然と操業した過失がある。

[51]　①及び②の注意義務の内容は、前項でみた水俣病事案についての熊本地裁が判示した注意義務と酷似するが、操業中止まで言及しない点で異なる。自身

53　津地四日市支判昭和46年7月24日判時672号30頁、判タ280号100頁。

の活動に伴うリスクを常に調査・確認し、危害を加える虞がある場合には、適切に対応すべき注意義務というだけで、回避措置への具体的な言及がない。脱硫装置や脱硝装置などの「相当な設備」の設置などという厳格行為基準が示されるならば、［9］及び［10］で紹介した大阪アルカリ事件判決と同様の評価を受けることになろう。

5 小 括

［52］ 過失責任の原則については、「各人ノ働キ、自由ノ範囲ト云フモノガ甚ダ不確カナモノニナリマス[54]」ので、故意・過失による行為のある場合に責任を負わせることにしたとの説明がなされてきた。しかし、故意・過失という要件によって、自由の範囲が明確となるのかという疑問[55]はないわけではないが、それはともかくとして、なぜ、故意・過失がある場合に責任を負わせるのかについての積極的な説明はなされてこなかった[56]。非難性のある加害者に責任が課されることが是認できるとしても、そのことが当然に非難性のない加害者には責任がないとすることにはならない。非難性が希薄な客観的過失を採用することについて障害となる理由は見当たらない。最近の不法行為に関する教科書やコンメンタールにおいても、結果責任主義（又は原因主義）の時代から、culpa を帰責根拠とする時代を経て、近世自然法論による非難性を基礎とする主観的過失概念が採用さ

---

54 法典調査会・民法議事速記録40巻145丁、146丁（穂積陳重発言）。不法行為法を違法行為に対するサンクションであるとする自然法及びその流れを汲むパンデクテン学派にとって、意思活動に由来する損失についての加害者の責任を問うために、個人の自由の限界付けとして故意・過失という主観的な要素は必要であった。パンデクテン学派が主導した BGB において過失責任原則が採用されたのである。*See* JANSEN, THE STRUCTURE, *supra note* 2, 269. しかしながら、ライヒ裁判所は、ライヒ普通法の裁判権を維持して、BGB の特別法である厳格責任を定めた帝国営業令（Reichsgewerbeordnung）の適用を受けない小規模な鉄道会社の列車からの火花の飛散事例や戦時下の危険な状況で操業していた爆薬工場の爆発事例について、厳格責任を認めており、BGB の過失責任主義は裁判実務においては徹底されていなかったようである。*See* RGZ 58, 130, 134ff（1904; 事故発生は1901年）; RGZ 101, 102（1920）.

55 「通常人として必要な注意さえ払っておれば責任を負わされることはないとすることによって、個人の自由な経済活動を保障する」とされている。森島昭夫・不法行為法講義255頁（1987年）。しかし、「通常人」概念が必ずしも明確ではないことからすると、そのような保障も不明確と言わざるを得ない。

56 森島・前掲注（55）156頁は、加害者の非難性によって裏付けられるという。しかしながら、注（54）でも指摘したように、そのような理解は、我が国の民法典の立法に大きな影響を与えたドイツ民法典の立法作業において主流であった自然法及びその流れを汲むパンデクテン学派によるものであり、ドイツにおいても、我が国においても、裁判実務においては必ずしもそうではなかった。

れた[57]が、産業革命の到来によって大量にもたらされる偶然性に支配される事故による被害の救済のため、客観的な過失概念が拡がったと述べられるにとどまる[58]。客観的過失は規範的判断によるとされるだけで、なぜ客観的過失が帰責根拠となるのかについては説明がない。加害者の非難性から切り離された民事責任は、何を根拠として課されるべきなのか。そこには無過失責任との違いはあるのであろうか。あるいは結果責任主義（＝原因主義）への回帰なのであろうか。本章では、このような問題意識をもって、いくつかの不法行為類型における過失判断において示された行為基準を分析してきた。

　[53]　そこで明らかになったのは、１つの共同体の構成員である被害者が共同体構成員共通の利益を享受するための見返り、あるいはそこでの競争において当然に生じるリスクとして、当事者がそのリスクを引き受けている、あるいは受忍していると評価される場合[59]には、当該共同体の黙示又は明示のルールの違反によるなど、引受範囲を逸脱する行為による損失についての責任が肯定される。そのような場合を除いて、裁判所は、いわゆる客観的過失の有無、すなわち、厳格行為基準を内容とする行為規範の適用によって過失の有無を判断し、それによって損失の原因者の責任の有無を決定している。大企業などの組織体のみならず、一般私人が行為主体である場合にもこのような過失判断が行われていることは本章で見てきたとおりである。つまり、裁判例をみるかぎり、行為主体の属性によって厳格行為基準を内容とする行為規範が適用されたり、されなかったりする

57　JANSEN, THE STRUCTURE, *supra note* 2, 263-269は、17から18世紀の自然法論議が19世紀に確立された経緯を叙述する。

58　内田貴・民法Ⅱ（債権各論）［第３版］337頁以下（2011年）、新注釈民法（15）264-265頁（橋本・筆）（2017年）等。

59　過失責任と厳格責任との帰責根拠の違いを説明するために、当事者間に存在するリスクを「互換的リスク（reciprocal risk）」と「非互換的リスク」とに区分して、前者を過失責任の、後者を厳格責任の根拠とする見解は幾人かの者によって展開される。*See* G. Fletcher, *'Fariness and Utility in Tort Theory'*, 85 HAVARD L. REV. 537（1972）: K. Hylton, *'The Theory of Tort Doctrine and the Restatemant（Third）of Torts'*, 54 VANDERBILT L. REV. 1413（2001）（Fletcher の互換的リスク理論は、厳格責任についての好ましい説明を提供する）。しかしながら、A. GRAY, THE EVOLUTION FROM STRICT LIABILITY TO FAULT IN THE LAW OF TORTS, 171（2021）は、農村地域における、家畜の不法侵入事案や灌漑用水路による被害など互換的なリスクによる損失について、伝統的に厳格責任が肯定されてきており、「互換的リスク」と「非互換的リスク」の区別は有用とは思われないとする。そもそもが何を基準に互換的であると判断するのかは曖昧であり、実用法学の観点からは有用とは思われない。本稿で述べる「被害者のリスクの引受がある」かどうかは、規範的概念であり、具体的な状況に応じて被害者側にも損失を負担すべき事実があるのかどうかの判断である。

わけではない。非難性という帰責根拠で過失責任を説明することができないのが現状と言えるが、では、何が帰責根拠とされているのであろうか。

［54］　客観的過失責任が結果責任主義（原因主義）でないとされてきたことは言うまでもない。客観的過失責任においては、原因者は、遵守することが非現実的であるとしても、その原因であるリスクを回避することが（科学的）理論上ないし理念上可能である限り、リスク回避措置を講ずべきであるという厳格行為基準に違反した場合に責任を負わされている[60]。つまり、行為者の不正（wrong）ではなく、理論上回避可能なリスクの回避をしないで実行される行為という、行為主体から切り離された「行為」自体の不正（wrong）[61]あるいは「行為」自体の欠陥が帰責根拠とされるといえる[62]。

［55］　では、行為の不正を責任根拠とする客観的過失責任は、無過失責任とどのように異なるるのであろうか。そこで、次章において、無過失責任の帰責根拠を検討する。

60　Holmes は、「ほとんど普遍的に受容される本講義の第 1 の主張であるところの、意図しない不正行為についての一般的な責任基礎は当該状況における慎重な人（prudent man）の行為とは異なる行為であるとの主張は、コモン・ローの大部分にわたる権利と義務のすべてを陪審の予期しない感覚（accidental feelings）に多かれ少なかれ必然的に委ねる」とし、正しいことを行うためにすべての努力を真摯に行う者ですら、責任に直面しうるという。HOLMES, COMMON LAW, *supra* note 1 Lecture III, 126.

61　Goldberg and Zipursky, *Strict Liability in Fault, supra note 2,* 774-75は、行為の不正を不法行為法における厳格責任的不正行為の不正性であるという。

62　J. L. COLEMAN, RISKS AND WRONGS, 333 (1992).帰責根拠として、行為者ではなく、行為自体の不正性（安全性の欠如又は危険性の重大性）に重点を置くという考えは、Hand の定式に代表されるような、被害者の安全利益（リスクの大きさ）と加害者の活動の自由（予防措置の費用の大きさ）と比較衡量して過失判断をするという定説ともいうべき見解からは距離を置くものといえる。もっとも、Hand の定式はアメリカ合衆国では圧倒的な支持を得ているが、イギリス、カナダ、オーストラリアなど他のコモン・ロー諸国においては、必ずしも支持を得ておらず、人身あるいは財産に実質的な物理的ないし有形的な危害が及ぶような場合には、加害者の活動の自由は考慮対象から外されるといわれている。*See e.g.,* E. WEINRIB THE IDEA OF PRIVATE LAW, 147-52 (1995).そして、アメリカ合衆国においても、いくつかの裁判例が Hand の定式を支持しない。*See e.g.,* R.W. Wright, *Standards Care in Negligence Law* (in D.G. OWEN (ED.)), PHILOSOPHICAL FOUNDATION OF TORT LAW (1995)), 249, 260-61.

三　無過失責任の帰責根拠

1　民法典上の無過失責任
（1）　土地工作物責任

　　［56］　民法典が規定する無過失責任としては、民法第715条の使用者責任、民法第717条の土地工作物責任などを挙げることができる。ここでは、後述するコモン・ローにおける厳格責任の先導的役割を果たしたイギリスの Rylands v. Fletcher 判決[63]が貯水池の破堤について貯水池が建造された囲い地の所有者の責任、すなわち土地工作物責任に関して判断したものであり、それとの比較のために、土地工作物責任を取り上げることにする。

　　［57］　民法第717条第1項は、「土地の工作物の設置又は保存に瑕疵があることによって他人に損害を生じたときは、その工作物の占有者は、被害者に対してその損害を賠償する責任を負う。ただし、占有者が損害の発生を防止するのに必要な注意をしたときは、所有者がその損害を賠償しなければならない。」と定める。

　　［58］　「瑕疵」は、「土地工作物」が「通常備えているべき安全性」に欠けることを意味する[64]規範的概念である[65]と一般的に解される。そして、「土地工作物」とは「土地ニ接着シテ人工的作業ヲ為シタルニ依リテ成立セル物[66]」であるとされ、自然物が排除されること、そして、「設置又は保存」という行為を前提とする文言[67]が見られることからして、瑕疵の判断において「設置・保存に関する『行為』の側面も考慮対象から排除されるわけではない[68]」とされる。したがって、設置・保存の瑕疵は設置・保存に関する行為の瑕疵ということになり、設

63　Rylands v. Fletcher（1868）3 LRE & I App. 330（HL）.

64　最判平成25年7月12日判タ1394号130頁、我妻栄・事務管理・不当利得・不法行為（1937年）183頁、加藤一郎・不法行為［増補版］（1974年）196頁等。

65　潮見佳男・不法行為法Ⅱ［第2版］（2011年）253頁以下、新版注釈民法（16）債権（9）（2022年）242頁以下（米村・筆）等。

66　大判昭和3年6月7日民集7巻443頁。

67　幾代通・不法行為（1977年）159頁は、瑕疵が工作物の設置の時、あるいは維持・管理されている間に存在することを「設置又は保存の瑕疵」とする。しかし、「設置又は保存の瑕疵」を瑕疵の存在時期についての言及であるとすることは、文言からして不自然であるし、人知の及ばない自然現象によってもたらされた、ありとあらゆる安全性の欠如も含まれることになり、結果責任主義を肯定することにつながる。

68　新版注釈民法（16）・前掲注（65）245頁、潮見・前掲（注65）255頁等。

置・保存に関する行為に規範的に求められる安全性を確保する措置が講じられていないことと同義といえる[69]。つまり、設置・保存の瑕疵とは、設置・保存に関する行為によって「通常備えるべき安全性」に欠ける状況が生じていたことを意味するといってよい。そして、占有者は少なくとも管理行為を行う者であるので、結局のところ、民法717条1項本文は、占有者の設置・管理行為の欠陥、つまり「行為の不正」を根拠に責任を課すものであるといえる。このような理解は、「瑕疵」を義務違反と解する義務違反説[70]のそれと通じるところがある。

　[59]　義務違反説をめぐっては様々な批判が加えられており[71]、「行為の不正」又は「行為の欠陥」を帰責根拠であるとする主張にもそれら批判が当てはまりそうである。しかし、それら批判を加える近時の諸見解においては、「瑕疵」（あるいは違法性）判断は規範的な判断であり、過失判断における考慮要素と同様の要素を基準として「瑕疵」の有無を判断できるとすることは共通しており[72]、帰責のための必要とされる判断要素に異なるところがない。責任要件の表現において「欠陥」とするのか、「義務違反」とするのかの違いでしかないといえる。そうした中から、「安全確保のために高度の注意義務が要求され、損害回避義務が容易に認められるようになると、わざわざ『通常備うべき安全性の欠如』などという抽象的過ぎる瑕疵概念を用いて責任を認めなくとも、高度の予見義務、損害回避義務を前提とした義務違反として瑕疵を把握することもできるし、そのほうが法的非難の根拠も明確であり、かつ将来の損害防止も望みうる（中略）ことになる

69　最判昭和37年11月8日民集16巻11具2216頁は、第三者の過失による高圧電線の断線によって被害者が死亡したことについて電力会社の土地工作物責任が問われた事案において、不可抗力の抗弁に関してではあるが、「本件事故現場の電線の修補をすること自体が科学的及び経済の許す範囲を超えて不可能なものであるとは認められない」と判示する。この判示内容は、電線修補という行為義務が科学的及び経済の許す範囲を超えないかぎり、当該行為義務を遵守しないことは「設置・保存の瑕疵」に該当することを示唆する。なお、植木哲「工作物責任・営造物責任」民法講座6［事務管理・不当利得・不法行為］（1985年）562頁参照。

70　論者によって微妙な差異は見られるが、義務違反説に立つものとして、國井和郎「道路の設置・管理の瑕疵について――義務違反的構成の試み――（1）～（16）」判タ326号、327号、332号、335号、338号、348号、372号、425号、441号、451号、452号、467号、469号、475号、480号、481号（1975～1983年）、植木哲「災害と営造物責任――加治川水害訴訟判決を契機として――（1）～（9）」判時810号（判例評論208号）、813号（209号）、816号（210号）、825号（213号）、835号（216号）、844号（219号）、850号（221号）、862号（225号）、865号（226号）（1976年～1977年）、平井宜雄・債権各論Ⅱ不法行為63頁以下（1992年）などを挙げることができる。

71　新版注釈民法（16）・前掲注（65）238-240頁が要領よくまとめている。

72　森島・前掲注（55）66頁、潮見・前掲注（65）253頁以下、新版注釈民法（16）・前掲注（65）240頁。

のかも知れない」とする見解も見られる[73]。これらの議論を踏まえると、土地工作物責任の帰責根拠は「行為の不正」であり、前章で取り上げた客観的過失における帰責根拠と異ならないといえよう。

[60]　ところで、解釈論を展開することは本稿の目的ではないが、民法第717条第1項の解釈について少しばかり言及しておきたい。

[61]　上述した近時の議論におけるように、「瑕疵」の判断において、過失判断におけるのと同様の考慮要素が取り入れられるとするならば、前章でみたように、格別な理由がない限り、厳格行為基準が採用されることになろう。そうであるならば、同項の但し書きに定める「占有者が損害の発生を防止するのに必要な注意をしたとき」とはどのような場合を指すのであろうか。同項但し書きの定める「必要な注意」は客観的過失の判断における注意とは異なるというならばともかく、占有者の行為という要素をも含めて「瑕疵」の有無を規範的に判断し、その存在が肯定されるならば、少なくとも論理的には、占有者は必要な注意を払っていなかったことになるはずである。つまり、この但し書きは空文化することになる。もっとも、同項但し書きが空文化すると、所有者の責任を問う途が閉ざされるとの懸念が示されるかもしれない。しかし、それは杞憂というべきである。なぜならば、同項の占有者には、直接占有者のみならず、間接占有者も含まれると解する[74]ならば、所有者は間接占有者として責任を問われうるからである。この場合、間接占有者たる所有者は、共同不法行為を理由に直接占有者と連帯責任を負うことになり、所有者を二次的な責任者と解する通説に対する批判[75]も回避できる。

73　森島・前掲注（55）66頁。森島教授は、そうであっても、高度の注意義務が課される特別の責任類型として扱うことは差し支えなく、民法第717条が設けられる趣旨にも適合するという。

74　民法第717条第1項の「占有者」に間接占有者が含まれるかどうかについては、議論が分かれる。議論の状況については、新版注釈民法（16）前掲注（65）251頁以下が的確に整理している。「占有者」から間接占有者を除外する理由が、資力の乏しい占有者にではなく、所有者に責任を負わせたいとの実際的な配慮から、占有者の尽くすべき「注意」を主観的なものと捉え、かつ、「占有者」を直接占有者に限定して、その免責の余地を拡げて、所有者に責任を負わせることにあるとするならば、その手法は迂遠である。また、物権法における占有者概念と異なる「占有者」概念を採用する理由についても適切な説明が必要となる。加えて、サブリース事例のように、工作物が転貸され、直接占有者である転借人の資力は乏しく、間接占有者である賃借人が最大の資力を有するような場合を考えると、間接占有者を本稿の「占有者」から除外することは妥当ではなかろう。

75　松本克美「土地工作物責任における〈第一次的所有者責任・第二次的占有者責任論〉の可能性」立命321＝322号1836頁以下（2008年）。

［62］　「瑕疵」の判断において、厳格行為基準が採用されるならば、民法第717条第1項の解釈において議論されてきた主要な論点のほとんどは適切に処理されることになる。

（2）Rylands v. Fletcher 判決の検討

［63］　コモン・ローにおける厳格責任の先駆けとなったイギリスの Rylands v. Fletcher 判決[76]及びそれを巡る議論を検討することは、前項で述べたことを検証するために有用と思われる。

［64］　本節冒頭で簡単に触れたように、Rylands 判決は、貯水池の破堤に関して、貯水池が建設された囲い地（close）の所有者の厳格責任を肯定したものである。異常に危険な活動に対して厳格責任を課す Cairns 判事の理由付けは、極めて明瞭であり、手本とされるべきであるとさえ評される。以下、少し立ち入って検討する。

［65］　原審における Blackburn 判事の意見を全面的に支持して、Cairns 判事は、以下のように判示した。

［66］　「本事案を解決するための原則は極めて単純であると考える。本件貯水池が建造された囲い地の所有者又は占有者とされる被告らは、当該囲い地を通常の土地使用の状態で利用される目的において適法に利用できる。そして、私の言うところの、当該土地の［中略］『自然のままの使用（natural use）』において、地表又は地下におけるなんらかの水の貯留があり、自然法則の作用によって、当該貯留した水が原告の占有する隣接地に流入した場合、原告はそこから生じた結果について訴えることはできない。原告がその結果を回避することを望むならば、そこから退去するか、自然法則の作用を阻止するために彼の土地と被告らの土地との間に障害物を置くことによってその流入を阻止する負担が原告に負わされる。」

［67］　「他方、彼らの土地使用が自然のままの使用に留まらず、『自然のままでない使用（unnatural use）』というべき何らかの目的のために、地表又は地下での働き又は作用の結果ではない量及び態様で、地表又は地下に導水する目的のためにその土地を使用することを意図し、そして、その行為の結果として、又は、その行為の何らかの不完全さの結果として、その水が流出して原告の土地に流入し

76　Rylands v. Fletcher, *supra note* 63.

46 特集 無過失責任の諸相

た場合、被告らは、自己の責任においてその行為を行ったと思われる。そして、その行為の中で、ここで取り上げられる不幸、つまり、水が流出し、原告の土地に流入して、原告を害した場合、その結果については、被告に責任があるというべきである[77]（傍点・筆者）。」

　[68]　Rylands 判決[78]における Cairns 判事の意見は、上述 [67] に見られるように、「行為の又はその何らかの不完全さの結果」について言及するものの、その「不完全さ」にそれ以上は立ち入らず、「自然のままでない使用」による危害については自己責任であるとすることに力点を置いたことから、その評価についてはコモン・ロー法域の各国において対応が分岐したと言える。以下、イギリスとアメリカにおける状況を概観する。

　[69]　アメリカや我が国では、Rylands 判決は「異常に危険な活動」に対する厳格責任についてのリーディング・ケースとして評価されているが、イギリスにおいては、必ずしもそのような扱いはされてこなかった。

　[70]　イギリスにおいては、所有地からのなんらかの物質の漏出に対する被告の責任の射程は、Rylands 判決から程なくして、検証されることになった。

　[71]　被告の土地から原告の土地へと流れる自然水路を被告がせき止めて作っていた小さな池の側壁が豪雨によって損壊し、大量の水が水路に流れ出して原告の土地に流入し、そこにあった橋など諸施設等の財産に損害が生じた事件に関して、原告が水たまりの建設及び維持管理における negligence は主張せずに、被告を相手に損害賠償請求の訴えを起こした事案（Nichols v. Marsland 事件）について、財務裁判所（the Court of Exchequer）は、裁判官一致でこれを棄却した[79]。その理由付けは錯綜してはいるが、「被告が犯した不正行為が何であるのか。……水を流出させて原告の橋を損壊したのは被告ではない。……被告が支配管理（control）できないなんらかの作因が水を流出させた場合に、なぜ被告が責任を

77　Rylands v. Fletcher, (1868) *supra note* 63, 338-339.
78　Rylands 判決の背景には、それぞれ数百人の死者と村落全体の壊滅状況をもたらした1852年の Holmfirth 災害と1864年の Dale Dyke 災害という２つのダム決壊事件を契機として生じた法的・政治的状況があることは早くから指摘されている。その中でも大きな要素は、ダム建設を請け負った建設会社にダム決壊によって生じた損害についての補償を命じる立法提案があり、その提案が結果的に受け容れられなかったという状況があったことである。*See* A.W. Simpson, *'Legal Liability for Bursting Reservoirs: The Historical Context of* Rylands v. Fletcher', 13 J. LEGAL STUD. 209 (1984).
79　Nichols v. Marsland (1875) LR 10 Ex. 255; (1876) 2 Ex. 1.

負うのか？[80]」と述べる。裁判所が Rylands 判決には登場しなかった「支配・管理（control）」という語句を用いたことは留意されるべきである。さらには、裁判所は、被告の土地使用の合理性及び社会一般の利益となっていたかどうかという問題にも言及する[81]。

[72] これに対して、控訴裁判所は、豪雨という不可抗力が原告の損害の主因であることを理由にして、原審の判断を維持した。控訴裁判所は、「コップを溢れさせたのは最後の一滴である」と簡潔に述べるとどまる[82]。控訴審判決は、不可抗力という Rylands 判決の判決理由で述べられたことに対する例外事由を挙げるにとどまり、先例拘束の原則には反しない。しかし、財務裁判所が結果の予見可能性及び回避可能性を内包する「支配・管理」という概念を用いて、被告が不正行為を犯したかどうかを問題にし、Rylands 判決が「行為の不完全さ」と述べるだけで、明確にはしなかったところの、合理的な予見可能性・回避可能性という要素を組み込もうとしたことは注目して良いだろう。

[73] そして、ほぼ同時期に、第三者の貯水池の洪水が被告の土地に流入し、それが原告の土地にも流入した事案について、原告の損失の主たる原因は第三者の行為であり、Rylands 判決の例外事由に当たると判示する Box v. Jubb 判決[83]が見られる。そこでは、「何が洪水の原因なのか？ それは、被告が応答責任を負うべきものなのか？――それは被告からの行為や怠慢（default）から、あるいは被告らが支配管理できない部外者によって生じたのか？[84]」という理論的な問いかけがなされる。そして、裁判所は、被告らには関連する行為や怠慢がなく、かつ、第三者に対する支配管理を有しないがゆえに、被告らには応答責任がないと結論づける。そこには、「行為や怠慢」及び「支配管理」への言及にみられるように、行為の不正を帰責根拠にしようとする意図ないし思惑が窺える。

[74] Rylands 判決が責任の要件として挙げた「自然のままでない使用」という概念も又、後続の裁判例によって精査された。Wilson v. Waddell 判決[85]がその

---

80 Nichols v. Marsland（1875）LR 10 Ex. 255, 259（Baron Bramwell, for Kelly CB and Cleasby BB).

81 *Ibid*, 260.

82 Nichols v. Marsland（1875）2 Ex. 1, 6（Mellish LJ, for Cockburn CJ and aggllay JJ).

83 Box v. Jubb（1879）4 Ex. 76.

84 *Ibild*, 79（Kelly CB).

85 Wilson v. Waddell（1876）2 AC 95.

48 特集 無過失責任の諸相

１つである。事実の概要は次のようなものである。被告の炭鉱が高い位置にあり、原告が賃借する炭鉱がそれより低い位置で隣接しており、本来、土砂などで妨げられない限り、雨水は被告の炭鉱から原告の炭鉱に自然に流入する位置関係にあった。ただ、現状としては、被告の炭鉱の石炭が硬い土砂によって覆われており、そうした自然流入はないという状況であった。しかし、被告が、その操業において、その硬い土砂を除去したため、土地の地表が低くなり、雨水が被告の土地から原告の土地に直接的に流入するようになり、雨水の流入によって損失を被った原告が被告に対して損害賠償請求の訴えを提起。貴族院は、被告がそこで採炭するには土砂を除去せざるをえないとの認定をしたうえで、被告には除去した土砂を元に戻す法的義務はなく、被告の活動は「鉱物利用の自然な成り行き（natural course of use of minerals）」であると判示して、訴えを退ける。他方、Hurdman v. North Eastern Railway Company 判決[86]は、土砂、粘土、石灰岩、廃棄物等の堆積の山に降った雨が浸透して、隣接する原告の土地に浸出した事案において、その堆積された山は「人工的なもの」であるとして、Rylands 判決に従って、被告を有責とする。

　[75]　上述してきたように、Rylands 判決の評価を巡っては様々な揺らぎが見える中、20世紀になって、貴族院は、Rylands 判決を改めて検討するに至る。Rickards v. Lothian 貴族院判決[87]がそれである。

　[76]　被告所有の建物の一部から浸入してきた水によって原告が損失を被った事案で、何者かが何らかの理由で被告の建物の水道栓を開栓し、その水が逃げないように他の水路を塞いでいたため、原告の土地がそれによって浸水したとの事実が認定され、先に紹介した第三者の行為が存在する Box v. Jubb 判決と類似する事実関係が見られる事件についての判決である。Rickards 判決は、次のように判示して原告の請求を棄却。「被告側の過失なくして、第三者の悪意ある行為が水の侵入の真の原因であったならば、被告が水の流出を惹起したとか、許容したとすることは適切でない[88]。」この意見は、厳格責任を論じるにおいて、過失を念頭に置いていると思われるが、無過失といわれる概念に過失における判断枠組みを持ち出したため、議論を混乱させることになった。

86　Hudson v. North Eastern Railway Campany (1878) 3 CPD 168 (CA).
87　Rickards v. Lothian [1913] AC 263.
88　*Ibid,* 278 (Lord Moulton, for the House).

〔77〕　また、Rickards 判決は、「自然のままでない使用（non-natural use）」という概念に関しても混乱をもたらした。Rickards 判決は、Rylands 判決の法理は「他人に対する危険を増大させる特別な（土地の）使用に対して適用されるのであり、社会一般の利益にとって適切であるような通常の土地使用には適用されない」と判示する[89]。上述したように Rylands 判決には、「行為の不完全さ」という語句は登場するが、「危険な（dangerous）」とか「危険性（dangerousness）」という表現は存在しない。Rickards 判決は「通常の土地使用」と「特別な土地使用」とを区別するために「危険の増大」というメルクマールを設定したのであろうが、すべての事象には危険がつきものであり、何らかの新たな活動を行おうとすれば、他人に対する危険を増大させることは明らかであり、「危険の増大」はメルクマールとしての機能を果たし得ない。さらに、Rickards 判決は、Rylands 判決が用いた「自然のままの土地使用」ではなく、「通常の土地使用」という語句を用いるが、これも不明確である。農村での貯水池の建設は通常の土地利用なのだろうか。商業地区のビル建設はどうであろうか。それがかつて農地として使用されていた場合はどうか。土地の「通常の使用」は時と共に変化するのか。「通常」であるかどうかの判断は規範的であり、「自然のまま」という事実的な判断とは性質が異なる。さらに、Rickards 判決は「一般社会の利益」という功利主義的な概念に言及するが、そのような功利主義的な考えには Rylands 判決は言及していない。仮にこのような考えが厳格責任を否定する根拠とされるならば、19世紀のイギリスにおける貯水池の建設はほとんど社会一般の利益となる活動に該当することになり、責任を問い得ないことになる。

〔78〕　上述のように、裁判所は、Rylands 判決の厳格責任法理の射程を定めるべく、様々な考え、あるいは概念を導入してきたが、却って、もともと不透明な状況にさらなる不確実性と混乱とを追加する状況を作り出した。こうした中にあって、軍需工場の行政検査中に砲弾の爆発によって負傷した被害者が工場所有者を訴えた事案に関する Read v. J Lyons and Company Limited 判決[90]の傍論が興味深い議論を展開する。それを一瞥しておこう。その爆発が工場所有者やその従業員の negligence が原因であるとの証拠はない中で、裁判官一致で、被告の土地から何物かが漏出した事案ではなく、Rylands 判決とは事実関係が異なると

89　*Ibid*, 280 (Lord Moulton, for the House).
90　Read v. J Lyons and Company Limited [1947] AC 156.

いう理由で、Rylands 判決の法理は適用されないと判示した。そして、Simon 判事は、多くの裁判例が「自然のままでない土地使用」の意味が難解であるとしていることを挙げて[91]、「自然のままではない」とはいえない放牧を念頭に置く家畜による不法侵入のような事例から厳格責任の一般原則を演繹することの異様さを指摘したうえで[92]、厳格責任という共通点が存在しない責任類型を法の中に組み込む一般原則を否定する。そして、Rylands 判決の原則がその論理的結論として理解されるならば、「それは非常に酷い判決である」とする[93]。さらに、幾人かの裁判官は、Rylands 判決の厳格責任が人身損害にも適用されうるかという問題は未決のままであるとし、加えて、「危険な」又は「超危険な」活動が関係する状況において厳格責任を課す一般原則を示す判決として Rylands 判決を取り上げることを拒絶する[94]。また、幾人かの裁判官は、「自然のままでない使用」の解釈が難しいことを指摘し、その中には、軍需工場はそのような使用の定義に当てはまらないとする裁判官もいる[95]。

[79]　Rickards 判決に見られるように、イギリス貴族院は、Rylands 判決を起点として厳格責任の一般化することに懐疑的な考えを抱いてきた。これは、後述するように、同時期のアメリカでは、厳格責任を一般化する第 1 次不法行為リステイトメントを巡って盛んに議論が戦わされ、それが支持され、公表されたのと対照的である。イギリス貴族院がアメリカでの議論状況を知らないわけではないことを考えると、その姿勢の違いは際立っている。

[80]　Rylands 判決の法理に対する懐疑的な見方は、現在に至っても弱まる状況にはない。その一例として、1980年に下された Leakey v. National Trust for Places of Historic Interest or Natural Beauty 判決における Megaw 判事の意見を挙げることができる[96]。さらには、1970年に公表された法律委員会報告書がこの領域における法状況は非連続的であるとして、「危険」又は「超危険」と考えられる活動の結果に対して厳格責任を課すという一般原則をイギリス法が採用すべきであるという提案を拒否している[97]ことも注目される。

91　*Ibid*, 166（Viscout Simon）.
92　*Ibid*.
93　*Ibid*, 167.
94　*Ibid*, 178（Lord Macmillan）.
95　*Ibid*, 170（Viscount Simon）and 174（Lord Macmillan）.
96　Leakey v. National Trust for Places of Histric Interest or Natural Beauty［1980］QB 485. 519.

[81]　そして、1994年に、極めて注目すべき貴族院判決が下された。Cam-bridge Water Co. v. Eastern Countries Leather 判決[98]である。被告が皮革処理において使用する、環境への有害性が当時知られていなかった化学物質を地下に滲出させ、地下帯水層を汚染し、約2km離れた原告の井戸水を汚染したため、原告が、Rylands 判決を引用して、被告に対して損害賠償請求の訴えを提起した事案について、貴族院は、請求を認容した控訴裁判所判決を全員一致で破棄した。その判断における重要な点は、Rylands 判決の法理をニューサンス不法行為の亜種として再構成したことである[99]。そして、Cambridge 判決は、原告の訴えが認められるためには、原告の被った危害が合理的に予見可能であったことを証明することが必要であるとし[100]、被告の立場にある者には合理的な予見可能性がなかったとして、請求を棄却したのである。なお、Rylands 事件の控訴審判事であった Blackburn 判事の意見[101]においても「（流水による）当然かつ予期できる結果」が必要であると述べられており、合理的な予見可能性が要求されていたところである。

　[82]　Cambridge 判決の法廷意見を述べる Goff 判事は、Rylands 判決における「自然のままでない使用」と私的ニューサンスの文脈における「合理的な使用者（reasonable user）」との「機能的類似性」を論じることによって、Rylands 判決をニューサンス不法行為とを同列に扱うことを正当化する。そして、Goff 判事は、Read 判決[102]と1970年法律委員会報告書[103]に言及して、アメリカに見られるような、活動の危険又は超危険な性格を理由に Rylands 判決から演繹される一般原則の提案はイギリスにおいては支持できないとし、そのような提案を受け容れるかどうかは立法の問題であるとする。さらに、Goff 判事は、Rickards 判決における「通常の使用」という概念は不正確であるとし、また、「一般社会の利益」という概念も空疎であり、有意な限定もできないと批判する。

97　*Report of the Law Commission on Civil Liability for Dangerous Things and Activities*（1970）（Law Commission No. 32）14-16.

98　Cambridge Water Co. v. Eastern Countries Leather［1994］2 AC 264.

99　*Ibid*, 306.

100　*Ibid*.

101　Fletcher v. Rylands（1866）LR 1 EX. 265, 280.

102　Read v. J Lyons and Company Limited, *supra note* 89.

103　*Report of the Law Commission on Civil Liability for Dangerous Things and Activities, supra note* 97.

52　特集　無過失責任の諸相

　[83]　そして、貴族院は、Transco Plc v. Stockport Metropolitan Borough Council 判決[104]において、Rylands 判決の射程について更なる検討を加える。事実の概要は以下の通りである。原告は、廃線となった鉄道線路敷地に沿ってガス主管を敷設する地役権を有していた。被告はそれに近接してアパートの建設を完了して、そのアパートから近くの水道主管に繋がる水道管を建設していた。その建設から数年後、被告は、ガス主管に関する原告の地役権を条件として、水道管とガス主管が敷設されている土地を購入。その20年後、被告が建設した水道主管が破裂したが、その破裂は被告の negligence によるものではなかった。その破裂によって原告のガス主管が損壊したため、原告は被告に対してその修復費用について損害賠償訴訟を提起。始審裁判所は、Rylands 判決に従って、請求を認容したが、控訴審裁判所はこれを破棄。ちなみに、当時、オーストラリア最高裁が negligence 不法行為に Rylands 判決を包摂する判決を下していたので、上告理由書は、貴族院が Transco 事件においてもこれと同じ立場をとることを主張していた。しかし、貴族院は、控訴審判決を維持した。その判決理由は回りくどく、要を得ない点が多いが、少なくともそこで明らかにされたのは、① Rylands 判決が認める責任が課されるためには、土地からの何らかの流出ないし排出が必要であること[105]、② Rylands 判決は私的ニューサンス不法行為の1亜種と解され、その法領域において承認されている原則の1つとして存在していること[106]、③オーストラリア最高裁判決の考えを受け容れることを拒絶したこと[107]、そして、④裁判官全員一致で、Rylands 判決のような訴訟が人身被害事案に利用されることを拒絶したことである[108]。

　[84]　これまで見てきたように、発祥の地イギリスでは、Rylands 判決は厳格責任の一般原則を述べるものとしては遇されてこなかった。責任要件が不明確なままであったことが直接の原因といえよう。しかし、当時、過失責任に係る理論が急速に進化し、客観的過失論のもと、厳格行為基準による過失判断が一般化しつつあったため、Rylands 判決における事案と類似する事案のほとんどを過失責任によって処理することができるようになってきたこともあったと推察でき

104　Transco Plc v. Stockport Metropolitan Borough Council [2004] 2 AC 1.
105　*Ibid*, 10 (Lord Bingham), 18 (Lord Hoffmann), 23 (Lord Hobhouse), 30 (Lord Scott).
106　*Ibid*, 10 (Lord Bingham), 20 (Lord Hoffmann), 22 (Lord Hobhouse), 30 (Lord Scott).
107　*Ibid*, 20 (Lord Bingham), 31 (Lord Scott), 36 (Lord Walker).
108　*Ibid*, 10 (Lord Bingham), 18 (Lord Hoffmann), 22 (Lord Hobhouse).)

る[109]。それゆえに、Rylands 判決は私的ニューサンスの１亜種という、統計学で
いわれるところの「外れ値（autlier）」の地位に甘んじることになったといえる。
そして、結果として、我が国で土地工作物責任の対象となるような事案のほとん
どが「合理人の注意」を基準とする行為規範によって処理されており、そこでは
「行為者の不正」ではなく、「行為の不正」が責任根拠とされている。

　[85]　それでは、アメリカにおいて、Rylands 判決はどのような処遇を受けて
きたのであろうか。アメリカにおいては、当時圧倒的な支持を得ていた Holmes
の著作 THE COMMON LAW の影響もあってか、Rylands 判決は当初好意的に扱わ
れることはなかった[110]。Rylands 判決に言及する各州の裁判例が存在しなかった
わけではないが、19世紀後半から20世紀初期までは、Rylands 判決に対する各州
の対応はお互いに広く認識される状況にはなかった。

　[86]　たとえば、マサチューセッツ州においては、屋根に積もった雪が落下し
て歩行者を負傷させた事案に関して、Rylands 判決の厳格責任を適用して、家屋
所有者の歩行者に対する賠償責任を認めた Shipley v. Fifty Assocs. 判決[111]が登
場している。同判決においては、土地の上に人為的な構造物を設置して雪（水）
を堆積させ、結果として、他人に危害を加える権利は誰も有しないと判示され
る。雪（水）の堆積は「そこに自然に存在していない」というのである。そし
て、同判決は、「自己責任の（at peril）」厳格責任という古くからの語句を持ち出
して、被告がその構造物及びその屋根の建設及び管理にあらゆる合理的な注意を

109　Cf. GRAY, THE EVOLUTION, *supra note* 59, 96. ちなみに、イギリスにおいては、19世紀半ばの
　　時点で、不法侵入（trespass）訴訟と不法侵入場合訴訟（trespass action on the case）又は場合
　　訴訟（action on the case）とからなる二重構造の不法行為訴訟が存続していた。そして、不法侵
　　入訴訟は、土地不法侵入、財物への不法侵入、及び人への不法侵入３つの下位類型を維持してい
　　たが、場合訴訟はそれらに含まれない事案を対象としてきた。前者はその形式が厳格であった
　　が、後者はより緩やかであるため、雑多な事案を含んでいた。そして、19世紀になると、S.
　　Pufendorf その他の自然法学者の影響の下、後者に含まれる事案は negligence という責任原則に
　　統一され、そして、「合理人の注意」という行為基準によって過失の有無が判断されるように
　　なっていった。*See* J. BELL & D. IBBETSON, EUROPEAN LEGAL DEVELOPMENT: THE CASE OF TORT
　　66-67（2012）. そして、過失の判断基準である「合理人の注意」の発展により、帰責根拠が行為者
　　の不正から「行為の不正」又は行為の欠陥へと変遷していったことは、第２章で見てきたとおり
　　である。
110　Holmes は、その名著 THE COMMON LAW において、「人は常に自己責任を負う」という原則は
　　粗野で思慮不足であるとしており、厳格責任に対してほとんど気にとめていなかった。そして、
　　Holmes は、責任は過失事案においてのみ存在するとの一般原則に言及する。HOLMES, COMMON
　　LAW, *supra note* 1, 102. 同書では、Rylands 判決はわずかに２回言及されるにすぎない。
111　Shipley v. Fifty Assocs. 106 Mass. 194（1887）.

54　特集　無過失責任の諸相

尽くしていたかにかかわらず、被告の領域内において、その屋根に氷雪を蓄積させることによる危険は被告が負担すべきであり、それによる全損害は被告が負うべきであるとする[112]。同じくマサチューセッツ州では、Holmes が法廷意見を書いた Davis v. Rich 判決[113]が登場している。そこでは、被告所有の土地の水道管から水が歩道上に流出し、凍結していたところ、そこを歩行していた原告が滑って転倒し、負傷したことに対する被告の責任が問題となった事案について、Holmes は、「公衆に対する危害の発生又は脅威が認識される場合、Rylands v. Fletcher 判決の厳格準則が問題となるのではない。不法行為法の一般原則は、何らかの特権がない限り、……彼の雨樋がニューサンスを作出していることを被告が認識していたならば、被告はそれによる危害に対して完全に責任を負うべきである。」と判示する[114]。ただし、理由中に「被告が認識していたならば」責任を負うとの表現があることからすれば、そして、事案からして回避可能性を認めることは容易であると思われるので、過失を根拠に責任を認めることもできたはずであり、厳格責任に対して消極的な態度を取っていた Holmes が negligence による責任としなかったのかは、理由が不明である。

　[87]　ニューヨーク州においては、Rylands 判決について、マサチューセッツ州とはまったく異なる対応を示す裁判例がいくつか登場する。蒸気ボイラーの爆発について過失が認められないボイラー所有者のその爆発による被害者に対する責任を否定した Losee v. Buchanan 判決[115]はその 1 例である。動物が危害を惹起した場合に適用される厳格責任を施設所有者にも適用可能であるとする Rylands 判決における Blackburn 意見に反対する。動物が惹起する危害と施設に帰因する危害との間には類似性がないというのである[116]。そして、Earl 判事は、いわゆる社会契約論に言及して[117]、Rylands 判決は本邦の法と直接に矛盾するという[118]。さらに、文明社会において成長してきた権利を無視し、野蛮状態に戻すことになるとして、Rylands 判決を強く批判するニューハンプシャー州の Brown

---

112　*Ibid*, 199-200（Ames J）.
113　Davis v. Rich 180 Mass. 235（1902）.
114　*Ibid*, 237-38（Holmes, CF, for the Court）.
115　Lossee v. Buchanan 51 NY 476（1987）.
116　*Ibid*, 483.
117　*Ibid*, 484-85.
118　*Ibid*, 486-87.

v. Collins 判決[119]も登場する。 マサチューセッツ州以外の各州の Rylands 判決に対する消極的な対応には、当時のアメリカ社会がイギリスのそれとは大きく異なり、財産的利益の追求を法が強力に保護していたことも影響したのかもしれない[120]。

　[88]　しかし、19世紀後半に、アメリカでは、急速な産業化と社会変化の時代に突入し、偶発的な事故による被害が多発するようになったため、厳格責任を課すことによってこれに対応せざるを得なくなっていった。そして、20世紀初期には、経済状態の向上は確実になり、厳格責任を抑制して産業を助成する必要も薄れることとなった[121]。そうした状況を反映する裁判例として、カリフォルニア州の Green v. General Petroleum Corp. 判決[122]を挙げることができる。

　[89]　被告が周囲の環境条件に適応しながら深井戸を掘削していたところ、深井戸を掘削する際にはしばしば発生することが知られていたところの、ガス圧による井戸の爆発が生じて、隣接土地を所有する原告に被害を与えるという事故が発生したため、原告が損害賠償請求の訴えを提起した事案について、Green 判決は、「企図された行為又は事物によって危害が直接又は近接的に惹起された場合、予見できない外部又は独立した作因の介在がないかぎり、当該行為若しくは建設、又は危害を惹起しうる物体若しくは設備の使用・維持管理における negligence の要素の有無にかかわらず、結果として生じた損害に対する絶対責任が存在する。」と判示した。この Green 判決は、Rylands 判決を引用するでもなく、また「異常に危険な」活動とか「超危険な」活動という概念にも言及しないので、過失責任原則との関係をどう考えているのか明らかでない。また、「外部または独立した作因が介在しないかぎり」、行為から生じた損害について「絶対責任」が課されるという表現からは、結果責任主義を採用したとも解しうる。しかし、続いて下された一連の判決によって、被告の活動の危険性を帰責根拠にすることが明確にされる。その１例が Exner v. Sherman Power Const. Co. 判決[123]で

119　Brown v. Collins 53 NH 442（1873）.

120　*See* F. Bohlen, *Rule in* Rylands v. Fletcher（1911）59 UNIV. OF PENNSYLVANIA L. REV. 298, 315-19.

121　*See* J.H. Shugerman, *The Floodgates of Strict Liability: Bursting Reservoirs and the Adaption of* Fletcher v. Rylands, *in the Gilded Age*, 110 YALE L. J. 333, 372（2000）.

122　Green v. General Petroleum Corp. 250 Cal. 328, 334, 270. P. 952, 955（1928）.

123　Exner v. Sherman Power Const. Co. 54 F. 2d. 510（2nd Circuit, 1931）.

ある。所有施設内に保管していたダイナマイトの爆発によって他人に損害を加え
た被告の責任について下された Exner 判決において、Hand 判事は、爆発物の保
管が違法でもなく、過失によるのでもないことを認めた上で、Rylands 判決が合
衆国では一般的には受容されてはいないことを指摘したうえで、ダイナマイトの
使用は自己責任を負うべき危険な物であることを理由に、それが被告の保管施設
で爆発することによって原告に損害を負わせるならば、被告には絶対責任が課さ
れると判示する。この Exner 判決が、超危険な活動に対する厳格責任という原
則を採用した第 1 次不法行為リステイトメント（［90］参照）に大きな影響を及ぼ
したことは想像に難くない。そして、Exner 判決に続いて登場した Luthringer
v. Moore 判決[124]は、Green 判決における責任根拠が当該活動の超危険な性質に
あることを明確にする。

［90］　Rylands 判決から約50年後に[125]、第 1 次不法行為リステイトメントが編
纂され、そこにおいて、合理的な注意では回避できず、かつ、「通常の用法では
ない」「超危険な活動（ultrahazardous activity）」によるリスク[126]の具現化によって
惹起された危害に対する厳格責任を認める条項が設けられ、厳格責任に対するア
メリカ法の基本的な立位置が明確にされた[127]。そして、この条項は各州の裁判所
に多大な影響を及ぼした。ただし、そこでは、当該活動によって惹起されるであ
ろう危害が及ぶと被告によって認識される原告に限って、この厳格責任は認めら
れるとされた。そして、この考えは、「超危険な」という文言を「異常に危険な
（abnormally dangerous）」に置き換えたものの、第 2 次不法行為リステイトメント
へと引き継がれた。そこでは、Rylands 判決において考慮されたファクターが引
用されて、「異常に危険な」活動かどうかの判断における 6 つの考慮ファクター
が挙げられる。すなわち、「(a) 他人の人身、土地又は動産に対する高度なリス
クの存在、(b) そこから生じる危害の確率が大きいこと、(c) 合理的な注意を尽
くすことによってはそのリスクを除去することが不可能であること、(d) 当該活

124　Luthringer v. Moore 31 Cal. 2d 489, 500, 190 P. 2d 510 (1948).
125　この間、2000人もの死者と甚大な財産損害を出した Johnstone 洪水の原因となった1889年のダ
　　ム決壊事例を含む何件かのダム決壊事例が生起したが、過失責任原則の下で被害者らの救済が得
　　られなかったという出来事をアメリカ社会が経験していたことも少なからぬ影響があったであろ
　　うことは、Sugarman, *The Floodgates, supra note* 121, 358-72によって指摘されている。
126　ただし、第 1 次不法行為リステイトメントにおいては、大量の貯水が超危険な活動に該当する
　　かどうかは明らかではない。
127　RESTATEMENT (FIRST) OF TORTS §§ 519-520 (AM L INST. 1938).

動が通常の用法（common usage）から外れる程度、(e) 当該活動が行われる場所にとって、その活動の不適切性、(f) 一般社会に対するその活動の価値がそれによる危険性に凌駕される程度[128]。」である。しかしながら、第2次不法行為リステイトメントの厳格責任に関する条項が適用される事例は非常に限定されると言われてきた。その理由は、超危険又は以上に危険であると想定される活動の数が少ないことと、「通常の用法（common usage）」という例外が設けられていたことであるといわれる[129]。ちなみに、第3次不法行為リステイトメントでは、より簡潔な表現が採用され、「(1) すべての行為者によって合理的な注意が尽くされたときでも、ある活動が予見可能で高度に有意な物理的ないし有形的（physical）危害を作出し、かつ (2) 当該活動が常例の類いのものではないならば」、その活動は異常に危険であるとされる[130]。しかし、「予見可能で高度に有意な物理的ないし有形的危害をもたらす活動）」という要件、及び「通常の用法でない（活動）」という限定の下では、適用される事例は大きく限定される。結局、不法行為リステイトメントのいう Rylands 判決型の厳格責任が適用される一般的な活動は、ダイナマイトの使用や貯蔵のような爆発物の取扱くらいであるといわれる状況になっている[131]。

　[91]　これまで見てきたように、事故型の損害発生事案に対する厳格責任の出発点となったといわれる Rylands 判決は、その発祥の地であるイギリスにおいては私的ニューサンスの1亜種という「外れ値」として受容されたにすぎない（[84] 参照）。これに対して、アメリカにおいては、それを一般化する責任原則が形成されてきたが、結局のところ、その要件によって、適用範囲がきわめて狭くなっていることが指摘されている（[90] 参照）。残りの事故型の損害発生事案は、注意義務が高度化された（つまり、厳格行為基準が採用され、行為の不正をもって義務違反とする）過失概念のもとで処理されることになる。このような評価が的を射ているかどうかを確認するために、近年、我が国でも盛んに議論されてきた製造物責任を巡る議論状況を概観しよう。

128　Restatement (Second) of Torts § 520 (Am L Inst. 1977).

129　G.T. Schwartz, *The Vitality of Negligence and the Ethics of Strict Liability* (1981) 15 Georgia L. Rev. 963, 971.

130　Restatement (Third) of Torts: Liability for Physical & Emotional Harm § 20 (Am L Inst 2010).

131　D.B. Dobbs, P.T. Hayden & E.M. Bublick, The Law of Torts § 443 (2d ed. 2011).

58 特集　無過失責任の諸相

2　製造物責任法

（1）製造物責任法理の登場

　［92］　1994年に成立し、翌1995年に施行された製造物責任法第3条は、製造物の欠陥による被害について、製造業者[132]はその責任を負うと規定する。そこでは、製造業者の過失が要件とされていないので、その責任は製造物の「欠陥」を理由とする無過失責任または厳格責任であると解されている[133]。しかし、前節で見た土地工作物責任のように、その帰責根拠を探るならば、客観的過失責任におけると同様に、行為の不正が帰責根拠とされているのではないかとの予測が浮かび上がってくる。そこで、製造物責任法における「欠陥」を理由とする責任の帰責根拠は何なのかを検討することにしたい。

　［93］　製造物責任の帰責根拠については、欠陥製造物による被害に対する責任を先導したアメリカ法においても議論があり、その影響を受けた欧州共同体（EC（現在、欧州連合（EU）））及びその加盟各国でも同様である[134]。我が国の製造物責任法もその例に漏れることはない。以下においては、紙幅の都合上、主としてアメリカ法における議論を参照しながら、検討を進めることにしたい。

　［94］　アメリカ合衆国ニューヨーク州においては、1916年に、検査すれば発見できたであろう欠陥を有する部材を検査しないまま用いて自動車を製造・販売した被告自動車会社には検査義務違反があり、その自動車をディーラーから購入した原告がその欠陥によって生じた損害を被った場合には、自動車会社は検査義務違反による negligence 不法行為責任を負わねばならないと判示した MacPherson v. Buick Motor Co. 判決[135]が先駆的な裁判例として登場する。そして、1960年には、購入して間もない自動車のハンドルの制御不能という欠陥によって負傷した原告からの当該自動車の製造業者及び販売業者に対する損害賠償について、直接的な契約関係が存在しなくとも、黙示の担保責任（warranty）が認められるとして、これを認容した Henningsen v. Bloomfield Motors Co. 判決[136]がニュー

132　製造責任法第2条が「製造業者」を定義する。

133　内田・前掲注（58）522-523頁、潮見・前掲注（65）367頁、及び同書169頁注（14）において引用される文献参照。

134　欧州共同体における議論については、潮見・前掲注（65）366頁及びそこで引用される文献を参照。

135　MacPherson v. Buick Motor Co., 217 N.Y. 382, 111 N.E. 1050 (1916).

136　Henningsen v. Bloomfield Motors Inc. 32 N.J. 358, 161 A. 2d 69, 75 A.L.R. 2d 1 (1960).

ジャージー州で下された。さらには、1963年に、欠陥製造物についての厳格責任（以下、「厳格製造物責任」という）の先鞭を付けたと評されるカリフォルニア州最高裁の Greeman v. Yuba Power Prods., Inc. 判決[137]が登場した。被告製造の電動工具を購入した妻からプレゼントされた原告がそれを使用している際に、木片がその工具から飛び出て重傷を負った事案について、被告製造業者の損害賠償責任を認めた Greenman 判決において、R. Traynor 判事は、原告が設計上予定された用法に従って［製造者の製造した製品］を使用している間に、その用法で使用した場合にそれが危険な物となるような、原告が認識していない製造又は設計上の欠陥の結果として、負傷したことが証明されれば、被告は原告に対する損害賠償責任を負うと判示する[138]。そして、Traynor 判事は、欠陥製造物に対する責任は、契約の担保責任法理による責任ではなく、不法行為責任としての厳格製造物責任であると明言する。ちなみに、第2次不法行為リステイトメントにおいて、W. Prosser は、この責任形式は「（製造業者・販売業者が）その製品の製造及び販売においてすべての可能な注意を尽くしていたとしても、……適用される」ことを強調する[139]。

　［95］　以上のように、アメリカにおいては、不法行為法の negligence 不法行為責任と契約法上の担保責任（warranty）という性質の異なる責任の間隙を埋める、あるいはそれらを融合するものとして、厳格製造物責任という考えが形成されてきた。しかしながら、そこでいわれる厳格製造物責任が何を帰責根拠とするのかは明確ではない。

　［96］　翻って、本項冒頭（［92］）において、我が国製造物責任法が規定する製造業者の責任は無過失責任と一般に解されていると紹介したが、同時に、その帰責根拠は明確ではないとも述べたのは、アメリカと同様の事情が我が国にも見られるからである。すなわち、同法の立法過程において、製造業者の責任を不法行為責任と捉えるのか、契約法における担保責任と捉えるのかで議論があったが、議論が十分に尽くされたとはいえないまま、特別の不法行為責任としての製造物責任として位置づけられ、同法が成立したのである。

　［97］　製造物責任の帰責根拠を探るには、その責任成立のための中核的な要件

137　Greenman v. Yuba Power Prods., Inc., 377 P. 2d 897（Cal. 1963）.
138　*Ibid*, 901.
139　Restatement（Second）of Torts § 402A（2）（a）.

である「欠陥」を分析することが有用であろう。そこで、以下において製造物責任法における「欠陥」概念について検討する。

（2）「欠陥」とは

［98］　製造物責任法第2条第2項は、「『欠陥』とは、当該製造物の特性、その通常予見される使用形態、その製造業者等が当該製造物を引き渡した時期その他の当該製造物に係る事情を考慮して、当該製造物が通常有すべき安全性を欠いていることをいう」と規定する。この規定内容は、Greenman 判決において、Traynor 判事が判示した「設計上予定された用法での使用において、危険な製造物となるような、製造上又は設計上の欠陥」という定義とほとんど変わるところがない。

［99］　欠陥の類型については、製造物責任法は定めていないが、ほとんどの学説は、アメリカにおける分類に従って、欠陥を（ⅰ）製造上の欠陥、（ⅱ）設計上の欠陥、及び（ⅲ）指示・警告上の欠陥の3つに分ける。そして、（ⅲ）は、結果の有無が当該製品の使用方法との相関において判断されることから、その使用方法を限定する、あるいは使用に当たって使用者が注意すべき点を示すことによって、製品の使用に伴う危険を回避することを目的としている。したがって、（ⅲ）は、製品を使用する者の行動の態様を予測し、それによる危険を警告することによって回避するという行為の懈怠を意味し、「過失判断における合理人の作為義務の存否・内容に関する規範的評価と同質」であり、その欠陥を理由とする責任については、高度の指示・警告措置を前提とした「過失責任としての性質をもつ欠陥責任が採用されている」との指摘がなされる[140]。

［100］　我が国ではあまり論じられていないが、アメリカでは、1980年代半ば頃から、（ⅰ）から（ⅲ）のすべてについて、過失判断における行為基準に類似する行為基準を設定する動きが判例及び学説に見られたところ、1998年に公表された第3次不法行為リステイトメント（製造物責任）第2条は、（ⅱ）及び（ⅲ）について、それら欠陥の有無は、原告の被害が利用可能かつ明確な（well-defined）代替しうる設計又は警告を製造業者・販売業者が懈怠したことによる予見可能な結果であったことの証明に係っていると述べる[141]。この条項は、原告の被害が被告

140　新美育文「製造物責任」内田＝大村・編『民法の争点』299頁（2007年）、潮見・前掲注（65）186頁等。

141　Restatement (Third) of Torts: Products Liability § 2 (b)-(c) (Am. Law Inst. 1998).

にとって予見可能かつ回避可能であることを前提にしており、解釈論として、（ⅲ）に加えて、（ⅱ）による責任についても、negligence 責任に同化させるものと捉えることができる。たとえば、自動ブレーキを備えない自動車の製造を取り上げよう。そのような自動車が自動ブレーキのないことによって事故を起こし、歩行者を負傷させた場合、その自動車に設計上の欠陥があるとして、当然に、自動車の製造業者に製造物責任を課すことになるのであろうか。自動車に自動ブレーキを備えることがいまだ開発途上にあり、自動ブレーキの装着が社会一般の期待であるという状況がみられない場合、設計上の欠陥を認定することは難しい。つまり、設計による欠陥があるかどうかは、他の設計との比較検討した上で当該設計を採用すべきでなかったかどうかという規範的評価が極めて重要となるのである。そして、我が国の製造物責任法における設計上の欠陥に関しても、同法第4条に定められる、いわゆる「開発危険の抗弁」をも考慮するならば、アメリカにおけると同様の解釈論が妥当しよう。

　［101］　これに対して、（ⅰ）については、少し事情が異なる。［100］で触れたように、アメリカでは、（ⅰ）についても、過失判断におけると同様の行為基準で判断すべきであるとの議論があるところであるが、製造上の欠陥の発生経路は、大きく分けて、2通りある。1つは、①例えば、医薬品製造業者の製造施設の不備によって、原材料に不純物あるいは異物を混入させて、危険な医薬品が製造される事例のような、少なくとも科学的ないし理論的には回避可能な措置が存在する欠陥類型、そして、もう1つは、②大量生産においては不可避の、品質管理をいかに厳格に行っても発生する規格外れの製品（アウスライサー）による欠陥のように、大量生産活動の禁止以外には回避措置が存在しない欠陥類型である。前者に関しては、客観的過失の判断におけると同様の厳格行為基準によって、欠陥の有無を判断することになり、欠陥が肯定できる場合には、「行為の不正」を帰責根拠とした責任が肯定できる。しかし、後者については、大量生産活動を容認する限りは、科学的あるいは理論的にも回避措置が存在せず、厳格行為基準によっては欠陥の有無を判断すること、つまり、「行為の不正」を帰責根拠とすることは難しい。もっとも、そのようなアウスライサーによる危険を伴った大量生産活動自体が「行為の不正」に該当するとして、それを帰責根拠とすることは可能である。ただし、そのように解するならば、結果責任主義を採用することとほとんど変わらないことになろう。

3　小　括

［102］　本章では、制定法で特に規定される無過失責任と言われる不法行為責任の典型例として土地工作物責任（第1節）と製造物責任（第2節）を取り上げ、それらの帰責根拠を探ってきた。その作業から、土地工作物責任は、厳格行為基準を内容とする行為規範の違反、つまり「行為の不正」にその帰責根拠を求めることができること、そして、製造物責任も、そのほとんどが厳格行為基準を内容とする行為規範の違反に帰責根拠を求めることができることが明らかになったといえる。

［103］　ただし、若干の例外も存在することも判明した。厳格責任の一般化が進められ、また、製造物責任法の発展に先導的な役割を果たしてきたアメリカにおいては、ある活動に付随するリスクを回避することが科学的あるいは理論的に不可能であっても、その活動を許容するかぎり、そのリスクから生じる損失についての賠償責任が肯定される例外が存在することが指摘されている。ダイナマイトなどの爆発物の自然発火、アウスライサーに帰因するリスクがもたらす損害に対する責任などがそれである[142]。その指摘は我が国についても当てはまる。そして、この例外的な責任について、何を帰責根拠とするのかが改めて問われることになる。不正性を帰責根拠とするのではなく、公平な分配という考えの下、「一定の活動に従事する（者）が、自己の利益のために意図的に行う行為の過程で、周知の、明確かつ実質的なリスクに他人を曝すことが許される場合、つまり、そのようなリスクを他人に負担させる行為が禁止されない場合、そのようなリスクを負担させる者はそれによって損害を被る者に対して（その填補を）保証する用意をしなければならない」とする考えもありうる[143]。この考えに従って、「このような通常ではないリスクを許容することは、被害に対する応答責任を果たすことへのリスクを負担させる者の対応が条件となる」という、いわゆる「（賠償責任という）条件付きの許された危険」という見解[144]や「責任保証（Liability Guar-

---

142　爆発物の自然発火については、使用済み核燃料の貯蔵と同等の措置を求める厳格行為基準を、そして、アウスライサーについては、精度の高い検査措置を求める厳格行為基準を設定して、それを遵守しないことをもって「行為の不正」とし、それを帰責根拠にすることは考えられよう。しかし、それでもなお、100％安全な爆発物の貯蔵方法やアウスライサーを100％発見できる検査措置を用意することは科学的あるいは技術的には不可能であり、問題が解決されるわけではない。

143　R. Keeton, *Conditional Fault in the Law of Torts*, 72 HARV. L. REV. 401 (1959); Fletcher, *supra note* 59, 537; G. Keating, *The Idea of Fairness in the Law of Enterprise Liability*, 95 MICH. L. REV. 1266 (1997).

anty)」という見解[145]がアメリカやドイツにおいて提案されているが、結果責任主義とどう異なるのかの説明が求められることになろう。この点についての議論が今後どのような方向に向かうのか注目したい。

四　結　論

　[104]　不法行為における過失責任と無過失責任との間の分界線はどこにあるのかという疑問から、分界線に近い過失責任類型といくつかの典型的な無過失責任類型のそれぞれの帰責根拠について検討してきた。

　[105]　産業革命がもたらした社会においては、そこで多発し始めた偶発的な損害発生事案に対処するために、それまでの加害者の非難性を根拠としてきた主観的過失責任、つまり「行為者の不正性」を根拠としてきた過失責任が、公平な損害分担を主たる目的とするようになり、「遵守することが非現実的な行為基準」つまり「厳格行為基準」を内容とする行為規範に違反することを過失と捉えるようになっていった。過失が客観化され、過失責任の責任根拠が行為者の不正性ではなく、行為の不正性に求められるように変化したのである（第2章）。もちろん、そこでも触れたが、行為主体の非難性を責任根拠とする主観的過失責任も残っていないわけではない。しかし、過失の客観化の流れの中、そうした主観的過失責任類型の事案においても、行為者の非難性を前面に持ち出して過失を論じることは稀であり、特定の共同体における（明示または黙示の）ルールが想定する危険引受を逸脱する危険による損失について、責任を課すという状況が見られるようになっている（[23]～[26]、[53] 参照）。

　[106]　他方、同じく産業革命を契機として、無過失責任ないし厳格責任を内容とする責任類型が多く登場した。古くから存在する日常生活において生じる一定の無過失責任類型の事案とは一線を画す、人的・物的交流が発達した社会にお

144　See e.g. Goldberg and Zipursky, *Strict Liablity in Fault, supra note* 2, 763;
145　責任保証という考えは、当初、客観的過失を支持するために提唱された。しかしながら、その考えは、潜在的被害者の法的利益の適切な保護のために、責任保証を法的に義務づけようとするものであり、責任一般について妥当する。たとえば、von Caemmerer は、付保義務を法定することによって、契約外においても責任保証は可能であるとし、特に、行為が自己の責任において行われる場合には適切であるとする。von Cammerer, *Die absoluten Rechte in § 823 Abs. 1 BGB,* (1961) Karlsruher Forum 19, 27.

64　特集　無過失責任の諸相

ける高度なリスクがもたらす損害を加害者と被害者との間で公平に分担させるための無過失責任事案が広がっていった。しかし、第3章で見たように、無過失責任といわれる内容を分析すると、ほとんどの無過失責任事案が客観的過失責任において折出された厳格行為基準によって括り出される「行為の不正」をその責任根拠としていることが明らかになった。したがって、過失責任と無過失責任ないし厳格責任のほとんどが重なり合うことになる。そして、爆発物の保管に関する責任や一定の製造上の欠陥を有する製造物責任のように、「行為の不正」を責任根拠とすることが難しい無過失責任の事案類型も例外的に存在することも明らかになった（［101］及び［103］参照）。しかし、その帰責根拠を何に求めるのかについて十分な考察がなされているとは言い難い。今後の重要な課題といえる。

　［107］　翻って、不法行為法の主たる目的が損失の公平な分担にあるという観点からは、効率性、損失の分散可能性、損失の負担能力などを考慮して、賠償責任の成否及びその内容を判断することは極めて重要である。しかし、損失の公平な分担というのは、不法行為法の主たる目的ではあっても、二次的なものに留まる。不法行為法の一次的な目的は、損失発生の抑止ないし回避にある。つまり、損失を回避するための行為を命じて、損失を防止する目的である。不法行為法による損失の公平な分担のための損害賠償は、不法行為責任の中核的な効果であり、極めて重要ではあるが、この一次的目的を有効たらしめるための二次的目的である。その一次的目的を適切に実現させるためには、行為規範を明確に示すことが必要である。行為規範に従った行為を事前に直接的に求めることは、「損害の発生」を責任成立要件とし、金銭賠償の原則を採用する我が国の不法行為法の下では難しい。しかし、間接的にでも損失防止に必要な行為を示すことの意義を忘れてはならない。その意味において、厳格行為基準を内容とする行為規範を設定して、「行為の不正」を根拠にして損害賠償責任の有無を判断する傾向が拡大することは、今後もありうべき不法行為法の姿として捉えられよう。

　［108］　最後に付言しておきたいのは、「行為の不正」を帰責根拠とすることは、行為に伴うリスクについての責任分担の出発点を決定するためであり、最終的に行為者にどのような責任を負わせるかは、当該リスクを被害者も引き受けているかどうかについての規範的判断も関わってくる（［18］参照）。競技中の事故に対する競技参加者や市場競争における勝者と敗者のリスクの分担などはそのことを物語っているといえよう。つまり、帰責根拠は矯正的正義又はそれに類する

考えに基づいて探究されるが、最終的な責任の分配を確定するためには、分配的正義的な視点からの考慮が必要となる。したがって、「行為の不正」を帰責根拠に据えたとしても、被害者の承諾などを理由とする「危険の引受」や自然力を理由とする「不可抗力」などの責任成立に対する「抗弁」についての、そして、「過失相殺」や「損益相殺」などの責任の内容・程度に関する「抗弁」についてのより一層深い考察が求められることになろう。

使用者責任における逆求償の発生原因
——最判令和2年2月28日民集74巻2号106頁を契機として——

齋　藤　　　航

一　序　　論
二　令和2年判決の概要
三　逆求償に関する学説とこれまでの判例
四　令和2年判決の意義と残された課題
五　判例における使用者責任の帰責根拠
六　結　　論

一　序　　論

　本稿は、使用者責任について被用者から使用者に対する求償権の行使、いわゆる逆求償を認めた最判令和2年2月28日民集74巻2号106頁（以下、「令和2年判決」という。）を契機として、使用者責任における使用者の帰責根拠について、従来の危険責任・報償責任のみではもはや使用者の損害負担を正当化する根拠としては十分ではなく、これらに加え、使用者と被用者におけるリスク分配、関係優位性、および過失が帰責根拠となり得ることを示すことを目的とする。

　そのために、本稿では、①令和2年判決の意義はなにか、②残された課題は何か、そして③その課題はどのように解決すべきか、の3つの問題を検討する。

　使用者責任が成立する場合、使用者から被用者に対する求償は民法715条3項で認められている。それに対し、被用者から使用者に対する逆求償は、明文の規定がなかったことに加え、そもそも被用者が先に全額賠償をすることが少なかったため、裁判において問題になることが稀であり、学説においても逆求償については使用者責任の議論のなかで優先的に扱われる問題ではなかった。

　しかし逆求償については、使用者責任の基本的理解の違いにより、これを認めるか否かの結論に差が生じ得る。その理解の違いとは、使用者責任とは使用者が被用者の責任を肩代わりする責任と考えるのか、それとも何らかの意味で使用者

68 特集　無過失責任の諸相

の負担部分を認定する責任と考えるのかという違いである。前者であれば基本的に逆求償は認められないが、後者であれば認められ得る。実際、近年の下級審においては、若干ながら逆求償の可否が問題となる事例が登場しており、その判決においては、上記の2つの理解の違いを背景に、逆求償を認めた判決と認めなかった判決の両方が存在している。

　そのような状況のなかで、最高裁は、令和2年判決において逆求償を認める判決を出した。この判決にはどのような意義があり、そして使用者責任の議論にどのような影響を与えるのであろうか。

　本稿では、この令和2年判決の意義と残された課題を指摘したうえで、その課題に対する解答を示す。具体的には、まず令和2年判決の概要について触れたうえで（二）、逆求償に関するこれまでの学説上の見解を、肩代わり責任としての代位責任、および使用者の損害負担部分を認定する意味での固有責任という視点から分類したうえで、その分類に照らしてこれまでの判例が逆求償についてどのような考え方をしていたのかを分析する（三）。そのうえで、令和2年判決における意義として、もはや使用者責任は肩代わり責任としての代位責任と捉えることはできず、使用者の負担部分を認める固有責任として位置づけられることになったという点を指摘する。そして残された課題として、使用者責任の負担部分の認定には損害の公平な分担という観点から多様な事情が考慮される以上、使用者責任の帰責根拠としては、もはや報償責任・危険責任のみでは不十分であるという点を指摘する（四）。そしてこの課題を解決するため、使用者責任における使用者の帰責根拠として、個別事案に関わらず存在する構造的責任としての報償責任・危険責任に加え、具体的な事案において差が生じ得る個別事案的責任としての当事者間のリスク分配に基づくリスク分配責任、使用者が不法行為に起因する不利益を被用者よりも受けにくいという関係優位責任、そして過失責任があることを、実際の裁判での考慮要素を分析することを通じて指摘する（五）。

二　令和2年判決の概要

1　事案の概要

　運送業者Yに雇用されて働くXが業務中に交通事故を起こして被害者Aは死亡した。Yは事故車両を含め、全ての車両について任意保険には加入していな

かった。XはAの相続人Bに対して確定判決に基づき1552万円を賠償した。他方、Yは和解によりもう一人のAの相続人Cに対して1300万円を支払った。

これを踏まえ、XはBへの支払いによりYに対して求償権を取得したとし（本訴請求）、他方YはCへの支払いによりXに対して求償権を取得したとして（反訴請求）、それぞれ求償を求めた。なお、反訴請求については控訴審で棄却されている。

この本訴請求が、被用者から使用者に対して求償権を行使する、いわゆる「逆求償」として認められるかが問題となった。

2　判　旨

最高裁は、結論として、「被用者は、上記諸般の事情に照らし、損害の公平な分担という見地から相当と認められる額について、使用者に対して求償することができる」として、被用者による逆求償を認めた。

「上記諸般の事情」とは、「使用者が第三者に対して使用者責任に基づく損害賠償義務を履行した場合には、使用者は、その事業の性格、規模、施設の状況、被用者の業務の内容、労働条件、勤務態度、加害行為の態様、加害行為の予防又は損失の分散についての使用者の配慮の程度その他諸般の事情」という、最判昭和51年7月8日民集30巻7号689頁（以下、「昭和51年判決」という。）で用いられた、「損害の公平な分担という見地から信義則上相当と認められる限度」を定める際に用いられる事情を指す。

この結論を導くにあたり、最高裁は主に2つの理由を挙げている。第一が、危険責任・報償責任という使用者責任の趣旨。第二が、使用者からの求償権行使の場合との結果の整合性である。

（1）報償責任・危険責任という使用者責任の趣旨

1つ目の理由は、使用者責任の趣旨に基づく理由である。最高裁は、「民法715条1項が規定する使用者責任は、使用者が被用者の活動によって利益を上げる関係にあることや、自己の事業範囲を拡張して第三者に損害を生じさせる危険を増大させていることに着目し、損害の公平な分担という見地から、その事業の執行について被用者が第三者に加えた損害を使用者に負担させることとしたものである」という、これまでの最高裁が採用してきた使用者責任の趣旨を前提としたうえで、「使用者は、その事業の執行により損害を被った第三者に対する関係にお

いて損害賠償義務を負うのみならず、被用者との関係においても、損害の全部又は一部について負担すべき場合があると解すべき」とした。

一般に、この「使用者が被用者の活動によって利益を上げる関係にあること」を使用者責任の帰責根拠とするのが報償責任、「自己の事業範囲を拡張して第三者に損害を生じさせる危険を増大させていること」を使用者の帰責根拠とするのが危険責任と呼ばれる考え方である。

従来、報償責任・危険責任という考え方は、被害者という損害賠償責任を追及する側と、使用者という損害賠償責任を追及される側の関係、すなわち対外関係において使用者が損害賠償責任を負うべきとする根拠として示されてきた。しかし令和2年判決では、使用者と被用者という、加害者間における内部関係においても、報償責任・危険責任を帰責根拠として逆求償を肯定している。

（2）求償権行使の場合との結果の整合性

2つ目の理由が、求償権行使の場合との結果の整合性である。昭和51年判決により、使用者の求償権行使は、上記の諸般の事情考慮したうえで、「損害の公平な分担という見地から信義則上相当と認められる限度において」認められるとされている。それを踏まえ、最高裁は「上記の場合と被用者が第三者の被った損害を賠償した場合とで、使用者の損害の負担について異なる結果となることは相当でない」とした。

仮に使用者からの求償が認められるにもかかわらず、被用者からの逆求償は認められないとすると、被害者が先に使用者に請求した場合、使用者が被用者に求償することにより損害を一部負担すればよいのに対し、被害者が先に被用者に請求した場合、被用者は使用者に求償できないため、損害を全額負担することとなる。

しかし逆求償を認めることにより、被害者がどちらに先に損害賠償を請求しようとも、最終的に使用者と被用者が負担する損害額は理論上同じとなり、被害者がどちらに先に賠償請求するかによって最終的な損害負担が異なるという事態は生じないことになった。

三　逆求償に関する学説とこれまでの判例

1　使用者責任の帰責根拠

　使用者責任において、その帰責根拠については報償責任・危険責任であるとすることで、判例および学説ともにほぼ見解が一致している。立法当初においては、使用者は被用者の選任・監督につき過失があるため、被用者の行為について責任を負うとされていた[1]。しかし周知の通りこの過失責任を帰責根拠とする見解には批判が強く、報償責任・危険責任を使用者責任の帰責根拠とする見解が支配的になった[2]。そして上記のように令和2年判決においても使用者責任の帰責根拠として報償責任・危険責任の考え方は維持されている。この報償責任・危険責任の考え方から、民法715条1項ただし書の適用は厳しく制限され、使用者責任は無過失責任に近い運用がなされている[3]。

　以下で述べる、使用者責任の性質理解に関するさまざまな学説においても、帰責根拠が報償責任・危険責任にあるという点においては、ほぼ一致している。

2　使用者責任の性質理解に関する学説の分類

　使用者責任とそれに伴う求償問題に関する学説において主に議論されてきたのは、使用者から被用者への求償権の行使は制限できるのか、できるとしてどのような理由でそれを基礎づけることができるかであった[4]。

　その議論のなかでは、使用者責任の基本的な性質についての理解の違いを反映し、「百花繚乱」[5]とも評される多様な議論が展開された。そして逆求償については、以下で検討する通り、その求償権に関する議論を前提として、逆求償の場合に応用する形で検討されるのが基本的な流れであった。

　求償問題の文脈における使用者責任の理解については、大きく分けて二種類の

1　法典調査会議事速記録41巻21丁以下〔穂積陳重〕、梅謙次郎『民法要義巻之三債権編〔訂正増補第三十三版〕』894-896頁（有斐閣書房、1912年）。
2　加藤一郎編『注釈民法（19）債権（10）』263頁〔森島昭夫〕（有斐閣、1965年）。
3　加藤編・前掲注（2）270頁〔森島〕。
4　これは、実際上資力が大きい使用者がまず被害者に損害を賠償することが多いため、求償についても使用者からなされるという事情があったものと思われる。
5　中原太郎「事業遂行者の責任規範と責任原理（2）」法学協会雑誌128巻2号33頁（2011年）。

理解がある[6]。第一が、使用者責任とは、本来被用者が負うべき責任を使用者が肩代わりする責任であり、使用者に損害における負担部分は存在しないという理解である。本稿ではこの意味での責任を「代位責任」と呼ぶ。第二が、使用者責任とは、使用者にも損害について固有の負担部分が存在するという理解である。本稿ではこの意味での責任を「固有責任」と呼ぶ。

（1）代位責任

（a）肩代わり責任

この見解は、使用者責任とは、被用者の負っている損害賠償責任を使用者が肩代わりする責任であるという性質を最も重視する見解である[7]。使用者責任を代位責任と理解する見解の中でも非常に初期の見解であり、この見解によれば、あくまで本来的に損害賠償責任を負うのは被用者である。したがって、使用者からの求償権行使は全額肯定される一方、逆求償権は全額否定されることになる。

（b）制限的肩代わり責任

この見解は、使用者責任とは代位責任であるという考えを維持しつつ、本来的には使用者は全額の求償権の行使が可能であるが、被用者に全責任を負わせることは使用者責任が認められることに照らして不適当であるという考えのもと、求償権の行使が制限されるとする考え方である。この考え方に依拠する場合、あくまで代位責任であるという理解は維持されているため、使用者の求償権行使が制限されているだけであり、被用者からの逆求償は基本的に認められない。

そのうえで、どのような根拠で求償権行使が制限されるのかについて、多様な見解が示されている。

（ⅰ）信義則・権利濫用　　この見解は、使用者は被用者を通じて危険な行為を行い、それによって利益を得ているにも関わらず、求償権を行使することは信義則に反し権利濫用となるとして、信義則および権利濫用を求償権制限の根拠とする見解である[8]。

（ⅱ）過失相殺理論　　この見解は、求償権を制限するにあたり、過失相殺の理論が適用されることが求償権制限の根拠とする見解である[9]。賃金が低廉であ

6　この分類を用いるものとして、大塚直編『新注釈民法（16）債権（9）』168頁〔中原太郎〕（有斐閣、2022年）。

7　鳩山秀夫『日本債権法各論（下巻）』923頁（岩波書店、1924年）。

8　石田文次郎『債権各論講義』288頁（早稲田大学出版部、1947）。

る、労務が過度である、企業施設が不十分である、規律が乱れていることなどが加害行為の原因となったなどの諸般の事情を根拠として過失相殺の理論が適用されることになる[10]。

（2）固有責任

使用者責任を代位責任と捉えるのではなく、使用者には損害について、何らかの意味での自らの負担部分が存在するという意味で、使用者責任を「固有責任」と捉える見解も存在する[11]。使用者には損害を負担した全額について求償権があるがそれを制限するということではなく、全額についての求償権が存在するということそれ自体を否定するという点が、代位責任との大きな違いである。

ここでの問題は、なぜその負担部分が発生するのかという点である。その負担部分の根拠をめぐり、いくつかの見解が存在する。

（a）共同不法行為

この見解は、求償権の行使が制限される場合とは、使用者と被用者の両方の行為が共同して不法行為になるかどうかという問題であるとして、負担部分の根拠を共同不法行為関係に求める見解である[12]。

（b）不真正連帯債務

この見解は、使用者と被用者が不真正連帯債務関係にあることに負担部分の根拠を求める見解である[13]。

9　我妻栄『事務管理・不当利得・不法行為〔復刻版〕』178頁（日本評論社、1988年）。この見解でも、被用者が行為者として責任を負うことから使用者の責任は二次的なものであるとしているため、逆求償については否定的である。

10　理論を適用するという言葉の意味は若干不明瞭であるが、類推適用と解されることが多い（大塚編・前掲注（6）168頁〔中原〕参照）。

11　一般論としてこのような負担部分を肯定する見解として、窪田充見『不法行為法〔第2版〕』224-225頁（有斐閣、2018年）。

12　加藤一郎『不法行為（増補版）』190頁（有斐閣、1974年）、淡路剛久『連帯債務の研究』301頁（弘文堂、1975年）。この共同不法行為とする見解は、代位責任説の枠内において求償権の行使を制限する説に位置づけられることがある（大塚編・前掲注（6）168頁〔中原〕）。しかし、加藤・前掲注（12）190頁によれば、「共同不法行為になった場合にどれだけの負担部分があり、相互の求償権がどれだけ認められるかという形で問題を解決すべき」としていることから、共同不法行為が成立する場合には負担部分も観念され、逆求償も肯定され得ると思われたため、本稿においてこの説は逆求償を認める固有責任側に位置づけた。

13　不真正連帯債務については、平成29年の民法改正により、連帯債務における絶対的効力事由が大きく減り、不真正連帯債務という概念を維持する必要性があるか否かについて議論がある状況である。他方、不法行為における不真正連帯債務の特徴として、自己の負担部分を超える債務の履行をした場合に求償権が生じているとされていたところ、改正民法442条1項では、連帯債務者間において負担部分を超えていなくとも求償を認めており、違いも残っている。求償問題にお

74 特集 無過失責任の諸相

より細かな違いとして、自身に「共同の行為ないし結果作出による賠償責任」があるとして、求償権の根拠を不真正連帯債務者間の求償権とし、過失や結果発生に対する加功度ないし原因力などを考慮して分担割合を決定するとする見解[14]や、使用者責任とは報償責任・危険責任であることから結果責任としての性質を持ち、それ故使用者には終局的に負担する部分が存在するとする見解[15]などがある。

(c) 固有責任的信義則・過失相殺

この見解は、使用者からの求償権の制限を信義則、あるいは過失相殺の類推適用[16]としつつ、これを代位責任において求償権行使を制限する根拠としてではなく、使用者の固有責任における負担部分を認める根拠として用いる見解である[17]。

この見解においては、求償権および逆求償権とは、自らの負担部分を超えて賠償したことにより生じる不当利得返還請求権であるとされる[18]。

(d) 内部的リスク分配

この見解は、使用者と被用者は「対内的な契約関係（代表的には労働契約）」にあるものと考え、それに従って行われるリスク分配が負担部分の根拠であると考える見解である[19]。契約法における損害賠償についてはその要件（帰責事由の判

いて違いが残っている以上、不真正連帯債務を完全に不要とすることは難しいのではないかと思われるが、不真正連帯債務をどう考えるかについては、連帯債務という概念全体に関わる問題であり、より広い視点から検討する必要がある。そこで本稿では差し当たり学説の論者が用いていた不真正連帯債務を使用する。不真正連帯債務の概念はもはや不要とする見解としては潮見佳男『新債権総論Ⅱ』587頁（信山社、2017年）、未だ解釈に任せられているとする見解としては筒井健夫＝村松秀樹編著『一問一答 民法（債権関係）改正』119頁（商事法務、2018年）。

14 椿寿夫「判批」判例評論116号122頁。

15 並木茂「求償権」判タ268号117頁（1971年）。この「終局的に負担する部分」という点に着目し、この見解を「固有責任説」と名付ける見解として、島田禮介「判解」『最高裁判所判例解説民事編昭和51年度』273頁（法曹会、1979年）、久須本かおり「使用者責任が成立する場合における被用者から使用者への求償の可否――最判令和2年2月28日第2小法廷判決平成30年（受）第1429号――」愛知大学法経論集第226号80頁（2021年）。

16 求償権の性質を損害賠償請求権であるとし、過失相殺によって制限すべきという見解として、田上富信「被用者の有責性と民法715条（その二・完）：代位責任説克服のための一試論」鹿児島大学法学論集9巻2号90頁、舟本信光『自動車事故民事責任の構造』107頁（日本評論社、1970年）。

17 能見善久「判批」法学協会雑誌95巻3号154-156頁（1978年）。

18 能見・前掲注（17）156頁。

19 中原太郎「事業遂行者の責任規範と責任原理（10）」法学協会雑誌129巻10号261頁（2012年）。同様に契約に基づくリスク分配に着目する見解として、潮見佳男『不法行為法Ⅱ〔第2版〕』50

断）や効果（予見可能性の判断）において契約あるいはその趣旨に基づくリスク分配に着目する見解が近年有力であり[20]、その考え方を使用関係においても反映させたものと思われる。

この場合の逆求償権の法的性格としては、不真正連帯債務における求償型不当利得とする見解[21]や、民法650条3項の類推適用による損害賠償請求権とする見解[22]などがある。

3　逆求償に関する学説の検討
（1）使用者責任の帰責根拠

立法当初の見解である使用者の責任を過失責任と捉える見解を除き、使用者責任において使用者が責任を負う根拠は報償責任・危険責任であるという認識は共有されている。そのうえで、使用者責任を代位責任と捉え求償権行使を制限する見解においても、固有責任と捉え求償権を一部否定する見解においても、その根拠はやはり報償責任・危険責任に求められている。特に固有責任においては、報償責任・危険責任が逆求償を認める根拠ともなっている。

ただし、求償・逆求償においては、報償責任・危険責任以外の帰責根拠を示すものがある。それが、内部関係におけるリスク分配としての「対内的な契約関係」に帰責根拠を求める見解である。

たしかに、被害者・加害者間という対外関係においては、当事者は契約関係にないことが多く、リスク分配という発想は必ずしも馴染まない。他方、使用者と被用者という対内関係であれば、それが契約関係であるかはともかく、事実上の指揮監督関係があることは、これが使用者責任成立の要件であることから確実であり、その関係性の中で当事者のリスク分配を見出すことは可能であろう。

（2）逆求償権の法的性格

逆求償に関する学説の分析を複雑にしているのが、逆求償権の法的性格に関する理解である。この逆求償権が法律上どのような権利として構成されるかについては、大きく分けて3つある。第一が、損害賠償請求権であるとする見解、第二

頁（信山社、2011年）、四宮和夫『事務管理・不当利得・不法行為（下）』710-712頁（青林書院、1985年）。
20　潮見佳男『新債権総論Ⅰ』377、454頁（信山社、2017年）。
21　中原・前掲注（19）262頁、四宮・前掲注（19）712-713頁。
22　宮本健蔵「被用者の使用者に対する逆求償権」法学志林第119巻1号30頁（2021年）。

が、端的に両者の不真正連帯債務関係において生じる負担部分についての求償権であるとする見解、第三が、不真正連帯債務関係であることを前提とした（求償型）不当利得返還請求権であるとする見解である。

伝統的には、民法715条３項の求償権の法的性格は、被用者の使用者との関係における債務不履行ないし不法行為による損害賠償請求権であるとされてきた[23]。

しかしながら、被害者に対する被用者の民法709条に基づく損害賠償債務と、使用者の民法715条１項に基づく損害賠償債務は不真正連帯債務になるというのが判例通説であったことから[24]、この使用者と被用者の被害者に対する不真正連帯債務関係を、使用者と被用者の求償関係に結び付けたのが、固有責任における不真正連帯債務関係を負担部分の根拠とする考え方である。

しかし、この不真正連帯債務に基づく求償であるとする見解に対しては、「不真正連帯債務を語るだけでは、使用者と被用者が同一の加害事象につき損害賠償債務を負うという外形以上の事柄を説明したことにはならない。上記①〔引用注：報償責任・危険責任という使用者責任の趣旨〕が不真正連帯債務における使用者の負担部分を基礎づける構造を明らかにする必要がある」[25]という批判がなされた。

その批判を踏まえ、単に不真正連帯債務とそれにより求償権が生じるとするのみならず、使用者に実体法上の負担部分が存在するにもかかわらず、その部分についてまで被用者がすでに賠償を行っているので、その部分については法律上の原因なく一方が利益を受け、他方に損失が生じているとして、求償権の性質を求償型不当利得返還請求権とする見解も存在する[26]。

もっとも、２つ目の不真正連帯債務を根拠とする見解も、求償権の法的性格としては不当利得返還請求権であることを否定する趣旨ではないと思われ、３つ目の不当利得返還請求権とする構成は、２つ目と対立するものではなく、むしろ単

23　淡路・前掲注（12）290頁。令和２年判決の原審である大阪高判平成30年４月27日民集74巻２号139頁も、「民法715条３項の、使用者の被用者に対する求償権の法的根拠は、両者の間に雇用等の契約関係が存在するときには債務不履行、契約関係が不存在の場合には、不法行為に基づく損害賠償請求権であって、不法行為者である被用者に対し、使用者の求償権の行使を妨げない旨を注意的に規定しているものであり、その権利が行使できることは当然である。」と述べる。

24　最判昭和45年４月21日集民99号89頁、大塚編・前掲注（６）164-165頁〔中原〕。

25　中原太郎「判批」判例百選Ⅱ〔第９版〕債権173頁（2023年）。

26　前掲注（21）参照。

に 2 つ目よりも丁寧に逆求償権の法的性格を説明したものということになると思われる。

4 逆求償に関する判例の検討

上記の学説の諸見解を踏まえて、求償および逆求償に関する判例をどう捉えるべきか。

その前提として、逆求償を認めるか否かにおいて重要なのが、昭和51年判決の理解である。逆求償を認めるか否かは、この昭和51年判決の理解の違いにより生じている。そのため、まずは昭和51年判決にも言及しておく。

［1］最判昭和51年 7 月 8 日民集30巻 7 号689頁

すでに述べた通り、昭和51年判決においては、以下の通り判示して、使用者からの求償権を制限している。

「使用者が、その事業の執行につきなされた被用者の加害行為により、直接損害を被り又は使用者としての損害賠償責任を負担したことに基づき損害を被った場合には、使用者は、その事業の性格、規模、施設の状況、被用者の業務の内容、労働条件、勤務態度、加害行為の態様、加害行為の予防若しくは損失の分散についての使用者の配慮の程度その他諸般の事情に照らし、損害の公平な分担という見地から信義則上相当と認められる限度において、被用者に対し右損害の賠償又は求償の請求をすることができるものと解すべきである。」

この判決においてなお明らかでないとされたのが、この判決が代位責任に基づき、使用者の全額求償権の存在を認めつつも信義則によってこれを制限したものなのか、それとも固有責任に基づき使用者には損害についての負担部分が存在し、その部分についてそもそも求償権の存在自体を否定したのかという点である。文言上は、「信義則上相当と認められる限度において」とあるところから「制限的肩代わり責任（信義則）」の考え方を採ったようにも見えるが、使用者の負担部分に関する言及はなく、決定的なものではない。

その結果、以下の下級審判決においては、この昭和51年判決の意味するところは代位責任なのか固有責任のどちらなのかという理解に違いが生じ、それが結論に違いをもたらしている。

78 特集　無過失責任の諸相

［2］鳥栖簡判平成27年4月9日判時2293号115頁

　この事案は、九州地方のエリアマネージャーとして取引先の開拓や野菜の運搬等の業務に従事していた被用者が、野菜の運搬業務中に社用車を運転中に別の車に衝突し、被用者がその損害を賠償したという事案である。判決では、使用者からの求償権行使について、昭和51年判決に則り「被告の損害のうち被告が原告に対して賠償請求しうる範囲は、信義則上その損害額の三割を限度とすべき」であるとする一方、以下のように述べて逆求償を肯定した。

　「被用者が交通事故の相手方に対し損害賠償を履行した場合、逆に使用者に対して求償権を行使することができるかという問題については、被用者と使用者は対外的には不真正連帯債務の関係で責任を負うと考えられることを前提として、前記一（2）記載の使用者から被用者に対する損害の賠償請求（又は求償の請求）を制限することを肯定する理論構成とパラレルに理解されるべきである。」

　ここでは、両者は不真正連帯債務に立つとしている。さらに求償と逆求償は「パラレルに理解されるべき」というのがポイントであり、使用者の求償権が信義則により制限されることの裏返しとして、その制限された部分について逆求償が認められるとしている。実際、この事例においては損害額の7割の逆求償が認められている。

　以上から、この判決は昭和51年判決を固有責任を示したものとして理解しており、判決自体も固有責任（不真正連帯債務あるいは固有責任的信義則）の考え方に立つものであろう。

［3］佐賀地判平成27年9月11日判時2293号112頁

　［2］の控訴審である本判決も、以下のように述べて逆求償を認めている。

　「被用者がその事業の執行につき第三者に対して加害行為を行ったことにより被用者（民法七〇九条）及び使用者（民法七一五条）が損害賠償責任を負担した場合、当該被用者の責任と使用者の責任とは不真正連帯責任の関係にあるといえる。（中略）被用者がその事業の執行について他人に損害を与えた場合には、被用者及び使用の損害賠償債務については自ずと負担部分が存在することになり、一方が自己負担部分を超えて相手方に損害を賠償したときは、その者は、自己の負担部分を超えた部分について他方に対し求償することができると解するのが相当である。」

ここでも、被用者と使用者の負う債務が不真正連帯債務であるとしたうえで、原審よりも明確に「自ずと負担部分が存在している」として、固有責任としての負担部分の存在を肯定している。

　以上から、この判決は［２］と同様、使用者責任の性質を固有責任（不真正連帯債務）と考えていると思われる。

［４］　大分地判平成28年２月５日 LLI/DB：L07151523

　この事案は、結婚式運営会社の被用者が、結婚式場においてウェディングドレスを破損してしまい、その代替新品を購入して被害者に弁償したため、使用者に対してその弁償費用を求めた事案である。この弁償費用の請求が逆求償に当たることになるが、裁判所は、使用者と被用者の損害賠償責任が不真正連帯債務であるとしたうえで、以下のように述べて逆求償を肯定した。

　「民法715条は、企業活動による利益の帰属主体であり、かつ、危険の管理主体である使用者に、単なる代位責任を超えて、被用者の不法行為による損害賠償責任の一部を転嫁し、使用者固有の責任を負わせる余地を肯定するものと解するのが相当であり、事案によっては、使用者に、被用者との間における内部的な固有の負担部分が観念される場合がありうるというべきである。（中略）被害者に対する損害賠償を行った使用者から被用者に対する求償権の行使が信義則上の制限を受けるのも、この趣旨によるものと解される。」

　「使用者責任が代位責任であるということから、直ちに被用者と使用者との間の負担割合が観念できないとの結論が導かれると解することはできず、（中略）使用者責任の帰責原理としての報償責任及び危険責任には、単に被害者救済の趣旨にとどまらず、場合によっては、被用者において、利益の帰属主体かつ危険の管理主体たる使用者に対して損害賠償責任の一部を転嫁することを正当化する趣旨が内包されていると解するのが相当である。」

　この判決では、［２］［３］と比較しても、より一層固有責任に踏み込んでいる。それを示しているのが、「単なる代位責任を超えて」という文言、そして「内部的な固有の負担部分が観念される場合がありうる」という文言である。そして、昭和51年判決についても、この固有責任の考え方によるものであると解釈している[27]。

　さらには、報償責任・危険責任についても「損害賠償責任の一部を転嫁するこ

80 特集 無過失責任の諸相

とを正当化する趣旨が内包されている」として、使用者と被害者の外部関係のみ
ならず、被用者と使用者の内部関係においても使用者が責任を負う帰責根拠とし
て用いており、この点において令和2年判決と共通する。

以上から、この判決も、固有責任（不真正連帯債務）に基づくものといえる。

［5］ 大阪地判平成29年9月29日民集74巻2号125頁（令和2年判決第一審）

令和2年判決の第一審では、以下のように述べて逆求償を認めた。

「被用者が民法709条に基づき不法行為に基づく損害賠償責任を負い、使用者が
同法715条1項但し書きにより免責されず、同項本文に基づく損害賠償責任を負
う場合、両者の損害賠償債務は不真正連帯債務であると解される。」

「使用者責任を負う使用者には、被用者との関係において、報償責任及び危険
責任の原理から、実質的な使用者の負担部分の存在を認めることができるという
べきである。そうすると、被用者が、このような使用者の負担部分についてまで
賠償義務を履行した場合には、使用者に対し求償することができることとなる」。

この判決でも、裁判所は使用者と被用者の関係が不真正連帯債務であることに
着目し、そのうえで内部関係において、報償責任・危険責任から使用者には「実
質的な負担部分」があることを認めている。

以上から、この判決も固有責任（不真正連帯債務）によるものであるといえる。

［6］ 大阪高判平成30年4月27日民集74巻2号139頁（令和2年判決原審）

第一審判決において逆求償が認められたにもかかわらず、令和2年判決の原審
である大阪高裁は、以下のように述べて、逆求償権を否定している。

「民法715条1項は、被害者保護のための規定であって、本来、不法行為者であ
る被用者が被害者に対して全額損害賠償債務を負うべきところ、被害者が資力の
乏しいこともある被用者から損害賠償金を回収できない危険に備えて、報償責任
や危険責任を根拠にして、使用者にその危険回避の負担を負わせたものであっ
て、本来の損害賠償義務を負うのは、被用者であることが前提とされている。使

---

27 なお、判決文においては、代位責任に基づき逆求償を否定すべきという使用者側の主張に対
し、「使用者責任が代位責任であるということから、直ちに被用者と使用者との間の負担割合が
観念できないとの結論が導かれると解することはできず」と述べており、代位責任を維持してい
るようにも読むことができる。他方で、本文の文言からは明らかに固有責任の考え方を採用して
おり、実質的には固有責任と考えているものと思われる。

用者には、本来の損害賠償義務者である被用者に対する求償権を有するものの、信義則上、使用者から被用者に対する権利の行使が制限されることがあると解される。」

　上記の理由付けは、まさに代位責任における制限的肩代わり責任（信義則）の考え方を採用するものである。さらに判決では、逆求償を認めなければ、被害者が損害賠償請求の相手を使用者と被用者のどちらに選択するかによって、被用者の負担部分が異なる可能性を肯定しつつ、そのうえで「結果が公平に見えることがあるだけでは、理由とはならない。」とまで述べている。

　使用者が求償権を行使した場合との結論の差は、令和2年判決も逆求償を認める主たる理由として挙げており、これが実質上逆求償を肯定する決定的な要因であると思われるが、それにもかかわらず、裁判所は理論的な面を重視し、制限的肩代わり責任を貫徹している。

四　令和2年判決の意義と残された課題

1　意　義

（1）使用者の負担部分を認めた

　令和2年判決が逆求償を認めたということによって明らかとなったのは、最高裁は原審のような制限的肩代わり責任としての代位責任の立場を採らない、すなわち使用者には何らかの意味での負担部分が存在しているということである[28]。

　これに伴い、昭和51年判決の解釈についても、当時最高裁がどのような意図だったかはともかく、令和2年判決との整合性を踏まえれば、今後は使用者の固有責任を示したものと理解すべきであろう。

　私見としても、逆求償について、結論としてはこれを認める他ないとものと思われる。認めない場合に生じる、被害者が使用者か被用者のどちらに先に請求するかという、不法行為それ自体とは全く関係のない事情によって使用者と被用者は負担割合が変わってしまうという結論を是認することは困難と言わざるを得ない。

　そしてこれは単に両者の公平性を損なうというだけではない。逆求償を認めな

28　舟橋伸行「判批」ジュリスト1553号89頁（2020年）、河野奈月「判批」ジュリスト1551号118頁（2020年）、宮本・前掲注（22）24-25頁。

82　特集　無過失責任の諸相

い場合、被害者が先に使用者に請求すれば使用者には損害負担が生じる一方、被用者に先に請求すれば使用者は損害を負担しなくてよくなるため、これは使用者の払い渋りという問題を生じさせ得る[29]。

　この、逆求償を認めない場合に生じ得る不都合さを補って余りある正当性が代位責任の考え方にあるとは考えにくく、むしろこの解消し難い不都合さが存在していることが、使用者責任において代位責任を維持することの限界を示しているといえよう。

（2）法的性格に関する不言及

　使用者の帰責根拠について、判例学説ともに帰責根拠が報償責任・危険責任という点でほぼ完全に一致し、議論が乏しかった一方、求償権や逆求償権の法的性格については学説上活発な議論がなされていた。そして下級審判決において逆求償を認めたものにおいては、基本的には逆求償権の性質として不真正連帯債務に基づく求償権に求める見解が多くみられる。

　本判決の第一審および原審は、使用者責任は代位責任なのか、固有責任なのかという逆求償の背景にある使用者責任の性質、および逆求償権の法的性格を強く意識して判決を出している。その他の判例においても、やはりこれらを意識し、不真正連帯債務や負担部分について言及するなど理論的な面に言及しながら判決を出している。

　これに対し、令和2年判決において逆求償を認める理由付けは、報償責任・危険責任という使用者責任の性質と、求償権行使の場合との結果の整合性の2つという、極めてシンプルなものである。結論として令和2年判決と同じとなった第一審において、逆求償権の法的性格が不真正連帯債務に基づく求償権であると明確に言及されていたにもかかわらず、最高裁はその問題に関して言及することを回避している。

　なぜ逆求償権の法的性格に言及することを避けたのか。この、法的性格について言及を避ける姿勢は昭和51年判決にも見られたものである。昭和51年判決の調査官解説においては「使用者責任を代位責任的に構成する判例・通説との理論的整合性、特定の法的性格で割り切った場合、かえって弾力性、柔軟性を失い、具体的事情に即応した公平妥当な解決を妨げる虞（中略）があること等が考慮され

29　舟橋伸行「判解」『最高裁判所判例解説民事篇令和2年度（上）（1月～6月分）』47頁（法曹会、2023年）。

た結果」[30]とされている。令和2年判決においても基本的には同様の考慮があるものと思われる。

そのうえで、判決では全く触れていないので正確には不明であるが、学説上、令和2年判決において逆求償権の法的性格をどう考えるかについては、これを不真正連帯債務[31]、あるいは不真正連帯債務であることを前提とした不当利得返還請求権[32]であるとする見解が有力である。

私見としては、学説においては、「報償責任・危険責任を帰責根拠として使用者には不真正連帯債務関係における負担部分が発生し、その部分について被用者が賠償することで不当利得となるため、逆求償権の法的性質は不当利得返還請求権である」とする考え方が、おそらく理論的には最も緻密であり、無理なく自然なものであろう。

しかしながら、そもそもこの法的性格をどう考えるかについては、結局のところ最高裁としてはもはやその点に本質的意義を見出しておらず、結論と実質的な理由を示せばそれで足りると考えているのではないか。理論的にこれを突き詰めて検討する必要はないとまでは言わなくとも、結論として逆求償を認めることに異論がないのであれば、あとは「説明の違いに過ぎない」という、法学の世界でしばしば用いられる定型文句で処理されてしまう程度の問題であろう。

2　残された課題
（1）課題：なぜ使用者に負担部分が生じるのか

令和2年判決を受け、逆求償をめぐる議論は大きく進展することになる。これまで主たる争いとなってきた、使用者責任とは代位責任なのか固有責任なのかという問題について、最高裁は「（肩代わり責任という意味での）代位責任ではない」ということを宣言したと考えるべきである。これは、すでに述べたように論理的帰結として使用者には負担部分が存在しているということを認めたことに他ならない。したがって、最高裁は「（負担部分が存在するという意味での）固有責任」を

30　島田・前掲注（15）275頁。
31　宮本・前掲注（22）24-25頁。この見解では、令和2年判決の理由付けは昭和51年判決とは異なり、信義則によるものではないとして、実質的に理由付けが変更されたものとみている。
32　中原・前掲注（25）173頁、西垣怜央「被用者が使用者の事業の執行について第三者に加えた損害を賠償した場合における被用者の使用者に対する求償の可否：最判令和2年2月28日民集74巻2号106頁」一橋法学21巻2号427頁（2022年）。

認めたことになる。

そのうえで、令和2年判決を踏まえて指摘すべき課題は、「なぜ使用者に負担部分が生じるのか」である。これについては、令和2年判決において、報償責任・危険責任という伝統的に被害者との外部関係で用いられてきた使用者の帰責根拠が用いられており、最高裁はこの帰責根拠が使用者と被用者の内部関係においても妥当するとしたということで話は決着し、一見問題はないようにも思える。

しかし問題なのは、実際上使用者がどの程度責任を負うかが「損害の公平な分担という見地から相当と認められる」か否かという基準によって判断されるという点にある。その判断にあたって考慮されるのは、「その事業の性格、規模、施設の状況、被用者の業務の内容、労働条件、勤務態度、加害行為の態様、加害行為の予防又は損失の分散についての使用者の配慮の程度その他諸般の事情」ということになるが、特に「加害行為の予防又は損失の分散についての使用者の配慮の程度」などは、明らかに報償責任・危険責任という言葉の意味する範囲を超えている。

このような、使用者の負担部分について、「損害の公平な分担」に基づき使用者が逆求償の形で責任負担をすることは報償責任・危険責任ではカバーしきれないという問題は、令和2年判決以前にはあまり問題として意識されていなかった。

その理由として、使用者は、報償責任・危険責任に基づいて無過失責任に近い責任を負うものとされていたため[33]、問題となるのは主に使用関係の有無や事業執行性といった要件論であったという点が指摘できる。

また昭和51年判決によって、使用者の求償権は「損害の公平な分担」に基づき制限されることになった。しかしこのときにも、やはり上記問題は意識されていなかった。その理由はおそらく、この問題は結局損害の内部的負担割合を決めるものであるため、これは裁判官の裁量的判断の領域と捉えられ、帰責根拠が問題とされにくかったからではないか。

（2）内部関係における損害負担原理としての使用者責任

損害負担部分の認定について、それを外部関係における帰責根拠と結び付けて

33　大塚編・前掲注（6）163頁〔中原〕。

考えることには「求償問題における負担部分とはあくまで加害者の内部関係における損害負担の問題であって、被害者に対して負うべき損害賠償責任の問題とは異なる」という批判が有り得る[34]。たしかに、被害者にとっては、使用者の負担部分はどの程度であるかという問題は関係なく、ただ使用者と被用者の双方に、損害全額について請求することができれば足りる。その意味で、使用者の負担部分を基礎づける帰責根拠が、使用者が被害者に賠償をするという意味での使用者責任を基礎づける帰責根拠とは別物であるというのはその通りである。

しかし、使用者から見た場合の事の本質は、内部関係なのか外部関係なのかどうかではなく、現に発生し、誰かが負担しなければならない損害について、使用者自身が財産の出捐を行いその一部を負担しているということである。

つまり使用者が逆求償に基づいてその負担部分について被用者に支払うということは、その部分については間接的に使用者が被害者に賠償をしているということであり、その間接的損害賠償が使用者責任の成立を前提としている以上、「使用者責任」とは、「使用者が被害者に対して損害を賠償する責任」のみならず、「被用者が被害者に損害を賠償した場合に、その一部について使用者が逆求償という形で負担する責任」でもあると考えるべきである。そして、このような負担させる以上、これを正当化する根拠が必要になる。

また、負担部分については、あくまでその割合をどう増減させるかが問題になるのであり、損害賠償責任を負うか否かという意味での「帰責根拠」とは異なるという批判も考えられる。

しかし、割合の決め方についても、損害負担額を増やすのであれば、それはその増加分について損害賠償責任を負うということである。そのため、「なぜ当該事情が、使用者の負担部分を増やす事情として用いられるのか」という意味での帰責根拠は存在しなくてはならない。

（3）議論の方向性

一般的な使用者責任の帰責根拠の議論において、帰責根拠が単に報償責任・危険責任に留まるものではないという指摘はすでになされている[35]。そこでは、使

34　被害者に対して責任を負うための帰責根拠と、使用者と被用者の間でどのように損害を分担するかは「まったく別次元の問題」であると指摘するものとして、久須本・前掲注（15）90頁。

35　中原・前掲注（19）172-192頁において、使用者を含む事業遂行者の責任の正当化根拠は、代位責任規範における「他人の活動の支配・統御による自己の活動目的の実現」、および過失責任規範における「人的・物的手段を用いた事業活動による危険の創出・維持」に求められるとし、両

用者責任における求償・逆求償について、対内的な契約関係に基づき、その契約の趣旨に照らして負担部分が規律されるとしている[36]。

たしかに使用者と被用者の間には、多くの場合労働契約をはじめとする契約関係があり、仮に契約関係がない場合であっても、なんらかの使用関係があるため、それに基づくリスク分配が「損害の公平な分担」を構成する要素となることは間違いない。

しかしそのような発想に加えて、実際の裁判例においては、「加害行為の態様」「加害行為の予防」といった、過失判断に近いものが用いられている。また、判例における考慮要素には、リスク分担や過失とも異なる使用者の力関係的な優位性に着目したものもある。

以下では、求償および逆求償が問題となった事案において、上記の視点から実際に裁判所が考慮している要素を分析し、報償責任・危険責任以外の帰責根拠を具体的に示す。

五　判例における使用者責任の帰責根拠

令和2年判決は考慮する要素について、昭和51年判決を踏襲し、「その事業の性格、規模、施設の状況、被用者の業務の内容、労働条件、勤務態度、加害行為の態様、加害行為の予防又は損失の分散についての使用者の配慮の程度その他諸般の事情」を挙げている。

しかし、最高裁は大阪高裁に審理を差戻しているため、損害の公平な分担をどう実現するかについてこれ以上の具体的なことは述べていない。他方、この問題に関する裁判官の補足意見では、具体的な事情をもとに方向性が示されている。

ここでは、令和2年判決をはじめとして、逆求償が認められた判例について、どのような事情が考慮されているのかを、以下のように分類する。

まず①個別的事案によらず使用者責任において常に存在し得る構造的責任、そして②個別的事案によってその有無が変わり得る個別事案的責任である。そのう

責任規範が等価的に共存するものとしている。また、労働法の観点から、使用者責任における報償責任・危険責任に加えて、労働者の責任制限を導く原理として、「労働者の従属性ないし他人決定性を踏まえた経営上のリスクの帰責」に着目する見解として、細谷越史『労働者の損害賠償責任』179-183頁（成文堂、2014年）。

36　中原・前掲注（19）261頁。

えで、①に報償責任・危険責任があり、②にはリスク分配責任、関係優位責任、過失責任がある。

1　構造的責任
（1）報償責任
　報償責任の場合、これは大半の使用者責任認定事例において認められるであろう。被用者の活動によって使用者が利益を得ている関係にそもそもないとすれば、使用者責任が認定されないものと思われる。したがって、報償責任は労働契約・請負契約・委任契約等の契約あるいはそれに準じる対価的関係にあればそれで十分である。実際、逆求償が問題となっている事例においては、基本的に雇用契約が存在している。

　この問題について、［2］［3］においては、使用者側の反論として、被用者はエリアマネージャーでありその勤務形態は自由であり、契約の実態は事業者間の請負（業務委託）契約であったという主張がなされている。しかし裁判所はいずれも、使用者からの指示が詳細であったことなどから、これを減額事由とはしていない。他方、仮に使用者側の反論に妥当性があり、請負契約的な要素が強かった場合には、使用者責任が認められたとしても、求償問題における使用者の負担部分を減らす事由となる可能性はあると思われる。

　したがって、使用関係にある以上、報償責任の観点からの負担部分の認定を全くのゼロとすることは困難であるが、その指揮監督関係が弱いという事情は負担部分の減少を導く事由となる可能性はある。

（2）危険責任
　危険責任についても、業務内容によって差はあるものの、基本的には使用関係から当然に発生するものである。昭和51年判決に挙げられた諸要素でいえば、「その事業の性格」や「被用者の業務の内容」に当たる部分である。

　例えば令和2年判決の事案では使用者が運送会社であり、その被用者がトラック運転中に事故を起こしたというものである。この判決の第一審の［5］では、「自動車、特にトラックの運転業務には、高額となり得る対人的な損害の発生に関し常に一定の危険を伴う」と述べ、トラックの運転という、第三者に対する損害リスクが相当に高い行為が業務内容であったことが使用者の負担部分を増やす事由として用いられている。

［2］［3］、および［5］［6］は業務中における自動車事故の事案であり、自動車の運転を伴う業務においてはその危険性が常に存在しているということは容易に認定することが可能である。

もっとも、社会経済活動においては程度や種類の差こそあれ、いずれも第三者に損害を生じさせる危険は常に存在しているということができよう。例えば、［4］のウェディングドレスの破損事件においては、結婚式の運営業務では介添えをする際に介添人がウェディングドレスの裾を踏むといったような、「顧客に損害を生じさせる危険が潜在的に存在して」いるのであり、「本件事故のような事故の発生は予想し得るものであった」とされ、危険責任に基づいて使用者の負担部分が認定されている。

そのうえで、危険責任における危険性とは、業務内容に潜在的に存在する危険性に照らして、実際に起こった損害が、その危険性が現実化したものであれば負担部分を増加させる方向に働き、危険性の現実化とは評価しにくい場合には、負担部分を減少させる事情になるものと思われる。

例えば仮に、被用者の業務内容がデスクワークを中心とした事務作業などであれば、自動車の運転業務などと比較して第三者に身体的損害を発生させるリスクは明らかに低く、その場合には、被用者が身体的損害を与えた場合の事案において負担部分を減らす事由として扱われる可能性がある。他方、その場合であっても事務的ミスで金銭的な損害が発生するリスクは存在するため、そちらの場合には負担部分を減らす事由とはならないであろう。

いずれにしても、およそ社会経済活動において他人に損害を与える可能性が全くない活動というのは存在し得ない以上、報償責任と同様、使用者にとっては基本的に危険責任の観点から一定の負担部分の認定をされることは避け難いものと思われる。

2　個別事案的責任
（1）リスク分配責任
リスク分配責任は、当事者が使用関係にあるとか、当該業務内容には潜在的な危険性がつきものであるといった、定型的に存在する当事者が避け得ない事情ではなく、実際の個別的関係性に着目し、当事者におけるリスク分配のあり方に基づく責任を指す。昭和51年判決の諸要素で言えば、「その事業の性格、規模、施

設の状況」、「労働条件」、「損失の分散についての使用者の配慮の程度」がこれに該当する。

具体的には、当事者におけるリスク許容度と、リスク分散可能性から構成される。

(a) リスク許容度

令和2年判決の補足意見においては、使用者の負担部分を認める方向性の事由として、使用者が規模の大きい上場会社であり、被用者が自然人であるという、両者の属性と関係性が指摘されている[37]。そこで当事者にこのような関係性がある場合、損害について被用者負担とするとその負担は著しい不利益となるのに対し、「使用者は変動係数の小さい確率分布に従う偶発的財務事象としてこれに合理的に対応することが可能」であるとされている。そのうえで、「通常の業務において生じた事故による損害について被用者が負担すべき部分は、僅少なものとなることが多く、これを零とすべき場合もあり得る」としている。

このような、業務の潜在的リスクが現実化した場合に、どこまで受け入れることができるか、すなわちリスク許容度については、多くの場合使用者の方が許容度が高いといえよう。その観点からすると、仮に使用者が規模の僅少な零細企業であるような場合には、このリスク許容度は低下し、使用者の負担部分を減らす要素となろう。

(b) リスク分散可能性

リスク分散可能性において最も頻出するのは、保険加入の可否である。おそらく実際上、令和2年判決においてはこの点が最も重視されていると思われる。

令和2年判決の事案においては、使用者が任意の自動車損害保険に加入していなかった。これは使用者が保険料負担を回避して、事故が起こった場合にはその都度自己資金で賄うことを選択するという「自家保険政策」によるものである。そして、被用者も自身で保険に入ることができなかったため、両当事者とも保険なしで損害を負担する必要が生じてしまった。

このように、使用者としては保険に加入することにより損害負担を軽減することができたにもかかわらず、経営上の判断としてそうしなかったのに対し、被用者としては運転する自動車が社用車であり運送業務に従事しているため保険に加

37　菅野博之、草野耕一裁判官の補足意見。

入したくてもできなかったのである。この事情は、「自己に過失がある場合も含め交通事故等を完全に回避することが事実上困難である一方で、自ら任意保険を締結することができないまま、重い損害賠償義務を負担しなければならないとすると、それは、被用者にとって著しく不利益で不合理なものというほかない」[38]と評価され、被用者の負担を減じる要素となっている。

　さらに令和2年判決の補足意見においては、株式会社においては終局的な利益帰属主体が株主であることに着目したうえで、株主は「使用者の株式に対する投資を他の金融資産に対する投資と組み合わせることによって自らの負担に帰するリスクの大きさを自らの選好に応じて調整することが可能」とされている[39]。

　[3]においても、「任意の対物損害賠償保険及び車両保険契約を締結しておらず、それは使用者がその経営から生ずる定型的危険を分散できるにもかかわらず、保険加入による損害の分散措置を講じていない」と指摘されており、保険加入が可能であったのにしなかったという事情を負担部分を増加させる事情としている。

　[4]においても、結婚式の企画運営企業に特化した損害賠償保険が存在しており、これに加入して損害を分散させるための措置をとっていなかったことが使用者の負担部分を増加させる事由として用いられている。

　なお、関連法令がある場合には、それも当事者間のリスク分配を判断するための要素として機能している。令和2年判決の補足意見[40]においては、貨物自動車運送事業法および貨物自動車運送事業施行規則を参照し、国土交通大臣の運送事業許可基準として「その事業を自ら適確に、かつ、継続して遂行するに足る経済的基盤及びその他の能力を有するものであること」（施行規則6条3号）があることに着目している。そしてその趣旨から、「貨物自動車運送事業が、その事業の性質上、貨物自動車による交通事故を含め、事業者が貨物の運送に関し損害賠償義務を負うべき事案が一定の可能性をもって発生することを前提として、事業者がその義務を十分に果たすことが事業を適確かつ継続的に遂行する上で不可欠」とし、保険の締結をはじめとした損害賠償能力を保有しておくことが事業者に求められるとしている。

38　三浦守裁判官の補足意見。
39　菅野博之、草野耕一裁判官の補足意見。
40　三浦守裁判官の補足意見。

（2）関係優位責任

関係優位責任とは、当事者間における特に使用者の立場の優位性に着目して、それを根拠に使用者の負担部分を増加させるという責任である。

当事者の関係性に着目するという点ではリスク分配責任と共通する面があるが、リスク分配責任においては、具体的な損害について、それをどちらが負担するのが妥当かというのが主たる着眼点であったのに対し、この関係優位責任においては、損害よりも広く、不法行為に起因して生じた事象について、どちらがより不利益を受けているのかというのが主たる着眼点である。

ここに属するものとしては、例えば「訴訟対応の労力」がある。例えば令和2年判決の補足意見においては、被用者が「保険制度を通じた訴訟支援等の恩恵を受けられなかった」[41]という点が、被用者側の負担を減らす要素であると指摘されている。一般論として、会社よりも個人の方が人的資源の差から訴訟対応が困難な傾向にあることに加え、保険加入がない場合には保険会社の支援もないことから、弁護士対応や費用についても個人には大きな負担となり得る。ひとたび事故が起こればこのような負担を被用者が負うことになるため、その意味で使用者には関係優位性がある。

さらに、令和2年判決の補足意見においては、被用者が自動車運転過失致死罪の有罪判決を受けている点、使用者に罰則金を支払っている点、事故後に退職している点が、被用者の負担を軽くする要因として指摘されている[42]。

刑事責任が問われるのは基本的に被用者のみである。使用者は被用者の行為を理由として懲戒処分という不利益を課すことができるが、被用者から使用者を懲戒することはできない。被用者は不法行為を理由に退職し、一時的にであっても収入が断たれ再就職の負担が生じるが、使用者にはそれが生じない[43]。これらの点において、被用者は一方的に不利益を受けるが、使用者はこれに類する不利益を負う可能性は低いという意味で関係優位性があり、それが使用者の負担部分を増加させる要因となっているのである。

41　菅野博之、草野耕一裁判官の補足意見。
42　菅野博之、草野耕一裁判官の補足意見。
43　制度上は両罰規定が存在する場合もあり、あるいは不法行為により会社の財務状況が悪化したり、最悪の場合は倒産ということも可能性として考え得るが、いずれも被用者の負う不利益とはその可能性において大きな差が存在する。

（3）過失責任

　過失責任とは、文字通り使用者の過失要素を理由として負担額を増加させるということである。昭和51年判決の諸要素でいえば、「加害行為の態様」、「加害行為の予防……についての使用者の配慮の程度」などがこれにあたる。

　使用者の過失については、適切な業務指示がなされていたか、損害発生防止のための対策を講じていたか、事故後に損害を軽減させるような適切をとったか、といった事情が問題となる。具体的には、事故の発生を防止する研修や指導が行われていたか、その体制が整っていたか、事故の報告を受けた後に適切な対応をとったかなどである。

　例えば［2］では、「被告は、被用者である原告の労働条件等をコントロールできる立場であるにもかかわらず特段の指示等はなく、その配慮を欠いた仕入れ・配送の指示を行っていた」などの点を指摘し、使用者が「損害発生に対する有意な回避措置をとったと窺わせる証拠はない」という、過失判断に近いものを述べている。また、［4］においては、使用者の損害防止措置に着目し、「控訴人における研修ないし業務において、先輩従業員等から、新婦との立ち位置につき明示的な指導が行われていたことを認めるに足る的確な証拠はない」といった事由が指摘されている。

　なお、過失の評価においては、当然ながら被用者にも過失が存在するため、裁判所の判断は両者の過失を比較衡量する形で行われ、実質的に過失相殺に近いものとなる[44]。

44　被用者の過失としては、基本的に不法行為における過失が軽過失なのか重過失なのかとう事情が主に問題となる。例えば［2］においては、被用者の後方確認義務違反が「自動車運転者の過失としては基本的な注意義務に違反する」としつつも、「その過失の程度は、後退の際、後方の確認が不十分であったという行為態様から想定される程度、範囲を超えないというべきで、これに加えての飲酒運転、居眠り運転など故意に比肩する重大な過失は認められず、原告の過失はあくまでも通常の過失と評価すべき」としている。［3］においても、「その過失の態様が、自動車運転に内在する事故発生の危険性の発現として逸脱するものでない」とされ、重過失とは評価されていない。［4］においては、より具体的に、被用者が結婚式の企画運営について未経験であり、入社1年後であったことが指摘されている。

六　結　論

1　問題提起に対する解答

本稿における問題提起は、①令和２年判決の意義はなにか、②残された課題は何か、そして③その課題はどのように解決すべきか、の３つであった。これらに対する解答は以下の通りである。

（1）令和２年判決の意義はなにか

令和２年判決によって明らかとなったのは、判例はもはや、使用者責任を制限的肩代わり責任としての代位責任とは捉えていないということである。そしてこれは、使用者責任において使用者は、被用者との関係において一定の負担部分を負うということを意味する。「一定の負担部分」とは、「求償権が制限される範囲＝逆求償が認められる範囲」を指す。この、内部関係における使用者の負担部分を認めたことが、令和２年判決の意義である。

加えて、逆求償の法的性格について、意図的に明言を避けた点について、ここには「逆求償の法的性格がなにかということは本質的な問題ではない」という示唆を読み取ることができる。

たしかに、理論的にはその法的性格がなんであるかというのは大きな関心事項の１つである。そして学説の議論を見る限り、この一定の負担部分について生じる逆求償権の法的性格は、使用者と被用者が被害者に対して不真正連帯債務を負っていることを前提として、被用者が自らの負担部分を超えて被害者に賠償したことによって生じた不当利得返還請求権と考えるのがおそらく適切であると思われる。

しかし、すでに述べた通りこの法的性格については、結局のところ求償権が行使できると考えれば足りるものである。

（2）残された課題はなにか

令和２年判決に残された課題は、使用者の負担部分はなぜ生じるのか、すなわち使用者の負担部分はどのような帰責根拠に基づいて生じるのかということである。

現在のところ、この問題については伝統的に使用者責任の帰責根拠とされてきた報償責任、および危険責任の考え方に依拠すると考えるのが自然であろうし、

判例もそう考えていると思われる。しかし、「損害の公平な分担」という観点に基づいて、様々な事情を総合考慮することになった結果、明らかに報償責任・危険責任では説明のつかない事由まで負担部分を増加させる事由に用いられることになっている。

しかし使用者は負担部分の認定を通じ、間接的に損害の賠償を行っていると考えるべきであり、その意味で負担部分について使用者に責任を負わせる根拠は、使用者責任の帰責根拠の問題に含まれると捉えるべきである。

求償・逆求償はあくまで使用者と被用者の内部問題であり、対外的責任とは異なるとしても、使用者が損害について負担する以上、やはりそれは使用者が負う責任なのであり、「その事情はなぜ考慮されなければならないのか」を、使用者責任の一環として突き詰めて考える必要がある。この検討なくして、「損害の公平な分担」は実現しない。

この、報償責任・危険責任では説明のつかない、使用者の負担部分を認定するための帰責根拠はなにかというのが、令和2年判決に残された課題である。

（3）使用者の負担部分の帰責根拠はなにか

以上の問題意識を踏まえ、本稿において示した使用者の負担部分の帰責根拠は、①事案によらず常に存在する構造的責任、および②事案によって有無が異なり得る個別事案的責任である。

①の構造的責任は、報償責任と危険責任から構成される責任である。これらは、使用者が被用者の活動によって利益を得ているという使用関係にあるという点、そして人間の社会経済活動には否応なく危険が伴うものであるという点で、程度の軽重はあれ、使用者責任が成立した以上、およそ使用者が完全に避けることは困難な、構造的に負うべき責任となる。仮にこの責任が妥当しないシーンがあれば、それは使用者責任自体の否定でもって対処すべきであろう。

②の個別事案的責任には、リスク分配責任、関係優位責任、過失責任の3つがある。リスク分配責任は、当事者の関係性に着目し、損害について、どちらが負担することが適切かという観点で判断される責任である。具体的には、特に使用者の事業規模などから判断されるリスク許容度、そして保険加入をすることができたかといった事情をはじめとするリスク分散可能性から、どちらが負担すべきかを判断する。

関係優位責任とは、特に使用者について、不法行為に起因して生じる不利益を

被用者よりも受けにくいという点での関係優位性があるため、それを理由として損害負担を増加させる責任である。使用者は、一般的には訴訟負担にかかる人的・金銭的労力が個人である被用者よりも軽く、被用者のように刑事責任を負うことも、懲戒や退職といった不利益も基本的にない。これらの危険を被用者のみ負っていることが、使用者も損害を負担すべきであるという方向で用いられている。

過失責任は、当事者は不法行為に際してなにをすべきであったかという観点から判断される責任である。被用者についてはその過失の程度や行為の態様、使用者については、損害発生防止のために行っていた対策、損害発生を認識した後の軽減措置の有無といった事情から判断され、その実態は過失相殺に近いものとなる。

本稿においては、以上の分類に基づいて、実際に逆求償の判例において負担部分の認定のために考慮されている諸事情を分析し、使用者責任は単なる報償責任・危険責任では捉えきれない帰責根拠によることを示した。

2　本稿の意義

本稿の意義は、令和2年判決によって使用者の負担部分が判例に基づき明確に存在するようになったことを契機として、使用者責任について、被害者に対して損害賠償責任を負うという意味での責任に加え、「被用者との内部関係においても損害の一部を負担する責任」でもあるとし、その帰責根拠として報償責任・危険責任に加えた新たな帰責根拠を示したことにある。

使用者の負担部分の認定においては、報償責任・危険責任を背景とした事情のみならず、当事者の関係性や、具体的な不法行為に関する当事者の過失要素までもが斟酌されている。

そうすると、仮に使用者が考え得るほとんどのやるべきことをやっており、使用者に過失らしきものが認められない場合に、使用者責任はどうなるか。この場合でも、報償責任・危険責任がおよそほぼすべての使用者責任で妥当し得ることから、民法715条1項ただし書の免責規定を適用するのが極めて困難なことは変わらない。これは負担部分の認定においても同様である。

しかしそれでも、使用者の行動に問題がなく、かつ被用者の悪質性が高いのであれば、求償問題における「相当な限度」の判断を通じて、使用者の負担部分を

限りなく少なくすることは可能である。使用者に何ら落ち度がないにもかかわらず被用者が詐欺を働いた場合などには、被用者を10割負担とすることで、事実上の使用者の免責も可能性としては考えられる。

以上のような可能性も踏まえつつ、裁判所としては「諸般の事情を総合的に考慮する」際に、本稿で示したような帰責根拠を意識して使用者の負担部分を認定すべきである。

3 今後の展望

本稿では、使用者責任の帰責根拠に報償責任・危険責任のみならず他の要素もあるという点について、逆求償の観点から検討を行った。しかし、逆求償を含む求償問題は使用者責任を構成するほんの一部であり、この問題だけから使用者責任そのものの帰責根拠まで確定的に示せるものではない。

また、求償問題についても、今回参照したのは逆求償に関する事例であったが、事例としては使用者からの求償権行使の場合の方が圧倒的に多い。そして令和2年判決によれば、求償が認められる範囲と、逆求償が認められる範囲は表裏一体であり、使用者の負担部分を導く事情については、求償制限の事例についても分析することが必要になる。

したがって、使用者責任について、本稿で示した考え方が本当に妥当するのか、妥当するとして、具体的に従来とどのような違いが生じるのかについては、求償問題を含め、それに限らず使用者責任の全体を踏まえて検討をする必要がある。

しかしながら、逆求償に関する令和2年判決は、使用者責任の帰責根拠は報償責任・危険責任によるとされてきた、長く伝統的な考え方に一石を投じる契機となるのではないだろうか。

製造物責任における製造物の「欠陥」と
医薬品の副作用

村　山　淳　子

一　本稿の問題意識
二　製造物責任法の理論的課題
三　薬害訴訟の法理――スモン事件東京地裁判決とクロロキン事件東京地裁判決
四　医薬品の欠陥判断――イレッサ事件判決
五　学説による批判的検討
六　現行制度の欠缺
七　結論と展望

一　本稿の問題意識

　医薬品には特別なリスクが内在している。医薬品は、人体にとって異物であるために、何らかの有害な副作用を一定確率で生ずる危険を潜在させている[1]。それどころか、人体に作用しない医薬品では意味がないのであって、人体に対する作用のうち都合のよいものが効能と呼ばれ、不都合なものが副作用と呼ばれている[2]のだから、効能の強い医薬品ほど、副作用も強度であるという関係が成り立つ。

　かかる医薬品の特別なリスクに対しては、わが国の現行法制上、単独で、あるいは医療リスクと一体のものとして、公法・私法、事前・事後にわたり、いくつもの法理や政策に基づく法ないし制度によって救済がはかられてきた[3]。その中で、事後的な民事救済を担うのは、かつては民法709条、その後、1995年に製造物責任法が加わり、両者は協働関係にある[4]。

1　医薬品の副作用リスクについて、特に、後述イレッサ訴訟最高裁判決参照。
2　この点については、森島昭夫「スモン訴訟判決の総合的検討（3）」ジュリ715号（1980年）86頁。
3　とくに医薬品独自の公的制度として、薬事法による製造・販売についての行政的規制、副作用被害に対する医薬品副作用被害救済制度がある。

製造物責任法上、ある医薬品が市場に流通した時点で、「通常求められる安全性」を下回る——つまり「欠陥」があると評価された場合、そのことに起因するあらゆる損害は、製造物責任法3条[5]に基づき、製造者に転嫁される。

もっとも、医薬品被害に関して、製造物責任法の解釈は錯綜している。製造物責任法は、一般的な製造物を適用対象とし[6]、消費者保護と産業界の利益の調整ないしそれをめぐる政治的交渉の下で制定に至った法である。医薬品という特別なリスクを内在させる製造物に関する製造物責任法の解釈は、製造物責任法の一般的な価値衡量を基礎として、医薬品リスクの特性をふまえ、過去の薬害訴訟の判例法理を反映させ、さらに同法の無過失責任立法たる趣旨に応えた固有の法発展をもって構成されねばならない。

しかし、製造物責任法は、制定当初より、責任原理の内容理解の曖昧さから[7]、あるいはその表出として、主要概念の解釈の対立を残し、ひいては体系上の論理矛盾を生み出しており、現在でも理論的混乱は続いている。そのため、特別なリスクを内在させる医薬品を対象とする製造物責任法の解釈には、製造物責任法の理論的課題に属する問題と、医薬品の特性をふまえた被害者救済の進度を問う問題とが内包されている。

本稿は、かかる理論状況に対する問題意識から、医薬品を対象とする製造物責任法の解釈の問題構造を詳らかにし、もって本テーマの研究に求められる分析の視点ならびに手法を提示することを目的とする。

4　製造物責任法は、適用範囲において、民法709条よりも限定的である。例えば、流通開始時には欠陥ありと判断されなかったものが、流通後に欠陥ありと判断されるようになった場合など（鎌田薫「欠陥」判タ862号（1995年）62頁参照。後述イレッサ事件判決の田原睦夫裁判官の補足意見も参照）は、製造物責任法によっては保護されず、民法709条のみの対応となる。

5　製造物責任法3条は「製造業者等は、その製造、加工、輸入又は前条第三項第二号若しくは第三号の氏名等の表示をした製造物であって、その引き渡したものの欠陥により他人の生命、身体又は財産を侵害したときは、これによって生じた損害を賠償する責めに任ずる。ただし、その損害が当該製造物についてのみ生じたときは、この限りでない」と規定する。

6　製造物責任法が適用される「製造物」とは「製造又は加工された動産」（2条1項）すべてを網羅し、その適用範囲は広い。本稿が対象とする医薬品もこの中に含まれる。なお、血液製剤については、製造物といえるかどうか、立法過程で激しい政策論争があったが、含まれることで決着した（鎌田・前掲注（4）63頁以下参照）。

7　製造物責任法の欠陥概念について、類似の問題意識に立つものとして、米村滋人「製造物責任における欠陥評価の法的構造（一〜三・完）」法学72巻1号（2008年）、73巻2、3号（2009年）。

二　製造物責任法[8]の理論的課題

1　責任原理の曖昧さ

　大量生産・大量消費の時代に、製品の生産・販売構造が変化したことを背景に[9]、消費者保護と産業界の利益の対立とそれをめぐる政治的な交渉を経て[10]、1995年、製造物責任法が施行された。

　製造物責任法は、現代型の製品の生産・販売構造において、製品の安全性を確保することが強度に製造業者に依存している状況をふまえ、消費者ないし被害者保護の観点から、法理論的には危険責任・報償責任などの無過失責任原理を論拠として（すなわち、製造者において製造物事故の危険の発生をコントロールできることなどを論拠として）、製造者の責任の根拠を過失から欠陥に転換し、被害者の円滑かつ適正な救済を図った法である[11]。

　しかし、製造物責任法の責任原理については、同法制定当初より、過失責任との近接・類似・同質性が指摘されていた。「欠陥責任」と独自に呼称されながら、過失責任との異同ないし関係性において——立証責任の転換による中間責任なのか、完全な無過失責任なのか、現状認識のみならず目指すべき方向性に関し、論者ごとに見解の相違や温度差のあるところであった[12]。これは、過失責任が多様性を孕み、かつ無過失責任の一般理論が存在しない中で[13]、政策的見地か

8　製造物責任法に関する文献資料は制定前後に集中している。本稿では、制定前後の主だった文献資料およびイレッサ事件判決を受けた判例評釈を中心に、近年公表された論稿も加えて、参考資料としている。

9　製造物責任法の立法の社会的背景については、森島昭夫「製造物責任における欠陥概念」名古屋大学法政論集142号（1992年）174頁参照。

10　鎌田・前掲注（4）51頁以下に、審議の過程について、各種会議体の記録に依拠した記述がなされている。

11　このような本質的な思想や根拠について、詳細は鎌田・前掲注（4）51頁以下およびそこでの注参照（鎌田自身は、被害者の立証責任を転換した中間責任とする捉え方をしている）。
　　なお、製造物責任法1条は、本法の目的として、「この法律は、製造物の欠陥により人の生命、身体又は財産に係る被害が生じた場合における製造業者等の損害賠償の責任について定めることにより、被害者の保護を図り、もって国民生活の安定向上と国民経済の健全な発展に寄与することを目的とする。」と規定する。

12　現状認識としては、過失の立証責任を転換した中間責任とする捉え方をする見解が一般的である。なお、米村は、行為義務を措定しつつも、従来の過失論からは離れ、欠陥とは、政策判断をもとに措定された特殊な行為義務違反であるとしている（米村・前掲注（7）。特に3号437頁）。

13　米村・前掲注（7）3号420頁以下参照。

100　特集　無過失責任の諸相

ら本法が制定されたこととも深く関係している。

2　欠陥概念に対する2つのアプローチ——類型的欠陥概念と包括的欠陥概念

（1）立法者の欠陥概念

　製造物責任法は、製造物の欠陥にかかる製造者の帰責根拠を、「欠陥のある製造物を製造して他人に引渡したこと」に求めている[14]。そのため、同法において、製造物の「欠陥」は、中核的な帰責要素の位置づけにある。

　製造物責任法上、「欠陥」とは、当該製造物が「通常有すべき安全性を欠いていること」であると定義される[15]。これは、当該製造物につき社会通念上要求される安全性の水準に達していないことを意味している[16]。かかる欠陥概念は、土地工作物責任（民法717条）及び営造物責任（国家賠償法2条）の帰責要件である「瑕疵」を参考にしている[17]。

　さらに、同法は、欠陥の判断要素として、①製造物の特性、②通常予見される使用形態、③製造業者等が当該製造物を引き渡した時期を例示的に列挙し、その他の事情を考慮して判断すべき旨を規定する。欠陥判断は諸般の事情の総合考慮によるべきとの学説・裁判例の立場を継承しつつ、無過責任立法として、裁判・行為規範の明確化をはかったものである[18]。

　製造物の種類を定めた条文は存在していない。以下に述べる欠陥類型の存在は意識しつつも、主に、類型を特定してそれぞれの考慮事情を立証しなければならない被害者の立証負担への考慮から、法律要件としては採用せず[19]、各類型を解釈上含みうる規定方式を採用したものである[20]。

（2）類型的欠陥概念と包括的欠陥概念

　しかし、それまで欠陥概念は、一般的には下記3類型に分けられ[21]、類型ごと

14　経済企画庁国民生活局消費者行政第一課編『逐条解説 製造物責任法』（商事法務研究会、1994年）66頁。

15　製造物責任法2条1項は、「この法律において「欠陥」とは、当該製造物の特性、その通常予見される使用形態、その製造業者等が当該製造物を引き渡した時期その他の当該製造物に係る事情を考慮して、当該製造物が通常有すべき安全性を欠いていることをいう」と規定する。

16　鎌田・前掲注（4）52頁参照。

17　升田純『詳解 製造物責任法』（商事法務研究会、1997年）315頁以下参照。

18　経済企画庁国民生活局消費者行政第一課編・前掲注（14）（商事法務研究会、1994年）66頁以下参照。

19　「〈座談会〉製造物責任法（PL法）の検討」判タ907号24頁（升田純発言）参照。

20　同書66頁。

に責任要件ないし考慮事情が想定されてきた。すなわち、

①製造上の欠陥とは、「製造物の製造過程で粗悪な材料が混入したり、製造物の組立に誤りがあったなどの原因により、製造物が設計・仕様どおりにつくられず安全性を欠く場合」[22]を指す。

②設計上の欠陥とは、「製造物の設計段階で十分に安全性に配慮しなかったために、製造物が安全性に欠ける結果となった場合」[23]を指す。

③指示・警告上の欠陥とは、「有用性ないし効用との関係で除去しえない危険性が存在する製造物について、その危険性の発現による事故を消費者側で防止・回避するに適切な情報を製造者が与えなかった場合」[24]を指す。

もっとも、これら欠陥類型のうち一部（②③）において、無過失責任の帰責要素たる欠陥概念の固定的な類型化という発想を動揺させる以下の思考が生まれていた。

それは1つに、②③、とくに③の判断が過失判断と同質であるという、上記1と重なる主張である。設計であれ[25]、製造物に関する指示・警告であれ、問われているのは、多くの選択肢の中から1つの安全性のあり方を選択して行った製造者の行為が当該製造物の安全の確保という点で適切であったかどうかである[26]（その選択が製造物に客観的な形をとって表れたものが、設計または指示・警告書である[27]）。そこで行われる規範的評価は、過失判断における合理人の行為義務の存

21　潮見佳男『不法行為法Ⅱ』（信山社、第2版、2011年）385頁等参照。これに後述の開発危険の抗弁を加え4種類に分類する見解もある（鎌田・前掲注（4）58頁等）。ほか、加藤雅信編著『製造物責任法総覧』（商事法務、1994年）210頁の分類方法もある。

22　経済企画庁国民生活局消費者行政第一課編・前掲注（14）65頁。

23　同書65頁。

24　同書65頁。

25　潮見・前掲注（21）385頁以下は、指示・警告上の欠陥は帰責の枠組みにおいて他の2類型と異なる側面を有するとしたうえで、指示・警告上の欠陥について過失との判断構造の同質性を述べている。

26　②についていえば、製造者は製造物の効用、安全性、経済性、消費者の嗜好などの要素を勘案しつつ、多くの選択肢からある1つの設計案を選んで設計を行うところ（森島・前掲注（9）188頁参照）、その選択が不適切であったことが設計上の欠陥と評価される。③についていえば、ある製造物に有用性ないし効用との関係で除去し得ない危険がある場合に、指示・警告によって危険を回避することが適切かどうか、そうであるとしてどのような内容の情報をどのような表現や方法で伝達するのか、さまざまな選択がありうる中で、製造者が1つの選択肢を選んで指示・警告を行うにさいし（同論文188頁参照）、その選択が不適切であったことが指示・警告上の欠陥と評価される。

27　同論文189頁以下。鎌田薫＝山口斉昭「製造上の欠陥、設計上の欠陥、警告上の欠陥」升田純編『現代裁判法体系8〔製造物責任〕』（新日本法規出版、1998年）127頁以下も参照。

否・内容に関する規範的評価と実質的には異ならないことになる（他方で、①については、イメージどおりの無過失判断といって疑義はない）。

もう1つは、かかる②③類型は、過失判断に近接するその欠陥判断において、類型の仕切りを超えて相互に補完し合い、一体的関係にあるとの指摘である。すなわち、製造者の裁量において、設計上対応できないの危険を内包する製造物について、その危険の実現防止のための適切な指示・警告を発信することをもって、当該製造物としての欠陥評価を免れるという関係[28]の成立が認識されていたのである[29]。

このように、類型化論に基づく一部の欠陥類型について、従来の固定的・絶対的な無過失責任とは異質の判断のあり方がイメージされていたこと[30]、さらにはその中での類型の仕切りを超えた欠陥判断の相互補完と融合現象が認識されたことを介して、無過失責任の中核的責任要素である欠陥の固定的な類型化という発想が揺らぎ、これと対峙するアプローチが生まれていた。

例えば、鎌田は、設計上の欠陥と指示・警告上の欠陥の相互補完性・判断の一体性を説く立場から、欠陥概念を包括的に捉え[31]、欠陥の各類型は包括的な欠陥判断の判断要素にすぎないと考える。すなわち、欠陥類型は、「そのうちのどれか1つでも存在すれば欠陥となる」という意味で、「欠陥を引き起こす要素（因子）」にすぎず[32]、あるケースについて（指示・警告上の）欠陥が認められないからといって、製造物責任が成立する余地が一切ないというわけではないとしている[33]。この包括的欠陥概念は、類型的欠陥概念に対峙するものとして存在し続けた。

製造物責任法は、責任原理に対する内容理解の曖昧さとともに、その中核的な責任要素たる欠陥概念に対する2つのアプローチの対立をそのままに、立法に

28　鎌田・前掲注（4）57頁参照。
29　鎌田・前掲注（4）58頁（著しく不適切な表現を用いたり、誤った指示をした場合などに独立して欠陥となる以外は、指示・警告の欠陥は設計上の欠陥と一体になって判断要素となるべきものとする）。
30　経済企画庁国民生活局消費者行政第一課編・前掲注（14）（商事法務研究会、1994年）67頁も参照。
31　有賀恵美子「判批」『不法行為法研究3』（成文堂、2023年）241頁（「包括的な欠陥概念」と表現）、大澤逸平「判批」法学協会雑誌132巻5号（2015年）905頁も参照。
32　升田純編・前掲注（27）〔鎌田＝山口〕139頁。
33　鎌田・前掲注（4）58頁参照。

至ったのである。

3　開発危険の抗弁[34]との体系上の論理矛盾

（1）政策的見地からの導入──責任原理的矛盾

「開発危険」とは、「製品を流通においた時点における科学・技術知識の水準によっては、そこに内在する欠陥を発見することが不可能な危険」をいう[35]。「開発危険の抗弁」とは、上記をもって、製造者が製造物の危険の発現による責任を免れる抗弁である。

わが国の製造物責任法は、同法4条柱書で「前条の場合（同法3条の製造物責任が認められる場合〔筆者〕）において、製造業者等は、次の各号に掲げる事項を証明したときは、同条に規定する賠償の責めに任じない」としたうえで、その1号で「当該製造物をその製造業者等が引き渡した時における科学又は技術に関する知見によっては、当該製造物にその欠陥があることを認識することができなかったこと」を掲げている。

上記のごとく規律は、いずれの責任原理からも説明がつかない。すなわち、一方で、欠陥責任が行為に対する非難を根拠とする過失責任であるとするならば、製造時に予見し得なかった危険の実現を製造者が回避しなかったことに非難可能性はないのだから、製造者に責任は転嫁できない[36]（開発危険の抗弁をあえて導入しなくても製造者の責任は発生しない）。他方で、欠陥責任が行為者の過失を問題にしない無過失責任であるとするならば、製造物の危険性が責任根拠なのであるから、製造物に危険性さえあれば責任転嫁は起こるはずである[37]（開発危険の抗弁を導入して製造者を免責してはならない）。

わが国の製造物責任法は、上記どちらでもなく、無過失責任を採用しながら、産業界の利益や開発に対する社会的利益を慮って開発危険の抗弁を導入し[38]、しかしその基準を「科学又は技術に関する知見」、つまりその時点において入手可

34　開発危険の抗弁に関しては、経済企画庁国民生活局消費者行政第一課編・前掲注（14）108頁以下、小林秀之＝吉田元子「開発危険の抗弁」山田卓生ほか編『新・現代損害賠償法講座　3巻』（日本評論社、1997年）117頁以下等参照。

35　経済企画庁国民生活局消費者行政第一課編・前掲注（14）108頁。

36　森島・前掲注（9）189頁参照。

37　同論文191頁参照。

38　同論文191頁以下参照。

104 　特集　無過失責任の諸相

能な最高の科学・技術水準としてバランスをとろうとしたのである。

（2）欠陥判断との体系上の論理矛盾

このように過失とも無過失ともつかぬまま、認識の基準の高度化を調整弁として、政策的に導入された開発危険の抗弁は、とくに欠陥判断と過失判断の構造を同質と捉える立場をとった場合に、認識や予見という点で欠陥判断と同一線上レベル違いで並ぶことになり、欠陥判断との間で体系上の論理矛盾を来すことになった。

例えば鎌田は、開発危険をも欠陥の一類型と捉える立場から[39]、欠陥判断のレベルで（予見可能性を前提として）欠陥ありと判断した後に、それよりも高い水準で認められる開発危険の抗弁として免責可能性を判定することは論理的に矛盾すると説く[40]。潮見も、とくに指示・警告上の欠陥を他の類型とは異質とし、過失との判断構造の同質性を説く立場から、（予見可能性を前提とする）指示・警告上の欠陥に関しては、（より高い水準での認識不可能性を前提とする）開発危険の抗弁が問題になる余地はもはやないとの見解を示す[41]。

このように製造物責任法は、責任原理の内容理解に曖昧さがある中で、開発危険の抗弁を政策的に導入することで、法の体系上の論理矛盾をも来していた。

三　薬害訴訟の法理
——スモン事件東京地裁判決とクロロキン事件東京地裁判決——

1　判例法理の形成

他方、医薬品に関しては、製造物責任法の制定以前に、（当時としては新しいタイプの訴訟であった）公害訴訟諸判決に続き、同タイプの訴訟であるといえる薬害訴訟において、独自の判例法理が形成されていた。

すなわち、薬害訴訟諸判決では、大規模かつ重大な健康被害が発生していること、加害企業に情報が偏在していること、そして加害企業の社会的責任などを理由に、かつ医薬品の特性を前提として、注意義務の高度化や、過失の立証責任の軽減ないし転換が、因果関係論や損害論と相まって展開され、解釈論の一定の到

39　鎌田・前掲注（4）58頁。
40　同論文53頁。
41　潮見・前掲注（21）412頁。

達点をみていた。

　以下では、下級審判決ながら学理上重要な位置づけにあるスモン事件東京地裁判決（東京地判昭和53年8月3日判時899号48頁）とクロロキン事件東京地裁判決（東京地判昭和57年2月1日判時1044号19頁）を取り上げ、製造物責任法以前の薬害訴訟の判例法理を確認しよう。

2　スモン事件東京地裁判決（東京地判昭和53年8月3日判時899号48頁）[42]

［事実概要］

　整腸剤として使用されていたキノホルム剤を服用した患者らが、1955年頃から、下痢、腹痛、下肢麻痺などの知覚障害、激痛をともなう歩行障害、視力障害などを症状とする（後に命名された）亜急性脊髄視神経症（スモン）を発症し、これが1965年頃から集団発生して急増していった。

　厚生省はこれを受けて調査を行い、キノホルム剤がスモンの原因であるとする研究班・研究協議会の調査結果に基づき、1970年にキノホルム剤の販売・使用を中止する措置をとった。その数年後にスモンは終息したが、すでに患者数は1万1000人に達していた。

　1971年に、患者らは全国の地裁で、製薬会社と国を相手取って集団訴訟を提起した。本東京地裁判決は、スモン訴訟の地裁諸判決を大筋としてリードしたと評されている[43]代表的な判決である。なお、スモン訴訟は、その後高裁に係属し、直接交渉によって概ね和解が成立している。

［東京地裁判決の判旨］（下線筆者）

　「被告会社らは、グラヴィッツ、バロスによる副作用報告、デーヴィッド警告、キノホルムおよび類縁化合物の動物への投与実験報告等から、キ剤（キノホルム製剤、以下同じ〔筆者〕）の投与による神経障害の発生が予測可能であつたもので、本件キノホルム製剤につき、最初に製造の許可を受けた昭和三一年一月以降、製造販売を開始するにあたり、少くとも、能書の記載、医師へのダイレクト・メール、プロパーが医師を個別に訪問した際の口頭での伝達あるいはマスコ

42　ほか、スモン訴訟諸判決参照。評釈として、淡路剛久「判批」唄孝一・宇都木伸・平林勝政『医療過誤判例百選』第2版（1996年）66頁等。訴訟全体の詳細な経緯や各判決について、森島昭夫「スモン訴訟判決の総合的検討（1）」ジュリ706号（1979年）51頁参照。

43　淡路・前掲注（42）68頁。

ミなどの手段を通じて、キ剤の適応症をアメーバ赤痢に限定するとともに、バロスらによる両下肢の知覚・運動障害の認められた二症例を公表し（一日の投薬量、投与期間の制限およびそれ以上服用すればバロスらの報告例に見られるような神経障害を生ずる惧れがある旨を明示し）、併せて右適応症以外の疾病の治療のための内用に供してはならない旨、また、もし右神経障害の徴表が発現したときは直ちに投薬を中止すべき旨の指示・警告をなすことを要し、かかる指示・警告付でのみその製造販売が許され得たものといわなければならない。

　然るに、被告会社らは、何らかかる措置を講じなかつたばかりでなく、かえつて、夥しい数の適応症を掲げ、さらには各社いずれも、その安全性を強調しつつ、戦後の高度経済成長の波に乗り、通常商品におけると同様、大量販売、大量消費の風潮を助長したものであつて、被告会社らの結果回避義務違反は、昭和三一年一月の本件キ剤製造開始時においてすでに明らかであつたばかりではなく、その後、年を経るとともに、いよいよその度を深くしたものといわなければならない。」

　以上のように判断する理由として、以下のように説示している。

　「民法七〇九条所定の「過失」とは、その終局において、結果回避義務の違反をいうのであり、かつ、具体的状況のもとにおいて、適正な回避措置を期待し得る前提として、予見義務に裏づけられた予見可能性の存在を必要とするものと解するのである」。と過失の判断構造をあきらかにしたうえで、とくに予見義務について以下のように述べる。「医薬品の製造・販売をするにあたつては、なによりもまず、当該医薬品のヒトの生命・身体に及ぼす影響について認識・予見することが必要であるから、製薬会社に要求される予見義務の内容は、（1）当該医薬品が新薬である場合には、発売以前にその時点における最高の技術水準をもつてする試験管内実験、動物実験、臨床試験などを行なうことであり、また、（2）すでに販売が開始され、ヒトや動物での臨床使用に供されている場合には、類縁化合物を含めて、医学・薬学その他関連諸科学の分野での文献と情報の収集を常時行ない、もしこれにより副作用の存在につき疑惑を生じたときは、さらに、その時点までに蓄積された臨床上の安全性に関する諸報告との比較衡量によつて得られる当該副作用の疑惑の程度に応じて、動物実験あるいは当該医薬品の病歴調査、追跡調査などを行なうことにより、できるだけ早期に当該医薬品の副作用の有無および程度を確認することである。なお、製薬会社は、右予見義務の一環と

して、副作用に関する一定の疑惑を抱かしめる文献に接したときは、他の（同種の医薬品を製造・販売する）製薬会社にあててこれを指摘したうえ、過去・将来を問わず、当該医薬品の副作用に関する情報を求め、より精度の高い副作用に関する認識・予見の把握に努めることが要請されるのである」。

「製薬会社は、予見義務の履行により当該医薬品に関する副作用の存在ないしはその存在を疑うに足りる相当な理由（以下、これを「強い疑惑」と呼ぶ）を把握したときは、可及的速やかに適切な結果回避措置を講じなければならない。

そして、この結果回避措置の内容としては、副作用の存在ないしその「強い疑惑」の公表、副作用を回避するための医師や一般使用者に対する指示・警告、当該医薬品の一時的販売停止ないし全面的回収などが考えられるのであるが、これらのうち、そのいずれの措置をとるべきかは、前記予見義務の履行により把握された当該副作用の重篤度、その発生頻度、治癒の可能性（これを逆にいえば、いわゆる不可逆性の有無）に加えて、当該医薬品の治療上の価値、すなわち、それが有効性の顕著で、代替性もなく、しかも、生命・身体の救護に不可欠のものであるかどうか、などを総合的に検討して決せられなければならない」。

3 クロロキン事件東京地裁判決 （東京地判昭和57年2月1日判時1044号19頁）[44]

[事実概要]

クロロキン製剤は、マラリア治療薬として開発され、エリテマトーデスや間接リウマチの治療にも有効性が確認されている。日本では1955年から輸入され、1959年に製造されるようになり、腎疾患・てんかんにも使用された。

しかし、1959年にクロロキン製剤が、失明に至ることも稀ではない不可逆性の網膜障害であるクロロキン網膜症を副作用として発症させることが外国で報告され、日本でも1962年以降に症例報告が増加した。

これを受けて、厚生大臣は、1967年にクロロキン製剤を劇薬・要指示医薬品に指定し、1969年には使用上の注意事項を定めて添付文書等に記載することを製薬会社に行政指導した。そして、1976年の医薬品の有効性および安全性の再評価において、腎疾患・てんかんへの適応が否定されている。

クロロキン事件は、腎疾患、てんかん、エリテマトーデスまたは間接リウマチ

---

44 ほか、クロロキン訴訟諸判決参照。本訴訟に関しては、最高裁判決（最二判平成7年6月23日民集49巻6号1600頁）に関して行政法領域の評釈が多く出ている。

108　特集　無過失責任の諸相

の治療のために、1959年から1975年にクロロキン製剤を服用し、クロロキン網膜症を発症した患者らが、国・製薬会社・医師医療機関に対して、国家賠償法ないし不法行為に基づく損害賠償を請求した事件である。以下に掲げる判旨は、一連の始審判決である第一審判決のうち、製薬会社の責任に関する部分にあたる。

　［東京地裁判決の判旨］（下線筆者）

　請求認容。

　「医薬品の製造又は輸入を業とする者は、人の病気の予防、治療に供する目的とはいっても、その反面……本質的に<u>人の身体、健康に有害な危険が顕在もしくは内在する化学物質たる医薬品を製造</u>、輸入し、そして販売して当然利潤を得ているのであるから、その製造、販売等に伴う法的責任は非常に重いものであるといわざるをえず、薬事法の諸規定を遵守しなければならないのは無論のこと、<u>その時々の最高の医学、薬学等の学問技術水準に依拠して、医薬品の最終使用者である患者らに対し、その本来の使用目的（治療効果）以外の働き、作用による危険を未然に防止するよう努めなければならない注意義務</u>があり、その注意義務の内容も医薬品の開発、製造段階から販売使用後の段階までにわたる広範なものであると解される」

　以下、副作用防止を中心に、医薬品の製造販売開始後における製薬会社の注意義務の具体的内容を述べる。

　「……製薬業者は、安全かつ有用との認識のもとに医薬品の販売を開始した後も、その副作用について<u>継続して調査をする義務がある</u>」「その間、製薬業者は、当該医薬品に関する医学、薬学その他関連科学分野における内外の文献、報告等の資料を調査して副作用情報を常時収集するよう努めねばなら」ない。「……製薬業者は<u>当該医薬品との因果関係を疑うに足りる相当な理由のある副作用情報</u>を得たときには直ちに右因果関係の有無の検討に着手すべきであり、かつ、その疑いが医学等の見地から完全に払しよくされない限り結果回避措置に踏み切るべきであると解する」「製薬会社は、確かに一面では医薬品の供給によつて人の生命、健康の維持、増進に貢献していることは否めないけれども、反面では本質的に<u>人の生命、健康に危害を及ぼす危険をはらむ</u>化学物質を医薬品として商品化すべく製造（輸入）し、そして販売することにより利益を挙げることを事業目的としているうえ、その商品たる医薬品に宿命的に多かれ少なかれ存在する副作用を事前又は事後に知りうる施設と能力を有する……のに対し、当該医薬品

を投与され服用する側の一般大衆は、製薬業者からの情報を信頼する以外に安全性を確認するすべがなく、自らが副作用を知り防衛するなどということは期待しうべくもないことであつて、このような両者の立場や能力の相違にかんがみ、そして何よりも人の生命、健康の大切さを考えるならば、製薬業者の医薬品の製造販売上の注意義務については前述したように解するのが相当と考えられるのである」。

4　過失の高度化の解釈論の到達点[45]

以上の２判決に代表される一連の薬害訴訟諸判決を通じて、製薬会社を責任主体とする民法709条の解釈論は、過失の論理構造や判断基準、そして注意義務の具体的内容において、以下のような到達点をみた。

① 従来の過失の論理構造[46]の踏襲

スモン東京地裁判決[47]はじめ、明示しない判決も含め、一連の薬害訴訟諸判決は、予見可能性を前提とした結果回避義務として過失を捉える（つまり、過失の中核に結果回避義務を据える）という従来の過失の論理構造を踏襲している。

そして、公害訴訟諸判決[48]と同様、現実に危険が予見できたかどうかではなく、何をどの程度予見すべきであったかを問題とする予見義務を導入している点でも、過去からの流れを汲んでいる。すなわち、加害行為時に行為の危険性についての知見が存在せず、既存の知見を前提とするだけでは危険を予見できなかったとしても、広範かつ厳格な情報収集義務や調査義務を認め、それが尽くされていたならば得られていたであろう知見をも加えて予見可能性の判断の基礎としている。

② 予見対象の拡大

さらに、薬害訴訟諸判決においては、予見の対象に関して、医薬品の特性をふまえた解釈論が展開された。

45　特にスモン判決については、森島昭夫「スモン訴訟判決の総合的検討（１）〜（７・完）」ジュリ706号（1979年）51頁（１）、712号（1980年）144頁（２）、715号（1980年）82頁（３）（特に本稿テーマとかかわる、医薬品製造業者の責任の判案構造および予見可能性について）717号100頁（４）、745号（1982年）128頁（５）、747号（1981年）266頁（６）、750号（1981年）130頁（７）が詳細な理論的検討を行っている。沢井裕「判批」法時50巻５号９頁10号、51巻２号３号も参照。

46　森島・前掲注（45）83頁以下等参照。

47　判時899号289頁。

48　具体的には、新潟水俣病判決、四日市判決、熊本水俣病判決など。

110　特集　無過失責任の諸相

　一方で、医薬品が何らかの副作用をともなうものである以上、何らかの副作用が発生するかもしれない危険に対する予見可能性[49]は常にあるといえる。そこまでを予見の対象としたのでは、予見可能性を要件とする意味はもはやなくなる。他方で、人体に対する未知のリスクを孕む医薬品に関して、現実に発現した具体的な障害までを予見対象としたのでは、予見可能性の成立が困難になり、被害者救済の目的を達し得ない[50]。

　この特性をふまえ、何らかの副作用があるかもしれないという一般的な危惧感だけでは足りないが、現実に生じた障害を予見し得たことを要しないとする[51]、いわば中間的といえる線引きがなされた。例えば、スモン東京地裁判決では、副作用の存在ないしはその存在を疑うに足りる相当な理由[52]（「強い疑惑」と呼ぶ）の把握をもって、製薬会社に結果回避義務を課している。クロロキン東京地裁判決でも、当該医薬品との因果関係を疑うに足りる相当な理由のある副作用情報の把握をもって、結果回避義務の発生を認めている。

　③ 人の生命・身体にかかわる業務や人の生命・身体に危害を及ぼす業務にたずさわる専門家としての最高度の注意義務[53]

　公害訴訟や医療過誤訴訟と同様、薬害訴訟においても、製薬会社は、主として人の生命・身体にかかわる業務や人の生命・身体に危害を及ぼす業務にたずさわる専門家であることを理由に、最高度の注意義務を負うとされている。

　例えば、クロロキン東京地裁判決では、「本質的に人の生命、健康に危害を及ぼす危険をはらむ化学物質を医薬品として商品化すべく製造（輸入）し、そして販売することにより利益を挙げることを事業目的としているうえ、その商品たる医薬品に宿命的に多かれ少なかれ存在する副作用を事前又は事後に知りうる施設と能力を有する……のに対し、当該医薬品を投与され服用する側の一般大衆は、製薬業者からの情報を信頼する以外に安全性を確認するすべがなく、自らが副作用を知り防衛するなどということは期待しうべくもないことであつて、このような両者の立場や能力の相違にかんがみ、そして何よりも人の生命、健康の大切さ

49　森島・前掲注（45）（３）86頁以下の表現参照。
50　以上、同論文86頁以下。
51　同論文87頁参照。
52　同論文87頁も参照。
53　同論文（４）100頁参照。スモン広島地裁判決（広島地判昭54年２月22判タ376号189頁）を引用し、ほぼ本文クロロキン判決と同旨の内容を紹介している。

を考えるならば（下線筆者）」と包括的に根拠が述べられている。

④ 有効性と安全性の比較衡量

医薬品には副作用のリスクが不可避に存在する。そのため、薬害訴訟においては、医薬品の有効性と安全性の比較衡量が行われている。

ほとんどの薬害訴訟判決は[54]、（違法性には言及なく）製薬会社の過失の有無のみを論じ、したがって過失論の中で有効性と安全性のバランスを考慮している。すなわち、結果回避義務の履行として具体的にいかなる措置をとるべきかの総合判断において、このバランスが考慮されている。

⑤ 具体的な注意義務の内容

薬害訴訟諸判決の多くは、製薬会社の具体的な注意義務の内容を示す部分を判示に含み、裁判上の救済のみならず、製薬会社の行為規範の形成に貢献した[55]。本稿では、スモン東京地裁判決における詳細な判示を基に、裁判例の求める製薬会社の具体的な注意義務を整理する[56]。

ⅰ　予見義務の具体的内容

販売開始前において、その時点での最高の技術水準をもって、試験管内実験、動物実験、臨床試験などを行なう。

販売開始後において、医学・薬学その他関連諸科学の分野での文献と情報の収集を常時行う。これにより副作用の疑いが生じたときは動物実験あるいは病歴調査、追跡調査を行なう。さらに、副作用に関して疑いを抱かせる文献に接した時は他の製薬会社にも通知して情報を求める。

ⅱ　結果回避義務の具体的内容

（上記により成立した）予見可能性を前提に、副作用の重篤度・頻度・不可逆性と有効性を総合的に検討して、以下の措置をとるべきかを決定する。

ⅰ）添付文書への記載、医師へのダイレクト・メール、マスコミなどを通じて、副作用の存在ないし強い疑惑を公表する。

ⅱ）副作用を回避するために、医師や一般使用者に、適応症の限定、服用量の制限、具体的な危険の内容、副作用発現のさいの投薬中止を指示・警告する。

54　スモン福岡地裁判決（福岡地判昭和53年11月14日判タ376号58頁）では、違法性の枠組みで医薬品としての有用性が欠けることが欠陥であるとし、有用性の有無は医薬品の有効性と安全性の比較考量によって決定されるとする（95頁以下参照）。

55　森島・前掲注（45）（４）103頁参照。

56　以下、同論文102頁以下参照。

112 特集 無過失責任の諸相

ⅲ）販売開始後において、一時販売停止ないし全面回収をする。

四　医薬品の欠陥判断
──イレッサ事件判決──

1　規範としてのイレッサ事件判決の評価

　三で述べた一連の薬害訴訟諸判決の後、その責任場面の一部にかかる形で、より一般的な領域を対象とした製造物責任法が制定された。同法が理論的課題を残す中、さらに約18年後、製造物責任法の適用対象である医薬品に関し、製造物責任法上の欠陥該当性を判断する初の最高裁判決が示されるに至った。

　もっとも、本判決が医薬品の欠陥判断に関する規範を定立したものといえるのかどうか、疑義なしとはいえない。本判決は、一般論としても、医薬品に限定した欠陥認定の一場面にしか言及していない。さらに、あてはめの記述においても、規範的判断を示しているのは医療用医薬品に関する記述に限られている。そして、本判決が新薬の抗がん剤の使用という特殊な医療倫理上の問題を含む局面を対象としていることも、考慮に入れなければならない。そのため、本判決の射程については、消極的態度を示す論者も存在する[57]。

　この点を留保しつつ、本稿では、医薬品の欠陥判断についての一般論と医療用医薬品の情報提供の方法に関する規範的記述部分を対象に、最高裁の定立した規範の抽出を試みる。

2　最三判平成25年4月12日民集67巻4号899頁（イレッサ事件訴訟上告審判決）[58]
［事実概要］

　イレッサは、英国の製薬企業である AstraZeneca PLC が合成・開発し、その日本での子会社であるアストラゼネカ株式会社（以下、Y社という）が輸入販売した肺がんの内服抗がん剤である。イレッサは、がん細胞を標的として制御する分子標的薬であって、副作用が少ないことが期待されていた。そのため2002年7月5日に、厚生省は、海外で承認事例がない段階で、承認手続を簡略化して第三相試験を行わずに、イレッサを新薬として承認した。

───────────

57　本判決の射程を限定的に捉える立場として、伊藤正晴「判批」法曹67巻7号（2015年）2112頁、山口斉昭「判批」医事法研究3号（2021年）166頁参照。

ところが、販売開始後まもなく、イレッサを服用した患者において、間質性肺炎等を発症して死亡する事例の報告が急増した。2002年10月15日、Y社は、厚生労働省の指導を受け、緊急安全性情報を発出し、添付文書を改訂して、赤字の警告欄で注意喚起のうえ独自の死亡リスクを記載した。

本件は、難治性の肺がん患者であって、副作用のために抗がん剤治療を中止していた状況で、販売まもなくイレッサを服用し、間質性肺炎を発症または増悪させて死亡した患者2名の遺族Xらが、輸入承認した国に対して国家賠償法1条1項に基づき、輸入販売したY社に対して製造物責任法3条または不法行為法に基づき、損害賠償を請求した事案である。

Y社に対する請求に関して[59]、第一審（東京地判平成23年3月23日判例時報2124号202頁および大阪地判平成23年2月25日訟月58巻3号1132頁）は設計上の欠陥を否定しつつも、指示・警告上の欠陥を認めた。しかし原審（東京高判平成23年11月15日判例時報2131号35頁および大阪高判平成24年5月25日訟月59巻3号740頁）は一転、添付文書の記載の専門医にとっての認識可能性などを理由に欠陥の存在を否定し、Xらの請求を斥けた。これに対してXが上告および上告受理の申立てをしたのが本件である。

［判　旨］（下線筆者）

上告棄却。

Y社の責任を具体的に検討するに先立ち、以下のように一般論および抽象的規範を述べる。

「医薬品は、人体にとって本来異物であるという性質上、何らかの<u>有害な副作用が生ずることを避け難い</u>特性があるとされているところであり、副作用の存在をもって直ちに製造物として欠陥があるということはできない。むしろ、その通

58　本訴訟については、下級審判決に関してのものも含め、多くの論考が公表されている。浦川道太郎「判批」現代消費者法19号（2013年）65頁以下（第一審・原審について）、吉村良一「「薬害イレッサ」における製薬会社の責任」立命館法学350号（2013年）137頁以下、山本周平「判批」北大法学論集65巻2号（2014年）91頁以下、大澤・前掲注（31）899頁以下、伊藤正晴「最高裁判例解説」『最高裁判所判例解説民事篇 平成25年度』（法曹会、2016年）171頁以下等多数。近年では、山口・前掲注（57）161頁以下、有賀・前掲注（31）235頁以下。なお、本稿とはアプローチが異なるが、因果関係の認定に注目する新美育文「判批」私法判例リマークス46（2013〈上〉）14頁以下もある。

59　国に対する請求については本稿は立ち入らない。第一審は大阪地判が責任否定・東京地判が責任肯定、原審は東京高判・大阪高判ともに責任を否定、最高裁決定で上告棄却・不受理となった。

常想定される使用形態からすれば、<u>引渡し時点で予見し得る副作用について、製造物としての使用のために必要な情報が適切に与えられることにより、通常有すべき安全性が確保される関係にある</u>のであるから、このような<u>副作用に係る情報が適切に与えられていないことを一つの要素として</u>、当該医薬品に欠陥があると解すべき場合が生ずる」。

「医療用医薬品については、……<u>副作用に係る情報は添付文書に適切に記載されているべきもの</u>といえるところ、……添付文書の記載が適切かどうかは、……副作用の内容ないし程度（その発現頻度を含む。）、当該医療用医薬品の効能又は効果から通常想定される処方者ないし使用者の知識及び能力、当該添付文書における副作用に係る記載の形式ないし体裁等の諸般の事情を総合考慮して、……予見し得る副作用の危険性が……<u>処方者等に十分明らかにされているといえるか否か</u>という観点から判断すべきものと解するのが相当である」。

そのうえで、Ｙ社の責任に関する具体的な検討を以下のように行う。

「イレッサには発現頻度及び重篤度において他の抗がん剤と同程度の間質性肺炎の副作用が存在するにとどまるものと認識され」ていたところ、「本件緊急安全性情報は、服薬開始後早期に症状が発現し、急速に進行する間質性肺炎の症例が把握されたことを受けて発出されたもので……<u>本件輸入承認時点までに行われた臨床試験等からこれを予見し得たものともいえない</u>。そして、イレッサが、手術不能又は再発非小細胞肺がんという極めて予後不良の難治がんを効能・効果とし、当時としては第Ⅱ相までの試験結果により厚生労働大臣の承認を得ることが認められており、このような抗がん剤としてのイレッサのありようも、上記のような<u>肺がんの治療を行う医師には容易に理解し得る</u>ところであるなどの事情にも照らせば、副作用のうちに急速に重篤化する間質性肺炎が存在することを前提とした……記載がないことをもって……不適切であるということはできない」。

3　医薬品の欠陥判断の理論構造と基準

上記に掲げた判決のうち、医薬品の欠陥判断に関して述べられた一般論および規範的判断から、最高裁の意図した規範の抽出を試みる。

① 欠陥判断の論理構造

本判決は、医薬品の特性をふまえ、一般論として、医薬品の欠陥判断について以下の論理構造を提示する。

まず、副作用を不可避にともなう医薬品の特性を押さえ、副作用の存在が直ちに欠陥の認定にはつながらないことを確認する。そして、（副作用を前提に薬効に期待して用いるという）医薬品の「通常想定される使用形態」において、不可避の副作用の存在を前提に、副作用について適切な情報提供がなされることで、当該医薬品の「通常有すべき安全性」が確保される関係が成立していることを述べる。さらに、このような関係ゆえに、ある医薬品の副作用について適切な情報提供がなされていないことを一要素として、当該医薬品に「欠陥」があると解すべき場合が生ずるとする[60]。

② 欠陥の類型化論の不採用

上記の論理構造を述べる中で、本判決は、表現上、欠陥類型をあえて採用していない[61]。判決文において、欠陥類型の１つであり、本事案が実質的に内容とすると思われる「指示・警告上の欠陥」という文言は、一切使われていない。

そうではなく、本判決は、「副作用に係る情報が適切に与えられていないことを一つの要素」として、「当該医薬品に欠陥があると解すべき場合が生ずる」とする。それに先立ち、医薬品の特性や使用形態について記述している箇所と読み併せると、指示・警告上の欠陥と設計上の欠陥を一体的に捉えて判断要素とする、類型化に対するものとして存在してきた包括的欠陥概念の採用を想起させる[62]。

③　予見可能性をめぐる諸判断

本判決は、欠陥判断の一要素である副作用の情報提供の前提として、製薬業者の引渡時[63]における予見可能性を求めている[64]。薬害訴訟において導入された予

60　これ以前の学説において同様の指摘をするものとして山内雅哉「薬品・化粧品の副作用と欠陥」塩崎勤ほか編『裁判実務体系30　製造物責任関係訴訟法』（青林書院、1999年）112頁。

61　立法当時の議論や類型論に疑問を呈する学説等をふまえ、少なくとも医薬品に関しては、条文の文言から離れて類型論を前提とした判断をする必要性・相当性がないとした趣旨であるとされる（伊藤・前掲注（57）2105頁）。

　　しかし、判決の実質的内容にかんがみ、指示・警告上の欠陥という言葉を使って本判決を検討する論考も多い（有賀・前掲注（31）241頁、また下級審判決の評釈であるが浦川・前掲注（58）68頁等）。

62　有賀・前掲注（31）241頁。

　　大澤は、このような包括的な判断構造の採用を前提とするならば、上記副作用に係る情報提供についての判断からこぼれる要素——引渡時点で予見し得ない副作用も欠陥判断において異なる態様で考慮し得る余地を残しているとする（大澤・前掲注（31）917頁参照）。

63　具体的事実の検討箇所において輸入承認時を基準としている。

64　具体的事実の検討箇所においてY社の認識に拠っている。もっとも、本文にて後述するように、Yの予見義務をどう考えていたかは、本事案の判決文からは判然としない。

116 特集 無過失責任の諸相

見義務については明確な言明はないが、Y会社が新薬開発の事情に精通していることを前提とする判断であるとも捉えられる[65]。

そして、本判決は、予見の対象に関して、薬害訴訟諸判決とは異なり、現実かつ具体的な副作用としている点が注目される。すなわち、イレッサには他の抗がん剤と同程度の間質性肺炎の副作用が存在することは認識されていたとはいえ、イレッサに特有の態様を示す間質性肺炎の発症までは輸入承認時点で予見可能であったといえないとする。何らかの副作用が生じるかも知れないという一般的な危惧感と、特有の具体的な副作用の発症の予見可能性とのあいだの、中間的な対象を検討する立場は採っていない[66]。

なお、補足意見では、「概括的には危険が予見できても具体的内容が明らかでない限り、その記載は一般的・概括的なものにならざるを得ず、指示・警告としての効果に疑問がある。……医師がこれを理解していることを前提に指示・警告を記載しないとしても……やむを得ない」と理由づけている[67]。

④ 医療用医薬品に関する情報提供の方法

本判決は、具体的事案へのあてはめの記述の一部において、医療用医薬品の副作用情報の提供方法について、規範的判断を示している。

すなわち、「医療用医薬品については……副作用に係る情報は添付文書に適切に記載されているべきもの」と述べて、医療用医薬品の副作用情報は、添付文書に記載しなければならないこと（情報の提供方法には、添付文書への記載という方法を少なくとも含めなければならないこと）を示している。

さらに、添付文書の記載内容の適否の判断基準を、副作用の内容・程度、医薬品の効能効果から通常想定される処方者ないし使用者の知識および能力基準に、副作用の危険性が処方者等に十分明らかにされているかどうかに求める（本事案で具体的に認識主体として挙げられたのは、肺がんの治療を行う医師[68]である）。

---

65 大澤・前掲注（31）921頁は、Yが新薬開発の事情に精通していると考えられるため、その時点での最新の知見を基準にするという趣旨なのか判然としないとの分析を示す。また、イレッサが承認を得るまでに実施された臨床試験等の内容が適切に実施されたことを前提とした予見可能性であるから、本来行うべき試験を行っていれば認識し得たであろう副作用について予見可能であったとみることが可能であるともしている。

66 岡部喜代子裁判官の補足意見参照。

67 大谷剛彦・大橋正春裁判官の補足意見参照。

68 田原睦夫裁判官の補足意見は、専門医とした原判決を批判する。

五　学説による批判的検討[69]

1　異なる系譜に属する議論の存在と関連性

　イレッサ事件判決で示された医薬品の欠陥判断に関しては、一方で製造物責任法の抱える理論的課題ゆえに、他方で過去の薬害訴訟の法理を背景として、いずれも批判的な検討が学説において展開された。

　1つに、製造物責任法の理論的課題をめぐる論争の延長線上において、その顕在化や再燃、さらには新たな展開に応える系譜に属する批判が存在する（2、4）。そしてもう1つに、過去の薬害訴訟の判例法理との連続性を考え、それとの齟齬やそこからの後退を批判し、あるいはさらなる被害者救済の進展をはかろうとする系譜に属する議論が展開された（3）。両者は、ときに相互に関連し合い、その相互作用下でさらなる問題を生み出している。

2　過失判断とのいっそうの接近・類似・同質性の再認識[70]

　製造物責任法は、制定直後から、過失責任との判断構造の同質性が指摘されてきた。とりわけ医薬品に関しては、薬害訴訟を経た過失責任の高度化により内容的にも近接し、同法制定が現状を大きく変えるものではないと述べられていた[71]。イレッサ事件判決を契機に、過失判断と接近・類似・同質性の議論は再燃し、指示・警告上の欠陥、そして医薬品の特性をふまえ、より顕在化した問題として、欠陥判断と過失判断の異同や関係性が再論されることになった。

　この点について、学説はほぼ一致して——この場面に関していっそう——製造物責任法の欠陥判断と民法709条の過失判断（判例によって高度化した内容をも含む）との構造の同質性——つまり、両法の帰責構造が実質的に等しいことを認める立

69　以下に取り上げる学説の他、塩野隆史『薬害過失と因果関係の法理』（日本評論社、2013年）208頁、山本・前掲注（58）283頁もほぼ同方向の立場である。

70　本文に紹介する学説の他、新美育文「製造物責任」『民法の争点』（有斐閣、2007年）299頁は、医師の説明義務違反の有無と同様の判断がなされているとする。

71　鎌田・前掲注（4）55頁（「従前の裁判例においても、予見可能性の立証が困難な医薬品等の分野で予見義務を導入し、予見の対象を広げることによって、予見可能性の成立を容易にし、さらには、人の生命・身体に関わる製品の製造については、注意義務が著しく高度なものとされると指摘されてきた」から、「過失責任から欠陥責任への責任原理の転換は現状をそれほど大きく変えるものではない」とする）。

場を採っている。例えば、高裁判決の意見書の作成者の1人である潮見は、指示・警告上の欠陥と指示・警告上の過失は判断構造において同質であるとし[72]、「指示・警告上の欠陥を理由とする損害賠償の場面では、過失責任としての性質を持つ欠陥責任が採用されている」と考えざるを得ないと述べる[73]。

この認識は、構造上の認識にとどまらず、無過失責任立法たる趣旨の後退を批判する後述の視点をも生み出している。

3　薬害被害者救済の進度を問う視点

イレッサ事件判決において示された規範は、薬害被害者救済の進度において、薬害訴訟の法理を後退させ、あるいは進展させぬことが批判された。すなわち、従来の民法709条に基づく薬害訴訟における過失責任の高度化を、製造物責任法がさらに無過失責任にまで高めようとしたはずが、薬害訴訟の法理を後退させ、あるいは過失判断の構造上の拘束から解放されていないことが多くの論者に失望の声をあげさせたのである。

具体的には、この批判は、とくに予見の対象についての判断に向けられた[74]。すなわち、イレッサ事件判決では、製薬会社の情報提供の前提として、予見可能性が求められるところ、予見の対象を現実かつ具体的な副作用としている。これに対して学説は、薬害訴訟の法理において、医薬品の特性にかんがみ、予見の対象が抽象的に予見可能な有害事象にまで拡大されていたこととの対比から、解釈論の後退──「先祖帰り」[75]と批判したのである[76]。

他方で学説は、製造物責任法が無過失責任として立法されたことの趣旨から、過失判断の構造上の拘束にとらわれない被害者救済の進展を促す方向をも示している。例えば潮見は、上述の過失責任との同質性[77]をもって「無過失責任の衣を

72　潮見佳男・大阪高裁平成24年5月25日判決に対する法律意見書（2012年）（吉村・前掲注（58）184頁注（7）より）。吉村も、潮見見解を参照しつつ、判断構造の類似性を認める（吉村・前掲注（58）144頁参照）。

73　潮見・前掲注（21）386頁。

74　潮見佳男「製造物責任再考」NBL1005号（2013年）1頁、吉村・前掲注（58）181頁。

75　吉村・前掲注（58）181頁。

76　なお、水野は、臨床試験のデータだけでは副作用との因果関係が確定できないことが多いため、因果関係が曖昧な副作用事例についてもできるだけ添付文書に記載すべきとする（水野謙一「判批」判例セレクト2013（Ⅰ）23頁。

77　潮見・前掲注（21）386頁。

着た過失責任」と批判する立場から[78]、予見可能性という枠組みからはもはや離れ、全世界における科学技術の最高水準のもとで存在したすべての知見を情報提供の対象とすべきことを提案する[79]。

4　開発危険の抗弁との融合

　製造物責任法の判断構造の問題として、とくに欠陥判断と過失判断の構造を同質と捉えた場合、なかんずく予見可能性を前提とする指示・警告上の欠陥に関しては、欠陥の成立が開発危険の抗弁の可能性を排除するとの体系上の論理矛盾が指摘されてきた。この指摘は、医薬品の欠陥に関しても妥当するものであり、同じ指摘をここで繰り返すことはしない。

　さらに医薬品の欠陥に関しては、イレッサ事件判決後、上述のとおり、開発危険の抗弁についての解釈を参考に、予見可能性という枠組みから離れて、全世界における科学技術の最高水準のもとで存在したすべての知見を情報提供の対象とする見解が主張されたことで、この体系上の問題が新たな局面を迎えることになった。すなわち、指示・警告上の欠陥の判断と開発危険の抗弁の判断は、行為者の予見可能性という枠組みからはいずれも外れ、科学技術の最高水準のもとで存在したすべての知見を対象に情報提供を行うこと、あるいは科学技術の最高水準のもとで存在したすべての知見による認識不能性を抗弁する点で、内容的にはもはや融合に近いものとなる[80]。

　その結果、指示・警告上の欠陥判断と開発危険の抗弁の判断をどう棲み分けるかという、新たな問題提起を生むことになる。これは両判断の質的違いに対する認識の喚起とともに、抗弁事実と請求原因事実の棲み分け[81]という視点をも含んでいる。

　大塚は、瀬川論文[82]を参照表示しつつ――つまり、欠陥判断では結果回避義務

78　潮見・前掲注（74）1頁。
79　潮見・前掲注（72）意見書（吉村・前掲注（58）178頁注（24）より）。吉村・前掲注（58）181頁も同旨
80　大澤・前掲注（31）920頁も参照。
81　大澤・前掲注（31）919頁参照。
82　指示・警告上の欠陥の判断と開発危険の抗弁の判断の質的な違いについて、瀬川は以下のように詳述する。すなわち、「開発危険の抗弁で判断するのは危険の認識可能性であり、欠陥で判断するのは代替設計・安全装置・警告等の防止装置の実施可能性である」（瀬川信久「欠陥、開発危険の抗弁と製造物責任の特質」ジュリ1051号（1994年）21頁（アメリカの学説を紹介して）。

の有無を問題とし危険の予見可能性は開発危険の抗弁で判断するという質的な違いの認識に基づき、予見可能性は開発危険の抗弁の問題として扱うべきとして[83]、判断構造それ自体の再構成の提案にまで至っている。これに対し、大澤は、情報提供の適切性を問題とする際の（使用者に具体的な指示が可能な程度の比較的高度な）予見可能性と開発危険の抗弁において免責の有無を分かつものとしての予見可能性とは質が異なるとの認識を示し、上記の再構成に慎重な立場を示す[84]。

六　現行制度の欠缺

1　本テーマの位置づけ

このように、医薬品の欠陥判断には、製造物責任法の理論的課題をめぐる論争の顕在化や再燃といえる問題と、過去の薬害訴訟の判例法理との連続性において被害者救済の進度を問う視点が内包され、両者は互いに交錯し、その相互作用下で新たな問題が生み出されている。

そして、上記問題状況を整序し解釈学的進展をなしえたとしても、こと医療用医薬品に関しては、現行制度下では超克しえない制度上の問題が残されている。現行制度下では、製薬会社に法的に課せられる情報提供義務をもってしては、医療における患者の自己決定支援に必要十分な医薬品情報を充足することはできない。法の解釈論を尽き進めたとしても、制度の限界に当たることになる。

2　医療における医薬品情報の役割[85]と制度的欠缺

製薬会社から提供される医薬品の取扱情報と危険情報は、医療において、製造物責任法の目的とする医薬品に通常の安全性を確保することを超えた、多彩な役割を担わされている。

医師は、製薬会社から提供される医薬品情報を基礎に、当該医薬品を一般的に採用することと具体的患者に使用することの判断を下す。医師は、医薬品の使用に際し、添付文書所定の用法・用量を遵守することで[86]、副作用の発生を抑止

83　原審についてであるが大塚直「判批」民事判例Ｖ——2012年前期147頁。
84　大澤・前掲注（31）920頁参照。
85　浦川・前掲注（58）69頁の説明も参照。

し、かつ、副作用発生時には適切な対応と治療を行う[87]。のみならず、医師は、製薬会社からの医薬品情報の一部を患者への情報提供に取り込み、悪しき結果回避のための説明や、医療上の自己決定のための説明の一内容としている。

　この構造の中で、医薬品に関する医師を名宛人とした製薬会社からの指示・警告ないし情報提供は、とくに医療における患者の自己決定支援という意味において、必要十分なものにはなり得ない。製薬会社は、医薬品の薬効と副作用の一般的な衡量を自らの裁量において行う中で、いかなるリスクを受忍して当該医薬品を設計し、それとの関係でいかなる指示・警告等を使用者に対して与えるのかを判断する。その帰結として、製薬会社から医師に提供される情報は、当該医薬品の一般的な安全性確保に資するものではあっても、具体的な患者を名宛人として想定し、その多彩な自己決定のすべて（ときに、逸脱的な選択や主観的願望に基づく選択を含めて）に奉仕するものにはなり得ない。現行制度下では、医薬品に関する情報は医師に提供される前にすでに製薬会社の裁量により通常求められる安全性の観点から限定がかかり、具体的患者の自己決定支援に必要十分な情報が医師に全ては届かない仕組みになっている[88]。

　そのため、製薬会社から添付文書を通じて行われる情報提供によって医薬品リスクの何らかの転嫁が起こるとしても[89]、それは医師を名宛人とする情報提供の

86　添付文書の不遵守は医師の過失を推定させる（最三判平成8年1月23日民集50巻1号1頁）

87　イレッサ事件判決田原睦夫裁判官の補足意見

88　この現行制度の欠缺は、医師や医療機関に製薬会社に対する照会や文献などによって具体的患者に応じた積極的な情報収集義務を課すことで、ある程度埋められよう。イレッサ事件判決に対する学説の検討においても、欠陥の有無の判断対象は製薬会社の添付文書に限らないとし、医師が医学雑誌の記事等から情報を取得することや、患者が製薬会社の広告塔から情報を取得すること（それを受けて新規の治療法を求めること）も考慮に入れるべきとの視点が示されている（大塚直「判批」平成25年度重要判例解説（2014年）92頁、渡邊知行「判批」速報判例解説15巻（2014年）78頁）。

89　イレッサ事件判決を検討する学説の一部は、リスクを内在させる医薬品の特質に着目して、医薬品に関する指示・警告ないし情報提供には、医薬品に内在するリスクの使用者への転嫁を正当化する目的が含まれていると指摘し、その視点を加えた新たな基準の設定や保護のあり方を提案する（浦川・前掲注（58）70頁、吉村・前掲注（58）180頁）。例えば、浦川は、指示・警告を通じて、安全な取扱方に関する情報（取扱情報）と危険性に関する情報（危険性情報）が提供されるところ、その目的は、存在・潜在する予期せぬ危険性を使用者に警告・注意喚起して事故を未然に回避させるとともに、リスクを明らかにすることで（有効性・有用性の観点から選択対象に入る他の製造物ではなく）当該リスクを含む当該製造物を選択するか否かを決定させることにあるとし、そのことにより製造者は当該危険の発現による事故についてリスクを転嫁して免責されうるとする。そして、浦川・前掲注（58）69頁は、「指示・警告は、原則的に専門家である医師や建設業者などに実施されればよく、その情報は専門家の職業上の説明義務の内容として最終的

効果にとどまるものであって、医師の裁量における危険の考慮に吸収され、患者に到達してその自己決定に直接に作用し製薬会社から患者自身にリスクを転嫁する機能は持ちえない。

これは、法の解釈・適用を超える、制度的欠缺である。一方で医療と医療用医薬品の使用が一体にして不可欠の現状にありながら、他方で医薬品情報が製薬会社によって独占されるという現行制度の矛盾に起因している。

3　抗がん剤の新薬をめぐる問題[90]

上記の現行制度の欠缺が、端的に現れているといえるのが、治療方法のない難治性疾患の患者が、いわば藁にもすがる思いで、危険な新薬の薬効に期待して、この使用を希望する局面である。特に、イレッサ事件におけるようながん治療の医療現場では、個々の患者の症状に応じて、患者の同意のもとで、添付文書に示された注意や学会のガイドラインで示された標準的治療方法とは異なる抗がん剤の投与が少なからず行われる現状にある[91]。

医療は救命の最終手段であるから、ときに薬効に期待して危険な医薬品を使用することも、患者の厳格な同意確認を要件に、一定程度は許容されるべきものである。これがどこまで許容されるか[92]は、医療倫理を含む困難な1つのテーマを形成しており、本稿ではこれ以上は立ち入らない。

しかし、製薬会社は、医薬品を製造するにあたり、薬効と副作用の一般的な衡量を行って設計と情報提供の内容を決定する際に、こうした逸脱的な使用を想定していない。かかる使用方法は、製造物責任法が製造者に責任を負担させる根拠

　に第三者に伝達されることになる。もっとも、製造物の便益を享受し、リスクを負担するのは第三者であるから、製造者は、リスクに関する情報が第三者に間違いなく伝わり、正しい事故決定ができるように、第三者にとって関心のある情報を特に精確に専門家に伝えねばならない」とする。

90　このテーマには、抗がん剤の新薬を対象としたイレッサ事件判決（特に田原睦夫裁判官補足意見）ならびにその後の学説も関心を寄せている（吉村・前掲注（58）180頁、山口・前掲注（57）173頁以下も参照）。

91　山口・前掲注（57）173頁以下は、特に、がん治療において、標準的な治療方法ではない抗がん剤の使用が少なからず行われている実情をふまえ、がん治療における医師の役割という観点から判決をよみ、イレッサ事件判決がイレッサを投与する医師の認識がどのようなものであったかを問題にしていることは、裁判所がこのテーマに関心を寄せていることを示すものであると捉えている。

92　山口・前掲注（57）173頁以下は、このテーマに対する問題意識から、イレッサ事件を再考している。とくに、ドラッグ・ラグという独自の問題も考慮に入れるべきことを示している。

とするところの、製造物の「通常有すべき安全性」からは逸脱するものである[93]。かかる使用によるリスクを患者に転嫁するための前提をなす危険情報も、その危険を想定しての取扱情報も、添付文書には記載されていない。

七　結論と展望

　医薬品という特別なリスクを内包する製造物に対する製造物責任法の解釈は、製造物責任法の一般的な考量を基礎とし、医薬品リスクの特性を前提に、過去の薬害訴訟の成果を反映して、さらには同法の無過失責任立法たる政策的趣旨に応える固有の法発展をもって構成されねばならない。

　ところが、製造物責任法は、その制定当初から、責任原理の内容理解の曖昧さから、あるいはその表出として、責任要素である欠陥概念の類型化をめぐる対立を残し、ひいては開発危険の抗弁の政策的導入による体系的矛盾を生じ、その理論的課題はいまも解決に至っていない。

　そのために、イレッサ事件判決で示された医薬品の欠陥判断には、製造物責任法の理論的課題をめぐる論争の顕在化や再燃といえる問題と、過去の薬害訴訟の判例法理との連続性において被害者救済の進度を問う問題がともに含まれ、かかる異なる系譜に属する議論が互いに関連し合いながら存在し、その相互作用下でまた新たな問題が生み出されるという構造を呈している。医薬品の欠陥判断の研究においては、この問題構造を理解し、テーマの淵源を階層的に遡る分析の視点と手法が求められる。

　そして、こと医療用医薬品に関して言えば、製薬会社による医薬品情報の独占という制度的欠缺により、法の解釈や適用をもってしては解決できない問題が一部に顕在化している。この制度的欠缺は、多様化の進む現代医療の動向の中で、波及場面を拡げ、いっそう顕在化してゆくだろう。

　　［付記］本稿は、校正過程で、21世紀不法行為法研究会（2024年7月27日報告）での意見交換から得た示唆の一部を反映させている。本稿は、JSPS科研費JP20K01439、24K04658の助成を受けた研究成果の一部である。

93　水野・前掲注（75）23頁も参照。

運行供用者と責任保険
——特定自動運行車事故を対象として——

肥　塚　肇　雄

　一　はじめに
　二　特定自動運行車の運行と利用
　三　特定自動運行車の社会実装化と自賠法
　四　責任保険の法的限界と被害者救済
　五　おわりに

一　はじめに

　人工知能（Artificial Intelligence：AI。以下「AI」という）はわたくしたちの生活に恩恵をもたらす反面、AIの活用方法を誤れば、リスクが具体化するおそれもある。わが国の社会においていわゆるレベル４の自動運転車である特定自動運行用自動車（以下法令を引用する場合を除いて、「特定自動運行車」という）の特定自動運行を物理的に可能とするのは人工知能（以下「AI」という）にほかならない。

　欧州連合（以下「EU」という）は、世界から注目をあびていたAI規制法（以下「AI Act」という）を制定した。すなわち、2024年３月13日、欧州議会本会議において、AI　Act法案が可決され、次いで、EU理事会において、同年５月21日、AI Act法案を承認し、これによりEU AI Actが成立した[1]。今後は2030年12月30日までに段階的に施行されていく。世界で初めてのAIに対する包括的規制法である。わが国においても、2024年６月４日に「統合イノベーション戦略2024」が閣議決定され[2]、これより先、2023年５月に開催された主要７カ国広島首脳会

1　REGULATION（EU）2024/1689 OF THE EUROPEAN PARLIAMENT AND OF THE COUNCIL of 13 June 2024. https://eur-lex.europa.eu/legal-content/EN/TXT/HTML/?uri=OJ:L_202401689

2　「統合イノベーション戦略2024」においては、３つの強化方策として、「重要技術に関する統合的な戦略」、「グローバルな視点での連携強化」及び「AI分野の競争力強化と安全・安心の確保」の３つの強化方策と、従来からの３つの基軸である「先端科学技術の戦略的な推進」、「知の基盤

126　特集　無過失責任の諸相

議（G7広島サミット）の結果を踏まえ、生成 AI の活用を巡る国際ルール及び国際的な情報流通の枠組みの策定について議論するため閣僚級の交渉の場である「広島 AI プロセス」が設置された[3]。日本が主導し、同年12月 6 日、主要 7 カ国の首脳が AI の世界初の包括ルールである国際指針に最終合意した[4]。これに基づいて各国及び地域が詳細な指針を策定することになった[5]。これより前に遡るが、同年 5 月11日、内閣府において、AI 戦略会議が初めて開催された[6]。2024年 8 月 2 日、内閣府に AI 制度研究会が新たに設置され、AI の利活用促進及び開発力強化のためには、国内におけるリスク対応や AI の安全性の確保必要不可欠であるという認識の下、法制度の要否を含む制度の在り方が議論された[7]。このように AI 規制をめぐる世界的な動きには目が離せない。

　他方において、特定自動運行車事故の民事責任においては、自動車メーカーの製造物責任の有無が大きくクローズアップする。日本においては、1994年、製造物責任法（平成 6 年法律第85号）が制定され、EC の製造物責任指令と同様に、自動車メーカーは引渡時の「欠陥」による損害について賠償責任を負うと定められた（3 条）。日本の製造物責任法の無過失責任は、欧州共同体（European Community：EC）で1984年に採択された製造物責任指令と同じく、自動車メーカーは製造物の欠陥（defect）に起因した損害について責任を負うと定める無過失責任である。ところが、現行 EU 製造物責任指令[8]はデジタル化等に適合することが難

　（研究力）と人材育成の強化」及び「イノベーション・エコシステムの形成」等が示され、これらが推進されていくことが示されている。https://www8.cao.go.jp/cstp/tougosenryaku/togo2024_zentai.pdf

3　日本経済新聞（電子版）2023年 5 月15日付「G 7 、生成 AI ルール閣僚級交渉　『広島 AI プロセス』設置」。https://www.soumu.go.jp/hiroshimaaiprocess/index.html

4　日本経済新聞（電子版）2023年12月 8 日付「AI リスク事前審査　G 7 、国際指針で最終合意　偽情報対策、企業に求める」

5　日本経済新聞・前掲注 4 ）。

6　https://www8.cao.go.jp/cstp/ai/ai_senryaku/ai_senryaku.html

7　AI 制度研究会においては、制度の在り方を議論するに当たって、次の 4 つの基本原則の下、制度の在り方を議論することが示唆された。すなわち、①リスク対応とイノベーション促進の両立（ガイドラインをベースとしつつ、リスクの大きさに応じて対策を講じ、AI の安全性を確保する）、②技術・ビジネスの変化の速さに対応できる柔軟な制度の設計、③国際的な相互運用性、国際的な指針への準拠及び④政府による AI の適正な調達と利用の 4 つの基本原則である。以上、岸田文雄内閣総理大臣の総理大臣官邸における第11回 AI（人工知能）戦略会議及び第 1 回 AI 制度研究会合同会議（2024年 8 月 2 日開催）における発言。https://www.kantei.go.jp/jp/101_kishida/actions/202408/02ai.html

8　The previous Product Liability Directive 85/374/EEC from 1985。https://eur-lex.europa.eu/legal-content/EN/TXT/PDF/?uri=CELEX:31985L0374

しくなってきたところ、2023年12月14日、EU 理事会と欧州議会がデジタル化に対応した新しい製造物責任指令案に関して合意した[9]。すなわち、ソフト・ウエアなどに取り込むため「製造物」の定義の改正、AI を想定して「欠陥」の定義を改正、プラットフォーマーも責任主体に取り込むため「製造者」の定義の変更及びデータの消失を含めるため「損害」の概念を修正等が盛り込まれている[10]。そのほか、欧州議会においては、AI 責任指令案[11]も提出された。

このような EU の法令[12]は、わが国の特定自動運行車事故の民事責任の在り方に影響を及ぼす。

福井県永平寺町にて実際に特定自動運行車が社会実装化に向けて運行しており[13]中型バスを特定自動運行車で特定運行させる実験を計画している自治体もある[14]。法令上、特定自動運行車の特定自動運行も可能となったことから、徐々にではあるが、特定自動運行車が特定自動運行する際のシステムの全貌も霧が晴れて見えてきたように思われる。

本稿においては、デジタル社会におけるあるべき製造物責任法についての考察を目的としない[15]で、現行の製造物責任法を前提にして、デジタル社会を背景と

---

9 Council of the EU, "Agreement between the Council and the European Parliament makes EU liability rules fit for the digital age and circular economy" 14 December 2023.

10 Stefano De Luca, "New Product Liability Directive", pp. 4-6, European Parliamentary Research Service (December 2023). https://www.europarl.europa.eu/RegData/etudes/BRIE/2023/739341/EPRS_BRI(2023)739341_EN.pdf

11 https://eur-lex.europa.eu/legal-content/EN/TXT/PDF/?uri=CELEX:52022PC0496

12 大塚直＝石巻実穂「〔翻訳 I〕非契約上の民事責任責ルールの AI（人工知能）への適合性に関する欧州議会及び閣僚理事会指令〔AI 責任指令〕案」環境法研究16号207頁以下（2023年）、同「〔翻訳〕欠陥製品に対する責任に関する欧州議会及び閣僚理事会指令案」環境法研究 7 号205頁以下（2023年）、柴田龍「AI による権利侵害と民事責任」新美育文＝浦川道太郎＝古谷英恵編『不法行為法研究④』93頁以下（2023年）、小塚荘一郎「AI 製品に対応した EU の製造物責任ディレクティブ改正」情報法制研究15号37頁以下（2024年）等参照。

13 日本経済新聞（電子版）2023年 5 月22日付「ソリトンシステムズ、自動運転レベル 4 でのドライバー無人運行サービスを開始」。同（朝刊）2023年 5 月22日付26面「自動運転『レベル 4』、全国初の公道運行開始、福井、一般利用28日から」。

14 日本経済新聞（電子版）2024年 1 月16日付「NEC、全国 5 自治体で自動運転を支援する路車協調システムの実証を開始」、同2024年 7 月11日付「香川・屋島、レベル 4 自動運転バス実証へ25年度以降」等。

15 本稿においては、特定自動運行車及びシステム等の引渡時には欠陥がないものとして考察する。ただ、山口斉昭「自動運転と法的責任」現代消費者法42号59頁（2019年）は、特定自動運行車システムにはそもそも欠陥がないから社会に受容されるのであるから、事故が発生した場合は当該システムの欠陥に責任を求めるしかない旨を指摘する。たしかにそのとおりではあるが、実際に複数の事故が発生して事故原因が当該システムにおいて特定されなければ、当該システムが保安基準等を充たしている以上は、「通常有すべき安全性」の基準を満たしていないとすること

128　特集　無過失責任の諸相

した「運行供用者責任と責任保険」について、個別の特定自動運行車の特定自動運行による人身事故の民事責任と被害者救済の在り方という視点から考察することを目的とする[16]。

二　特定自動運行車の運行と利用

1　道路交通法と「特定自動運行」概念の新設

近年、レベル3の自動運転及びレベル4の自動運転[17]が道路[18]を走行することを法的に可能とするため、道路交通法（昭和35年法律第105号）が改正・交付、施行された。すなわち、2019年（令和元年）に、レベル3の自動運転車による走行が実用化されるべく、道路交通法が改正され[19]令和2年4月に施行された。2022

は難しいように思われる。

16　筆者は、特定のいわゆるレベル4の自動運転車事故を捉えて民事責任の在り方を考察してきた。本稿は、①デジタル・インフラに潜むデジタル・リスクが具体化して発生する大規模災害であるデジタル災害、②個別の特定自動運行車事故及び個別の医療AI事故等を典型とする個別のデジタル事故並びに③所有者又は管理者が保守点検整備義務違反又は管理義務による事故のうち、②個別のデジタル事故を扱う。すなわち、特定自動運行車事故の原因がデータ連携基盤やそれを駆動させるAIにあり、同時多発的に特定自動運行車事故が発生した場合の①デジタル災害は考察の対象ではない。先に発表した肥塚肇雄「Society5.0に内包されるデジタル・リスクから発生するデジタル災害と被害者救済」大塚直＝米村滋人編『多様なリスクへの法的対応と民事責任』（商事法務、2024年）は、主に①デジタル災害について考察したものである。ただ、①デジタル災害と②個別のデジタル事故の区別は一義的に明確ではない。

17　SAE（Society of Automotive Engineers）International の J3016（2016年9月）及びその日本語参考訳である JASO TP 180041（2018年2月）における自動運転レベルの定義によれば、レベル4（高度運転自動化）とは「システムが全ての動的運転タスク及び作動継続が困難な場合への応答を限定領域において実行」し、安全運転に係る監視及び対応主体は「システム」であるとされ、この定義は高度情報通信ネットワーク社会推進戦略本部・官民データ活用推進戦略会議「自動車に係る制度整備大綱」6頁（2018年）に採用された。なお、稲垣敏之「自動運転における人と機会の協調」国際交通安全学会誌40巻2号129頁（2015年）によれば、レベル4（high Automation）とは、「システムが車両制御のすべてを担当。システムからの制御の交代の要請に対するドライバーの対応がないとき、システムは車両制御を継続する。」と定義する。

18　道路交通法2条1項。なお、道路法2条（昭和27年法律第180号）及び道路運送法2条7号（昭和26年法律第183号）。

19　道路交通法の一部を改正する法律（令和元年法律第20号）。この改正（以下「改正法」という）とともに、道路運送車両法（昭和26年法律第185号）も改正され、自動運行装置の定義等に関する規定の整備が整備された。すなわち、道路運送車両法に規定される「自動運行装置」（41条2項）を、道路交通法上も「自動運行装置」として定義し（改正法2条の13の2）、同装置を使用して自動車を用いる行為は「運転」に含まれる旨（「道路において、車両又は路面電車（以下「車両等」という。）をその本来の用い方に従つて用いること（自動運行装置を使用する場合を含む。）」を運転と定義した）として規定され（2条17号）、自動運行装置を使用する運転者の義務に関する規定（71条の4の2）も整備し、自動運行装置が使用される条件（国土交通大臣が付す

年（令和4年）4月27日には、ドライバーが不在状態の車が安全に道路を走行できるように、道路交通法が改正され（道路交通法の一部を改正する法律（令和4年法律第32号））[20]、2023年（令和5年）4月1日に施行された。

　この改正法の特記すべき点は、ドライバーが不在のまま走行するレベル4の自動運転走行を「特定自動運行」（道交法2条17号の2）と定義し、特定自動運行の許可（同法75条の12第1号）、許可を受けた者（特定自動運行実施者）の遵守事項（同法75条の20）、自動運転システムで対応できない場合の措置（同法75条の21）及び行政処分（同法75条の27～28）等に関する規定を新設し法整備を行ったことにある。

　このような改正法によって、レベル4の自動運転は法律上「特定自動運行」と定義され道路交通法に明確に位置づけられた。すなわち、道路交通法2条17号の2において、「特定自動運行」は道路において、自動運行装置を当該自動運行装置に係る使用条件で使用して当該自動運行装置を備えている自動車を運行することと定義された。近時、デジタル庁・AI時代における自動運転車の社会的ルー

る走行環境条件）を満たさない場合には、同装置を使用した運転を禁止することとし、条件外となった場合に直ちに適切に対処できる状態でいるなどの場合に限り、携帯電話使用等禁止（安全運転義務への上乗せ）規定の適用を除外する（71条の4の2第3号）こととした。さらに、作動状態記録装置による記録等に関する規定（63条の2の2第1項）を整備し、作動状態の確認に必要な情報を記録するための装置による記録及び保存を義務付け（63条の2の2第2項）、整備不良車両と認めるときは、警察官が記録の提示を求めることができる旨規定を定めた（63条1項）。第198回国会（常会）提出法案・平成31年3月8日提出・道路交通法の一部を改正する法律案「参考資料」。https://www.npa.go.jp/laws/kokkai/310308/05_sankou.pdf

20　道路交通法の一部を改正する法律（令和4年法律第32号）は、特定小型原動機付自転車（電動キックボード等）の交通方法等及び遠隔操作型小型車（自動配送ロボット等）の交通方法等についても新設した（第208回国会（常会）提出法案・2022年（令和4年）3月4日提出・道路交通法を改正する法律案「参考資料」https://www.npa.go.jp/laws/kokkai/05_sankoushiryou.pdf）が、レベル4の自動運転との関係においては、特定自動運行を行おうとする者を「特定自動運行実施者」と定義し、特定自動運行実施者は都道府県公安委員会の許可を得る必要があること（2条17の2）、そのためには、特定自動運行実施者は特定自動運行計画を都道府県公安委員会に提出すること（75条2項）、都道府県公安委員会は、許可をしようとするときは、特定自動運行の経路を区域に含む市町村の長等から意見を聴取すること（75条の13第2項2号）、許可を受けた特定自動運行実施者は特定自動運行計画に従って特定自動運行を実施すること（75条の18）、遠隔監視装置を設置し、遠隔監視を行う者を「特定自動運行主任者」と定義し、特定自動運行主任者を配置（主任者が乗車している場合を除く）することとし（75条の20）、特定自動運行主任者等に対する教育を実施し（75条の19）、警察官の現場における指示に従う必要がある場合、交通事故の場合等に、特定自動運行主任者等による対応を義務付け（75条の23）、都道府県公安委員会は、特定自動運行実施者等が法令に違反したときは、指示、許可の取消し等を行うことができ（75条の27）、警察署長は、特定自動運行において交通事故等があったときは、許可の効力の仮停止ができる（75条の28）等と定めた。警察庁「特定自動運行に係る許可制度の創設について」（https://www.npa.go.jp/bureau/traffic/selfdriving/L4-summary.pdf）参照。

130　特集　無過失責任の諸相

ルの在り方検討サブワーキンググループ「AI 時代における自動運転車の社会的ルールの在り方検討サブワーキンググループ報告書」（2024 年 5 月31日）が発表された。

2　所有から利用へ

　自動車は、1767年に「イギリスのジェームズ・ワットがより多くの熱を動力に転換できる蒸気機関を発明したことが契機となり開発された。1769年、フランスで蒸気自動車が開発され、1860年、内燃機関が実用化され、ドイツでは、1886年、ガソリン車が完成したが、これらの価格は高額であった。米国では、1908年、フォード社が大量生産システムを導入し低価格の自動車を製造し自動車は大衆化されるようになった。日本では、1907年にガソリン車が実用化され、1950年代後半から、各自動車メーカーがオートメーション化した生産過程を導入し量産化が図られ自動車の大衆化の途をたどることになるが、それでも1946年の交通事故死者数は4500人程度であった。

　この頃より交通事故被害者の救済が懸念され、1955年には、自動車損害賠償保障法（昭和30年法律第97号。以下「自賠法」という）が制定されることになった。しかし、交通事故死者数は増加の一途をたどり、1959年には 1 万人を超え、1988年にも、 1 万人を超えてしまった[21]。この背景には、徐々に自動車は究極のオンデマンドとして利便性が高く、かつ、低価格の軽自動車が1950年代頃から販売されるようになり、自動車は社会の隅々まで行き渡るようになった。とりわけ地方では、一家に一台から一人一台にまで自動車が普及するようになった。つまり、自動車は個人レベルで自家用車として所有することが中心であった。もちろん、自動車以外でも、家電商品から住宅まで、個人消費＝所有権（民法206条）の取得がわが国の経済活動を支えていたともいえる。このような自動車の所有の大衆化とともに、自動車産業はわが国における基幹産業として位置づけられるようになった。

　このような自動車の大衆化と自動車産業の基幹産業としての成長は、わが国が戦後の復興期から1950年後半から1970年頃にかけて高度経済成長期を迎え、経済大国になっていくことに呼応する。すなわち、わが国の経済的発展の基盤に、高

21　以上の記述は、中出哲＝中林真理子＝平澤敦監修・（公財）損害保険事業総合研究所編『基礎からわかる損害保険』（2018年）114頁～115頁（肥塚肇雄）による。

速道路を基幹道路として、全国津々浦々まで道路網が張り巡らされ、自動車を運転し又は搭乗して目的地に到着すれば、誰でもが社会から平等のサービスを享受することができる社会が創られたのである。反面、負の側面として、ドライバーによるヒューマン・エラーを原因とする交通事故の発生は不可避的であった[22]。

今日においては、自動車の安全技術[23]が相当進歩して、交通事故発生件数も減少している[24]。

ところが、わが国は、高度経済瀬長期後の1980年代後半からバブル経済が到来し、株式市場は活況を呈し株価は異常なほど急騰し不動産価格も同様に高騰していったが、1990年3月27日に、大蔵省（現・財務省）が、行政指導の下、全国の金融機関に対して発せられた「土地関連融資の総量規制」という通達によって、公的な宅地開発機関などを除く不動産業向け融資残高を総貸出残高の伸び率以下に抑えるという規制がなされた[25]。この措置により、わが国のバブル経済は終焉を迎え、その後わが国の経済は2020年代初頭まで「失われた30年」という低迷期に入り停滞する。

2023年11月には、生成AIの一種であるChat-GPTが世にリリースされたちまち世界の話題をさらい、生成AIの進歩はとどまるところを知らず、テキストを入力すると一瞬のうちにリアルな空間を生成する「SORA」という生成AIも発表された。このような生成AIを活用した社会の変革は着実に進んでおり、とり

---

22 直近の2022年中及び2023年中の交通死亡事故発生件数のうち、そのほとんどが法令違反、すなわちヒューマン・エラーを原因とする。内閣府編『令和6年度版交通安全白書』64頁（アイエヌエー、2024年）、内閣府編『令和5年度版交通安全白書』60頁（サンワ、2023年）。

23 自動車の安全装置としては、衝突回避システム（Collision Avoidance System）、車線逸脱警報（Lane Departure Warning）、自動ブレーキシステム（Automatic Emergency Braking）、アダプティブクルーズコントロール（Adaptive Cruise Control）、ブラインドスポットモニタリング（Blind Spot Monitoring）及びリアクロストラフィックアラート（Rear Cross Traffic Alert）等があり、このような先進技術が装備された車両をサポートカー又は略してサポカーといい、サポカー補助金を給付して高齢者や障害者の購入支援等を国は実施していた（2021年11月受付終了）。https://www.meti.go.jp/policy/mono_info_service/mono/automobile/sapoca_hojokin/sapoca_hojokin.html

24 公益財団法人交通事故総合分析センター『令和4年度交通統計』11頁。（https://www.itarda.or.jp/contents/10499/with_authenticate/mame04）によれば、交通事故発生件数は、1989年：661,363件、1998年：803,882件、2008年：766,394件、2018年：430,601件、2019年：381,237件、2020年：309,178件、2021年：305,196件、2022年：300,839件であり、年々件数は減少している。

25 日本経済新聞1990年12月10日朝刊41面「不動産融資の総量規制——う回融資が盲点の指摘も（にゅーすー問一答）」、同2008年8月15日付朝刊4面「不良債権処理、銀行、リスク管理厳しく、景気停滞、地銀は倍増」。

わけ米国の株式市場は活況を帯び、AI関連銘柄、とりわけ半導体に係る株価の勢いは目を見張るものがある。

このような世界の流れは、無形のAIが新しい価値を創造したことを意味する。実際に、1995年から2017年までの主要国（米国、ドイツ、フィンランド、イギリス、フランス及び日本）の無形資産投資対GDP比の推移を見ると、イギリスを除いては、程度の差はあるが、漸次、右肩上がりで無形資産投資の比率が右肩上がりとなっている[26]。無形資産投資に占める割合が有形資産投資に占める割合よりも高くなり、企業に占める無形資産の割合が高まると、企業はサービスを消費者に提供することによって利潤を追求するようになる。このような傾向が推し進められれば、「所有から利用へ」[27]と、消費者行動が移行するようになるであろう。また、先端科学技術の発展によりデジタル化が社会に浸透していくと、世界レベルにおいて、さまざまなバックボーンを有する人種、性別、宗教、障害、さらには価値観等々の有無・程度が違う人々が一つの社会に共存し合う（Diversity）ようになることから、人々の生活スタイルやライフスタイルも多様化し、それにともなって、大量消費大量生産時代の画一的な規格品よりも各個人の趣向に合わせたサービスが購入されることになるので、「所有から利用へ」の流れは加速していく。

サービスの消費者への提供は、有体物の製品のように、流通の末端で売買契約を締結して所定の売買代金を支払い製品の所有権が移転して製品が消費者の手元に届くようなものではない。所有権の移転をともなわず、無形のサービスの提供を受けるものであるから、サービスの提供形態や対価としての代金の支払まで極めて柔軟な形での対応が可能である。そこから、サブスクリプションが生まれる。

サブスクリプション・サービスとは、定額の利用料金を消費者から定期的に徴収し、サービスを提供するビジネスモデルのことをいう[28]。

26　内閣府「無形資産投資の推移」。https://www5.cao.go.jp›future2›sankou_2 しかし、わが国における企業価値の時価総額に占める無形資産の割合は30％（2020年）であり、米国の90％（2020年）に比べて著しく低い（内閣官房新しい資本主義実現本部事務局経済産業省経済産業政策局「基礎資料」5頁（2024年2月）。https://www.cas.go.jp›hizaimu_dail›siryou3）。

27　岡田羊祐「やさしい経済学③デジタル経済と競争政策 分散から集中、所有から利用へ」日本経済新聞社朝刊2017年8月31日付31面、川上昌直「優しい経済学①広がるサブスクリプションモデル『所有から利用へ』が背景」日本経済新聞刊2018年7月17日付11面、山本晶「やさしい経済学⑦デジタル時代の消費者行動 所有から利用へシフト」日本経済新聞社朝刊2022年7月7日付27面。

3 デジタル社会と特定自動運行車の社会実装化

企業努力にも支えられて、さまざまなサービスが生み出され、所有することより利用することに価値が生まれる。「所有から利用へ」の進展は、新たな経済を生み出す。それがシェアリング・エコノミー（Sharing Economy、共有経済）である。シェアリング・エコノミーとは、個人等が保有する活用可能な資産等（スキルや時間等の無形のものも含む）をインターネット上のマッチングプラットフォームを介して他の個人等も利用可能とする経済活性化活動といわれている[29]。典型的には個人が保有する遊休資産（スキルのような無形のものも含む）の貸出しを仲介するサービスのことをいう[30]。一般に、シェアリング・エコノミーはプラットフォームを通じて行われる。この一つに、カー・シェアリング（Car Sharing）がある。

カー・シェアリングとは、自分が所有する車を有効活用したい提供者側と、所有することなく（維持費をかけずに）車を使用したい利用者とがシェア（車の貸し借り）をすることと定義されている[31]。

カー・シェアリングと法令との関係では、道路運送法80条1項の許可を受けて行うレンタカー型カー・シェアリング（自家用自動車有償貸渡事業の許可）と、個人の自動車所有者が個人に対しプラット・フォームを介して行うカー・シェアリングがある。後者のカー・シェアリングは、貸出す個人も反復継続して「業として」行うのであれば、レンタカー事業者と法的には同じ規制受ける（80条1項）。それとも、個人間において共同使用契約を締結して共同使用を行うという整理もあり得る[32]。

特定自動運行車は、一般に購入金額は高額になるため、従来のトランスミッション車のように個人が一人で購入して所有して活用することは稀であろう。

むしろ複数の企業又は個人が特定自動運行車を共同で購入して共有し、これらの共同購入者はユーザーとなって特定自動運行車をプラットフォーム上の予約シ

---

28 経済産業省「令和4年度電子商取引に関する市場調査 報告書」37頁（2023年）。
29 デジタル庁・シェアリングエコノミー検討会議「中間報告書——シェアリングエコノミー推進プログラム——」1頁（2016年11月）、同・シェアリングエコノミー検討会議「第2次報告書——共助と共創を基調としたイノベーションサイクルの構築に向けて——」1頁（2019年5月）。
30 総務省『平成27年度版 情報通信白書（ICT白書）』200頁（日経印刷、2015年）。
31 消費者庁編『平成29年度消費者白書』第1部第2章第1節 （4）シェアリングエコノミー型サービス。
32 https://anyca.net/p/community_guideline/

134 特集 無過失責任の諸相

ステムを通じて活用するという形でシェアリングすることになる[33]。これに対し、既存のバス事業者が特定自動運行車を導入し、従来のトランスミッション車に代えて特定自動運行車を自動運転バスとして走行させる可能性がある。さらに、このような自動運転バスやカー・シェアリングがMaaS（Mobility as a Service）に組み込まれる可能性もあり得る。

どのような新たなモビリティ・サービスが生まれても、モビリティ・サービスを提供する者は企業であったり、MaaSオペレーターであったりするであろうから、利用者がモビリティ・サービスの対価として支払う運賃はサブスクリプション化される。

このように先端科学技術が活用され生み出されるモビリティ・サービスであっても、目的地に到着するまでの間、交通事故が発生する可能性はまったくないとはいえない。問題は、モビリティ・サービスの提供を受けた利用者が被った人身損害に対し自賠法3条の規定を適用し運行供用者に賠償責任を負わせるのか否か、負わせるとしても、誰が運行供用者なのかということである。

三 特定自動運行車の社会実装化と自賠法

1 自賠法の制定の趣旨

わが国においても、自動車が大衆化し、誰でもが免許を取得して自動車に乗り移動する自由を享受できるようになったが、交通事故が発生した場合に、被害者は不法行為に基づく損害賠償を加害者に請求しようとしても、過失の立証というハードルがあったため泣き寝入りせざるを得ないことがあった。そこで、このような不合理を解消するため、加害者に厳格な責任を負わせた。具体的には、加害者に自賠法3条ただし書の3つの要件の立証に成功しない限り、賠償責任を免れないこととしたのである（自賠法3条ただし書。立証責任の転換、実質的な無過失責任）。このような責任は過失責任の原則（民法709条）を修正する条件付無過失責任とも称することができる。このような厳格な責任を負うのが運行供用者であ

---

33 カー・シェアリングと似て非なるものとして、ライド・シェアがある。ライド・シェアとは、余裕のある時間帯の有効活用等をしたい提供者側と、移動手段として車を利用する際に、できるだけ安価に済ませたい等と考える利用者側とがシェア（移動サービスの提供・利用）をすることをいう。消費者庁編『平成29年度消費者白書』第1部第2章第1節（4）シェアリングエコノミー型サービス。

る。運行供用者を定める直接の定義規定は自賠法上明記されていないが、運行供用者とは自賠法 3 条本文の規定にいう「自己のために自動車を運行のように供する者」である。運行供用者責任は、自動車の運行が利益の拡大につながることや自動車の運行に危険が潜むことから民法の報償責任の法理（715条）及び危険責任の法理（718条）の特別規定であると考えられていることから、運行供用者とは「自動車の使用についての支配権を有し、かつ、その使用により享受する利益が自己に帰属する者」（判例[34]。二元説）と考えられている。もう一つは、加害者の賠償資力の確保である。加害者に厳格な責任を負わせても、その者に賠償資力が備わっていなければ、被害者は救済されない。このような不合理を解消するため、必ず自動車には自賠責保険が付保され賠償資力を確保する（自賠法 5 条、11条、86条の 3・1 号）とともに、ひき逃げ事故や無保険車事故による被害者に対しては、自賠責保険が使えないので、政府保障事業を創設し（自賠法72条）、被害者救済を徹底した。

このように自賠法の目的は、自動車が大衆化することを背景にして、企業が所有する自動車だけではなく、個人の自家用車が加害車になることも想定して、それによる人身損害を被った被害者を保護することである（自賠法 1 条）。

特定自動運行車が「自動車」（自賠法 2 条 1 号）に該当する限り、自賠法を特定自動運行車の事故に適用し被害者を保護することは自賠法の目的に適うところである。特定自動運行車が「自動車」（自賠法 2 条 1 号）に該当すると仮定しても[35]、自賠法が保護の対象とする交通事故被害者が人身損害を被った原因である「自動車」（2 条 1 号）の仕組みは、特定自動運行車の仕組みとはまったく異なるのである。

2　特定自動運行車の運行システム

特定自動運行車の運行には自律型と協調型に理念上分けることができるが、実

34　最 3 小判昭和43年 9 月24日裁判集民事92号369頁、判時539号40頁、判タ228号112頁。

35　協調型の自動運転走行形態、すなわち、ある特定自動運行車がさまざまなものと通信しその通信の結果走行するようないわゆる V2X（Vehicle to Everything）形態である場合は、当該特定自動運行車はレーダー等によって既定の進路を走行するものであるから、一種の目に見えない軌道の上を走行するに等しいと思われるので、「自動車」（自賠法 2 条 1 号）ではないと考えられる。肥塚肇雄「日本版 MaaS における自動運転事故とサイバーセキュリティ」損害保険研究82巻 4 号30頁（2021年）。

際のところは、それらは程度の差であり、自律型でも協調型の部分が組み込まれたり、協調型に自律型の部分が組み込まれたりする。

協調型が主の場合、当該車両に車載AIが装備され、車載AIは車両の周囲の安全性、信号機又は道路状況等をセンサーやダイナミック・マップ等から判断し安全に運行することが予定されている。他方、多数の特定自動運行車がホスト・システムAIに紐付けされ、ホスト・システムAIは紐付けした特定自動運行車全体を鳥瞰図的に把握し、かつ、事故を予防し渋滞を避け円滑な車両の流れを維持するため、車載AIに最適な指示を送る。特定の特定自動運行車側からすれば、ホスト・システムAIから監視を受け、指示を受け取った特定自動運行車の特定自動運行が最適化される[36]。このようにして、車両外のホスト・システムAIと車載AIは協働して、特定自動運行車の全体の特定自動運行を最適化する。さらに、このようなシステムがMaaSに組み込まれると、特定自動運行車の特定自動運行は二重三重の安全性を確保するのための装置を装備し、構造上一層複雑な様相を呈する。

特定自動運行車の特定自動運行は公共交通機関の一つとして社会的に有益であり、したがって、特定自動運行車の車両自体も安全の上に安全を重ね製造し、特定自動運行の際にも遠隔監視装置を装備し監視する等して万全な安全策を講じているのであるが、それでもなお、特定自動運行車の特定自動運行に起因した交通事故がまったく惹起されないとは言えない。

3 特定自動運行車の「自動車」(自賠法2条1号)の該当性

特定自動運行車は自賠法2条1号の規定に定める「自動車」に該当するとにわかに解することは困難である。

「自動車」(自賠法2条1号)はそれ自体危険なものではない。「自動車」は運行の用に供されたとき、当該「自動車」に内在していた危険が具現化する。すなわ

36　自動運転車はさまざまなものと通信して(Vehicle to X)運行する。自動運転車が何と通信して運行するのかという基準から、4つの種類の通信先がある。すなわち、①車両と車両同士が通信する場合(V2V：Vehicle to Vehicle)、②車両と信号機や道路標識又は交通センター等のインフラ機器が通信する場合(V2I：Vehicle to Infrastructure)、③車両と歩行者(正確には、歩行者の位置情報を車両に伝えるため、歩行者が所持するスマートフォン)が通信する場合(V2P：Vehicle to Pedestrian)及び④車両がインターネット端末とみて、車両の制御ソフト、地図情報の更新又はエンターテイメントコンテンツの配信等のサービスと受ける場合(V2Nは「Vehicle to Network」)がある。https://www.nec-solutioninnovators.co.jp/ss/mobility/column/12/

ち、ドライバーのアクセル、ブレーキ及びハンドル操作によって前後左右にものすごいスピードと力で移動するから、「自動車」が運行に供されたとき、危険性が具体化するのである。

ところが、少なくとも特定自動運行車が限定領域を特定自動運行中は、車載AIが信号機又は道路状況等をセンサーやダイナミック・マップ等から安全な進路を判断し、かつ、システムAIも鳥瞰図的な視点から、最適な車両走行を支援する。このような特定自動運行車の特定自動運行は決められたいわば軌道を2つのAIが探し当て走行する状態ともいえ、特定自動運行車の特定自動運行は路面電車の走行に相似するからである。さらに、車両外のシステム及びシステムAIは特定自動運行車が運行するためには不可欠なものであるが、車両に内包されているものではないことから、これらを含めて「自動車」の概念に入れ「自動車」と評価できるのかという問題もある。これに対しては、システム及びシステムAIについてはA社が所有し運営しているのに対し、特定自動運行車はB社が所有し運営している場合、システム及びシステムAIを「自動車」に含めることには無理がある。とりわけシステム及びシステムAIが国外に設置してあり、他方、それに紐付けられた特定自動運行車が日本の限定領域を特定自動運行している場合も想定され、このような場合、システム及びシステムAIも「自動車」の一部であると解することは無理がある。

さらに、特定自動運行車の運行による事故は自動車メーカーの製造物責任上の「欠陥」に原因があったりサイバー・セキュリティが破られハッキングされたことに原因があったりして従来のトランスミッション車の事故のようにドライバーの法令違反にその原因の95％を求めることはできない。この点からも、従来のトランスミッション車側に責任を集中させる運行供用者責任（自賠法3条）を適用する基礎が崩れると考えられる。

そうであるとすれば、特定自動運行車が限定領域を特定自動運行中の事故については、自賠法を適用することができず、被害者救済の措置を新たに考案する必要がある。そこで、任意保険である自動運転傷害保険契約を考案することになるが、特定自動運行車は「自動車」ではないとする見解は必ずしも支持を得られているとは思われない。

4 特定自動運行に係わる関係者の運行供用者該当性

たしかに、特定自動運行車の特定自動運行に対して、まったく従来のトランスミッション車の運行とまったく同一に考えて自賠法を適用することには疑念があるように思われる。

たとえば、仄聞するところによれば、モビリティ・サービスの提供を受けるため、特定自動運行車に搭乗した利用者（＝特定自動運行車の非所有者）が目的地を指定したとき、当該利用者には特定自動運行につき支配権があるとして運行供用者となるという見解[37]も唱えられているようである。また、土地の工作物の所有者の責任と同じように所有者が最終的に責任を負うという点を捉えて、特定自動運行車は土地の工作物ではなく動産であるが、特定自動運行車の所有者であれば、支配権を有することから、運行供用者に該当するという考え方もあり得ると思われる[38]。さらに、モニター上で特定自動運行車の作動状態を遠隔監視したり搭乗してその作動状態を監視したりする特定自動運行主任者が特定自動運行車に備え付けられた緊急停止装置の作動スイッチをオン・オフして特定自動運行につき支配権を有することから、特定自動運行主任者が運行供用者であるとする考え方も成り立ち得る[39]。

これらの見解は、特定自動運行車の運行を「人」（所有権者、利用権者又は道路交通法上の「特定自動運行実施者」（75条の21））が目的地を設定したり所有したり停止させたりする等の支配権を有していることを認め、特定自動運行車の所有権、利用権を有する者又は特定自動運行実施者に従来通り運行供用者責任を肯定する。一般に、従来の運行供用者責任に係る見解は事前的一般的評価アプローチに基づ

37　藤田友敬編『自動運転と法』135頁注20（藤田友敬）（有斐閣、2018年）はこの見解を示唆する。山口斉昭「日本の民事責任法における AI と責任」早稲田大学法学会百周年記念論文集 4 巻展開・先端・国際法編216頁（2022年）もこの見解と同旨である。

38　古笛恵子「自動運転社会における運行供用者責任」福田弥夫＝髙野真人＝丸山一朗編『交通事故賠償における補償・救済システムの現状と課題』43頁（保険毎日新聞社、2024年）はこの見解に近いように思われる。橋本佳幸「AI と無過失責任：施設・機械の自動運転に伴う事故の危険責任・瑕疵責任による規律」法律時報94巻 9 号57頁（2022年）は、完全自動運転車の運行をするか否かを決定する所有者に運行支配を認める。

39　特定自動運行実施者は、特定自動運行の作動状況を確認する装置を監視する特定自動運行主任者を配置し、同主任者は当該装置に異常がある場合には直に特定自動運行を終了させるための措置を講じる義務を負う（道路交通法75条の20、75条の21）ことから、特定自動運行実施者は運行供用者として特定自動運行主任者を介して特定自動運行車の特定自動運行を支配しているとする見解（浦川道太郎「自動運転における事故損害と民事責任」公益財団法人交通事故紛争処理センター編『交通事故紛争解決法理の到達点』402頁注12）（ぎょうせい、2024年））もこの考え方に属する。

いてなされていたように思われる。すなわち、AIを含めた自動運転システムの性能による事故防止可能性を確率的に評価して安全性が低い場合は、「構造上の欠陥」と評価できるが、保安基準を満たした自動運転システムの場合には直ちに「構造上の欠陥」があったと評価されるわけではないから、一般に「人」が運転する場合なら運行供用者責任を問うて有責となるところ、保安基準を満たしている自動運転システムが原因で特定自動運行車が事故を惹き起こした場合には、「構造上の欠陥」はなしと評価されると考えられていた[40]。しかし、このような事前的一般的評価アプローチでは、「人」とシステムとの間に差異が生じるという難点がある。

たしかに事故発生を防止するための事故の安全性の基準において、「人」の場合は厳しく、システムでは緩くても差し支えないとする合理性は見い出せない。そこで、自賠法3条ただし書3免責要件の観点から、運行供用者責任を補強する立場が表明されている。すなわち、事後的・個別的評価アプローチを採用して、自動運転システムを個別事故において人と見做して、「人」であれば避けることができたであろう事故の場合は過失が認められることを敷衍して、AIに「構造上の欠陥」を認めるというもののようである[41]。当該システムを「人」の能力に照らして、「人」の運行においてあるべき操作がなされていなかった場合に、事後的個別的にシステムに「構造上の欠陥」が認められるとする点では、「人」とシステムとの間に間隙を埋めることになる。

問題は、具体的な「人」とはどのような「人」を想定するのかがはっきりしない。とりわけ、近年では高齢者による交通事故発生件数が増加したため、高齢者の運転免許証の更新にあたっては、高齢者講習の受講を義務化したり、認知機能検査の受検を義務化したり、一定の基準行為を行った場合に臨時認知機能検査の受検を義務化したりしていることに照らせば、運行に必要な認知機能は少なくと

40　保安基準を満たしている特定自動運転車による事故に起因する損害は免責となるという見解（小林正啓「自動運転の実現に向けた法制度の課題」情報管理60巻4号246頁～247頁（2017年）、日本経済新聞（電子版）2018年3月28日付「人と同じく自動運転車に免許制度を、弁護士が提言」小林正啓発言、肥塚肇雄「自動運転車事故の民事責任と保険会社等の自動車メーカーに対する求償権行使に係る法的諸問題」保険学雑誌641号86頁（2018年））はその一例である。なお、弥永真生＝宍戸常寿編『ロボット・AIと法』182頁〔後藤元〕（有斐閣、2018頁）。さらに、後藤元「自動運転・ライドシェアと民事責任」損害保険研究82巻3号11頁注35）（2020年）からの批判がある。

41　藤田友敬「自動運転プログラムの安全性と『欠陥』の捉え方」デジタル庁「AI時代における自動運転車の社会的ルールの在り方検討SWG」第3回資料4第5頁（2024年2月27日開催）。

140 特集 無過失責任の諸相

も高齢者レベルであり、運転技能は普通免許運転技能試験に合格するレベルが求められるように思われるが、不明確である。

以上、特定自動運行に係る運行供用者責任について議論が定まっていない。いくつかの議論が特定自動運行車の特定自動運行上の事故を原因として発生した人身損害の民事責任の在り方が一義的に決められないからこそ、今後も国の審議会等において議論を積み重ねていくと思われる。

5 運行供用者責任の完全無過失責任化の可能性――立法論――

(1) 無過失責任論

そもそもある行為が社会的に有益であり適法行為と認められるが、しかし時として社会に害悪を及ぼす場合がある。その場合の損害賠償責任は下記の法律において無過失責任であると定められている。

すなわち、①鉱物の掘採のための土地の掘さく、坑水若しくは廃水の放流、捨石若しくは鉱さいのたい積又は鉱煙の排出によって他人に損害を与えたときの鉱業権者の鉱害賠償責任（鉱業法〔昭和25年法律第289号〕109条1項〜5項）、②原子炉の運転等の際、当該原子炉の運転等により原子力損害を与えたときの当該原子炉の運転等に係る原子力事業者原子力損害賠償責任（原子力損害の賠償に関する法律〔昭和36年法律第147号〕3条1項2項）、③工場又は事業場における事業活動に伴う健康被害物質の大気中への排出により又は工場若しくは事業場における事業活動に伴う有害物質の汚水又は廃液に含まれた状態での排出又は地下への浸透により人の生命又は身体を害したときの当該事業者の大気汚染・水汚染による生命身体の損害賠償責任（大気汚染防止法〔昭和43年法律第97号〕25条1項2項、水質汚濁防止法〔昭和45年法律第138号〕19条1項2項）、④石炭の掘採により生じた廃石を水洗することにより石炭を採取したり石炭を水洗したりする事業者が所定の作業により他人に損害を与えたときの水洗炭業賠償責任（水洗炭業に関する法律〔（昭和33年法律第134号〕）16条1項〜3項）及び⑤タンカー油濁損害が生じたときの当該タンカー所有者の船舶油濁損害賠償責任（船舶油濁等損害賠償保障法〔昭和50年法律第95号〕3条1項〜3項）は、いずれも無過失責任[42]と定められている。企業が行うこ

---

42 自動車メーカーの製造物責任については、引渡時の製造物にある「欠陥」によって損害が発生した場合に負う点で、過失責任ではなく無過失責任である（製造物責任法〔平成6年法律第85号〕）3条）が、自動車メーカーの製造行為は一般的に公共性が必ずしも認められる訳ではない。

れらの加害行為は、企業活動の一環として社会的に有益であり公益性が認められ適法であるのに、不可避的に損害を発生させ得る。そこで、その損害について企業は無責としないで、被害者救済の観点から、企業に無過失責任を負わせたものである。

（2）運行供用者完全無過失責任論

特定自動運行車の特定自動運行と従来のトランスミッション車の運行とを比較すると、前者がシステムAIとそれに紐付けされた車載AIの「認知」「予測」「判断」「操作」によりなされるのに対し、後者は自然人が「認知」「予測」「判断」「操作」を行う点において、まったく異なる。前者のような特定自動運行は自賠法制定当時想定されていなかったことである。しかし、特定自動運行車が限定領域に到達し特定自動運行を行うまでは「自動車」（自賠法2条1項）であり、自然人がアクセル、ブレーキ及びハンドルを操作し運行状態におかれるため、この間の運行は自賠法2条2項にいう「運行」にあたり、「操作」する自然人が運行供用者となるから、従来のトランスミッション車の運行と同じであり、したがって、トランスミッション車と同じモードの特定自動運行車の運行に対し自賠法が適用される。

これに対し、そうではない自動運転モードの特定自動運行車の特定自動運行については、「人」が操作せずAIが操作するので、従来のトランスミッション車の運行とは異なることから、直ちに自賠法が適用されると考えるべきではない。

そこで、被害者救済の在り方が問題となる。被害者救済の観点から、立法論となるが、特定自動運行車の特定自動運行に係る事故責任については、自賠法3条はそのままにして、第2項を新設し、完全無過失責任を導入するということが考えられる[43]。

すなわち、第一に、特定自動運行車の特定自動運行に係る事故については、従来のトランスミッション車の運行に係る事故のように、被害者になり得る者又はなった者と加害者になり得る者又はなった者との間に互換性がない。加害者になり得る者又はなった者は一方的に企業であり、一般の特定自動運行車の特定自動

43　内務省社会局労働部は、1935年に、無過失損害補償を達成しようとする社会保険方式による事故被害者救済の試案である「自動車災害保険制度」が公表されたとのことである。浦川道太郎「無過失損害賠償責任」星野英一編集代表『民法講座6巻 事務管理・不当利得・不法行為』208頁（1985年）。

運行の多数を占める利用者は個人であり、当該利用者が特定自動運行主任者にはなり得ないことから、加害者になることはほとんど考えられない。

第二に、そもそも被害者が加害者である当該企業に損害の賠償を求める場合、過失の立証が極めて困難であることは歴史が示すところである。このことは、従来のトランスミッション車の運行に係る事故の加害者側の民事責任を追及する場合も妥当する。もちろん自賠法は加害者＝企業の場合を念頭において制定されたのではない。自賠法の立法趣旨は、自動車による人身事故の場合の賠償責任を適正にするための措置として、加害者側に故意又は過失がないとともに被害者側又は第三者に故意又は過失があったこと及び自動車に構造上の欠陥又は機能の障害がなかったことを加害者側が証明できない限り、加害者側に賠償責任を負わせることとし立証責任の転換を図るとともに実質的無過失責任を導入したものである（自賠法3条本文・ただし書）[44]。これに対し、特定自動運行車の特定自動運行に係る事故は、システムAIとそれに紐付けられた車載AIによって特定自動運行車がおかれた特定自動運行状況下において発生するので、AIはディープラーニングにより学習して自律的に判断を行うことから、特定自動運行車の所有者は特定自動運行に対して支配しておらず[45]、したがって、そもそも過失は認められない。この点において、自賠法3条ただし書が示すような被害者から加害者への立証責任の転換は必要性に欠けることになる。

ところで、仮に自動運行車の所有者は存在するが、特定自動運行車の運行に際し最新のシステムAIソフト及び最新の車載AIソフトをダウンロードしてなすべきことをなしこれらのAIに対し通常有すべき安全性を確保していたとしても、ハッキングされ特定自動運行車の特定自動運行が制御不能となり事故が発生するおそれがまったくないとはいえないので、事故が発生し得ることについて予見可能性が認められると仮定したとする。しかし、予見義務を尽くしても事故の発生という結果回避可能性は認められず、したがって、結果回避義務が認められない場合が想定されるのである[46]。否、一般には、デジタル技術を基盤として作

44　国土交通省自動車交通局保障課監修『逐条解説　自動車損害賠償保障法』7頁（ぎょうせい、2002年）。
45　能見善久『法の世界における人と物の区別』70頁（信山社、2022年）参照。
46　過失における予見可能性は結果回避可能性に向けたものであり、したがって予見義務は結果回避義務に結合されたものである。徳本鎭「いわゆる無過失責任の一場合」法政研究47巻2号350頁（1981年）。

動するものは、具体的にどのような事故がいつ発生するかについての予見可能性
も[47]予見義務も認められず、結果回避可能性も結果回避義務も認められないのが
通例であろう。MaaS が構築され、その中に特定自動運行車の特定自動運行シス
テムが組み込まれると、いっそうこの傾向が強まる。

　これに対し、前述のとおり、特定自動運行車の所有者が特定自動運行車の特定
自動運行による事故についてなお特定自動運行の危険を支配し利益を享受してい
るとして、特定自動運行車の所有者は自賠法 3 条の運行供用者であるとする考え
方もあり得るであろう。特にこの考え方は、土地の工作物責任は最終的に所有者
が負う（民法717条 1 項ただし書）ことに依拠している。

　しかし、特定自動運行車の特定自動運行による事故に対し、近代私法の原則の
一つである所有権絶対の原則から導かれる所有者は所有物を直接排他的に支配で
きることから最終的に所有物に責任を負うという法理は適用されない。特定自動
運行車の所有者であっても、システム AI とそれに紐付けられた車載 AI によっ
て特定自動運行する特定自動運行車に対しては、AI がディープ・ラーニングで
自律学習して当該特定自動運行することから、特定自動運行車の所有者であって
もそれに対し支配を及ぼすことができないのである。したがって、特定自動運行
車の特定自動運行による事故については、特定自動運行車の所有者は自賠法 3 条
の運行供用者に該当しないと解される。むしろ立法論としてではあるが、被害者
を救済するという立法政策の観点から、システム AI 及び車載 AI 全体のシステ
ム（システム関係者ではなく）が、特定自動運行車の特定自動運行による人身事故
に対する損害を賠償する無過失責任を負うと考えることが妥当であろう[48]（以下
「システム責任」という）。そうすると、システム責任を規定するのが自賠法 3 条に
新設された 2 項となるが、システムまたはシステムを動かす AI に法人格を付与
する必要があるであろう[49]。

　問題は、特定自動運行による事故当時、ハッカー又はハッカー集団等のハッキ
ング又は AI の機能低下等によって特定自動運行車の特定自動運行による事故が
発生した場合も、システム総体が無過失責任を負うのかという点である。危険責
任の法理からは、トランスミッション車の使用者と同様に、特定自動運行車の使

47　能見・前掲注45）68頁。
48　国土交通省・自動運転における損害賠償責任に関する研究会「報告書」12頁（2018年）。
49　能見・前掲注45）69頁。

用者[50]が負う点検整備義務（道路運送車両法47条、47条の2、48条）違反による事故[51]を除いて、サイバーセキュリティに係る事故及びAIの機能低下等による事故による損害についてはシステム総体が無過失責任を負うべきであると考えられる[52]。

（3）製造物責任との関係

上記のシステム責任を考える場合、特定自動運行車の搭乗者が運行中にシステムの「欠陥」を原因とした事故により人身損害を被ったとき、システムの引渡時に「欠陥」があれば、搭乗者は製造物責任を自動車メーカーに対し追及し得る。しかし、搭乗者は、引渡時の「欠陥」を立証することは困難であり、事実上製造物責任を請求することはできないと思われる。さらに、引渡時とはいつかが問題となる。なぜなら、特定自動運行車の運行を行う特定自動運行実施者は自動車メーカーである可能性があるからである。他方、タクシー事業者（以下「バス事業者」を含む）が特定自動運行実施者となり、したがって、自動車メーカーがタクシー事業者に特定自動運行車としてタクシー（以下「バスを含む」）を提供し、自動車メーカーが特定自動運行主任者となって特定自動運行車の運行を監視するというスタイルになるときもある[53]。

そうだとすれば、自動車メーカーがタクシー事業者に特定自動運行車を引渡時に「欠陥」があるかどうかが自動車メーカーの製造物責任を追及するポイントになるが、従来のトランスミッション車の「欠陥」の立証と比べ、特定自動運行車事故の被害者が自動車メーカーの特定自動運行車の「欠陥」を立証することは一層困難となるであろう。

このような「欠陥」の立証の困難性に対する立法的手当が必須になる。しかし、少なくともシステムに対する無過失責任がシステム自体に認められ（システ

50　使用者とは、道路運送車両法施行規則35条の3第4項の自動車検査証に記載されている「自動車の使用者」を示し、正当な使用権限に基づき、自動車を実際に継続的に管理し、使用している者をいう。山崎真紀「道路運送車両法について」リース研究1号53頁（2005年）。
51　たとえば、脱輪事故やシステム総体に生じた物理的な故障や瑕疵を原因とする事故が考えられる。
52　浦川道太郎『ドイツにおける危険責任』118頁（成文堂、2021年）、橋本・前掲注36）57頁注5）、中原太郎「現代無過失責任論の一断面——AIシステムに起因する損害の塡補をめぐる議論を素材として」法律時報96巻8号46頁以下（2024年）。
53　日本経済新聞電子版2024年5月8日付「自動運転とは　レベル4以上、遠隔監視で安全確保」参照。https://www.nikkei.com/article/DGXZQOUA075XU0X00C24A5000000/

ム責任）、実際に被害者救済の実効性が担保されるのであれば、被害者救済は満足し自動車メーカーの製造物責任を追及することは不要となる。このように被害者救済の実効性を確保するためには、後述するとおり、システム無過失責任が法的に成立する特別法又は自賠法上の特別規定の新設が求められ、かつ、賠償資力を確保する自賠責保険又は基金の創設が必要となるであろう。

四　責任保険の法的限界と被害者救済

1　責任保険の意義と自賠法

従来のトランスミッション車事故による被害者救済のために自賠法上責任保険が導入されているし、任意自動車保険は加害者の責任を免脱するためであるが責任保険が組み込まれている。

責任保険契約とは、「損害保険契約のうち、被保険者が損害賠償の責任を負うことによって生ずることのある損害をてん補するもの」（保険法17条2項括弧書）をいう。

先進工業国において機械文明の急速な発展に伴う労働災害や交通災害が頻発したり、さらに工業化・資本の集約により危険が巨大化するに伴い、近代市民社会における個人主義的原理に立脚する民事責任に基づいて被害者を救済することに限界があることが露呈した[54]。そこで、加害者の法的責任の厳格化や無過失責任の導入が正当化されるようになったが、それは責任保険が過失責任の原則を修正し責任を厳格化しても賠償義務の履行を確保する点において責任保険の有用性が社会的に認められるようになったからである[55]。そうではあるが、契約自由の原則の下では、保険契約者は被害者の利益保護のために責任保険契約を締結するものではない。被害者利益保護のために責任保険契約が締結される場合は、被害者保護の法令上の根拠が求められる。

一般に、損害保険契約（保険法2条6号）は被保険者（同法2条4号イ）である「人」と保険の目的物（同法6条7号かっこ書）との間にある被保険利益（同法3条）についての危険（同法4条）に対処するものであるが、責任保険契約において

54　倉澤康一郎『保険法通論』111頁（三嶺書房、1982年）、金澤理『保険法』165頁以下（成文堂、2018年）。

55　倉澤・前掲注54）111頁、金澤・前掲注54）165頁以下。

は、被保険者が法律上の損害賠償責任を負うことについての危険に対処するものである[56]。したがって、一般の損害保険契約は被保険者が有していた被保険利益の全部又は一部の消滅したことによる損害を緩和又は解消するものであるのに対し、責任保険契約は、加害者と契約外の被害者との間の法的責任関係が具体化したときの加害者が法的責任を負うことによる緊張関係を緩和又は解消するものである[57]。そのため、責任保険契約における保険者の保険給付は権利保護給付[58]と責任免脱給付[59]になる[60]。

　そして、一般の損害保険契約も責任保険契約も保険契約者側の損害をてん補することによって保険契約者側の利益に資するものである。

　他方、自賠法においては、被害者保護（自賠法1条）という政策を実現する手段として、責任保険法理を導入し（同法11条以下）自賠責保険制度を創設したが、これは運行供用者に事実上の無過失責任を負わせたことによる被害者保護の実効性を担保するために自動車側の賠償資力を確保する措置である。したがって、自賠責保険は公保険である[61]。公保険は、国家又は自治体の政策目的を実現するための保険であるから、保険法が直接適用されるとは考えにくいが、自賠法においては保険法が適用されることを定めている（自賠法23条）。

　そこで、自賠法においては、自賠責保険契約における保険者の責任免脱給付として、直接請求権を契約外の被害者に付与している（16条1項）[62]。すなわち、自

56　倉澤・前掲注54）111頁。

57　倉澤・前掲注54）111頁。無保険車傷害保険契約は、賠償義務者の存在が前提となっていることから、保険法制定前には、責任保険契約の一種と解されていた。保険法制定後は、無保険車傷害保険も人身傷害保険契約もほぼ傷害疾病損害保険契約の一種と解されているが、賠償義務者の存在が前提となっていることから、契約外の加害者との関係を無視できない状況にある。たとえば、最3小判平成18年3月28日民集60巻3号875頁を参照。

58　権利保護給付とは、被害者からの請求から被保険者の正当な権利を防御するため、保険者が訴訟。仲裁・調停等正当な賠償学を決定するために要した費用のてん補並びに保険者が被保険者に代わって権利防御の当事者となる訴訟代行及び示談代行をいう。倉澤・前掲注54）112頁以下。

59　責任免脱給付とは、保険法に保険者の給付内容として定められていないが、保険者が被保険者の負担した法律上の損害賠償責任を免脱させることをいう。したがって、免脱給付請求権は被保険者が有するが、被保険者の責任を免脱させる方法は複数考えられ得る。倉澤・前掲注54）113頁以下。

60　山下友信『保険法（下）』144頁以下（有斐閣、2022年）。

61　戸出正夫「自賠責保険と自動車保険の関係・異同」自動車保険の法律問題・金判別冊3号8頁（1991年）。

62　自賠法16条1項の他に、船舶油濁等損害賠償法15条1項の規定及び原子力損害の賠償に関する法律9条2項の規定において被害者の直接請求権が定められている。

賠責保険契約は、保険契約者と保険者との間で締結された被保険者が将来負うべき損害賠償債務を保険者が併存的に負うことを法定された契約である（民法470条・471条）。あるいは、保険契約者と保険者との間で、被害者に対し損害賠償額の支払を請求する権利を付与するという法定の第三者のためにする契約（民法573条）である。

　このように、自賠責保険契約は、責任保険契約一般の例外として被害者保護という目的のために契約自由の原則の修正等が施されている。

2　近代私法の原則と賠償リスク

　デジタル社会の進展は、その社会の実態に対し近代私法の原則が素直に適用することができない領域を徐々に拡大させていく。すなわち、近代私法の原則は、権利能力平等の原則、所有権絶対の原則及び私的自治の原則とされている。まず、権利能力との関係では、自然人が出生すれば無条件に権利能力が付与され、そのほか法人に特別に法人格が与えられ、自然人と法人が「人」として権利の主体になり、他方、権利の客体となるのは有体物である「物」とされた。「人」は「物」を直接的排他的に支配する権利を有することを前提とするから、支配し得る権利の客体は有体物である必要がある。「人」が「物」を直接排他的に支配することできるから、当該「人」に責任を負わせることができる。ただし、自由権を保障する観点から、賠償責任を負うためには、「物」の支配との関係においては、「人」が「物」を適切に管理又は支配できなかったことについて、故意又は過失が必要とされる（過失責任の原則）。自然人ではないのに自然人と同じように知的活動を行う AI が近時は実用化され「物」をコントロールし得るようになった。その「物」の典型が特定自動運行車である。特定自動運行車をコントロールするのが自然人（「人」）であるならば、従来のトランスミッション車のように運行支配と運行利益を有する者を運行供用者と認めその者に責任を委ねれば足りよう。しかし、特定自動運転車の限定領域を運行が可能となるのは、特定自動自動運転車搭載 AI 及びシステム AI とこれによりシステムが作動するからであって、特定自動運行車の特定自動運行には少なくとも自然人は直接関与していないのである。すなわち、従来は、自然人が認知⇒予測⇒判断⇒操作し１台の車両を運行させており、１「人」⇒１「物」の関係にあったところ、特定自動運行車の特定自動運行においては、単数又は複数「AI」⇒複数「物」の関係が認めら

148　特集　無過失責任の諸相

れ、近代私法の所有権絶対の原則における 1 所有者が 1 物を管理する（≒一物一
権主義）という建前とそこから発生する 1 所有者が 1 物を管理又は支配すること
からさらされる 1 リスクの関係が崩れているのである。

　責任保険はたしかに資本主義の発展に伴い誕生した先進工業国において機械文
明の急速な発達を背景にして社会的に認知されたものであるが、しかし、近代私
法の原則に落とし込むことが可能であったように思われる。

　ところが、デジタル化社会の進展により生み出された特定自動運行車を特定自
動運行させるシステムやさらにこれから発展する MaaS の法的関係とリスクは
近代私法の原則の枠組みからはみ出すものである。

　同様に、特定自動運行車の限定領域上の特定自動運行による事故の責任は当該
特定自動運行が AI によるものであるから、何らかの立法的措置が講じられない
限りは、運行供用者に相当するものは存在しないと言わねばならない。他方、道
路交通法上は、特定自動運行実施者（75条の12第 2 項 2 号二・75条の13第 1 項三75条
の16第 1 号第 3 号〜第 5 号・75条の19第 1 項〜第 3 項・75条の20第 1 項第 2 項・75条の21
第 1 号第 2 号・75条の22第 1 項〜第 3 項・75条の23第 1 項〜第 3 項第 4 項〜第 6 項・75条
の24）、特定自動運行主任者（75条の12第 2 項 2 号二（2）・75条の19第 1 項第 2 項・75
条の20第 1 号第 2 号・75条の21第 1 号第 2 号・75条の22第 1 号〜第 3 号・75条の23第 1 号
第 3 号〜第 6 号・75条の24・117条）及び特定自動運行業務従事者（75条の12第 2 項 2
号二・75条の13第 1 項 3 号・75条の19第 1 項・75条の26第 1 項・75条の27第 1 項 1 号・75
条の28第 1 項 2 号）が定められている。従来のトランスミッション車の運行が道路
交通法の規定に定める行為規範に抵触し交通事故を惹起させた場合、道路交通法
による行為規制・その水準は不法行為法上の行為義務の設定にあたっての指針と
なり、取締法規違反があれば過失が推定されるところ[63]、自賠法 3 条の責任につ
いてはそれを免れない。これに対して、特定自動運行実施者、特定自動運行主任
者及び特定自動業務従事者に対して定める規定は特定自動運行車の特定自動運行
を法令上許可するための枠組みを設定したものと解すべきであり、特定自動運転
実施者等は具体的個別的な特定自動運行車の特定自動運行を直接的にコントロー
ルするものではなく、これらの者に直ちに自賠法 3 条の責任が発生するものとは
解されない。すなわち、特定自動運行実施者、特定自動運行主任者及び特定自動

63　窪田充見編『新注釈民法（15）債権（8）』348頁〔橋本佳幸〕（有斐閣、2017年）。

業務従事者は特定自動運転車の特定自動運行について支配も利益も有しておらず、運行供用者ではないのである。むしろ運行供用者に相当する者は実態としてAIに他ならない。

そうだとすれば、特定自動運行実施者、特定自動運行主任者及び特定自動業務従事者が道路交通法所定の規定に違反して事故が発生したとしても、自賠責保険契約により被害者が救済される訳ではない。

3 「特定自動運行」事故の責任と被害者救済

被害者を救済するための立法論としてではあるが、システムAI及び車載AI全体のシステムが、特定自動運行車の特定自動運行による人身事故に対する損害を賠償する無過失責任を負うとする特別法を制定する又は自賠法上に特別規定を新設することによって新しい無過失責任を創設することが考えられ得る一つの方策のように思われる[64]。

これに対して、何らかの形で特定自動運行車の特定自動運行を支配し特定自動運行の利益を享受するいわば管理者を想定し人と機械との調和を図るべきであるという考え方もあり得るであろう。しかし、特定自動運行車の特定自動運行に対する管理者を想定した場合、その者が運行供用者に該当するとすれば、もはや自動運転レベル4ではなくなってしまう。

したがって、まずは、上記の特定自動運行車の特定自動運行による事故に対して自賠責保険契約を適用することができるかが検討されることになるが、併せて、自賠責保険契約の適用を肯定した場合、自賠責保険による賠償資力確保との関係からは、被保険者が誰になるのか自賠責保険契約を締結する保険契約者が誰になるのかも問題となる。

第一案は、特別法を制定し又は自賠法上特別規定を新設してシステムAI及び車載AI全体のシステムに法人格が付与され無過失責任を負い、したがって、システム全体が被保険者であり、全体のシステムが自賠責保険契約を締結するという案が考えられる。

第二案も、特別法を制定し又は特別規定を新設してシステムAI及び車載AI全体のシステムに法人格が付与され、無過失責任を負うシステム全体が被保険者

---

64 国土交通省・自動運転における損害賠償責任に関する研究会「報告書」12頁以下（2018年）参照。

となるが、保険契約者はシステム全体の所有者とする案が考えられる。

　第三案は、以上のシステム全体に法人格を付与すること自体に疑義があるとして、システム全体の所有者に無過失責任を負わせ、したがって、その所有者が被保険者となり、保険契約者にもなるという案である。

　いずれの案においても、考えておかなければならない問題の一つは、システムAI及びそれに附随するシステムが海外に設置され、それに紐付けられた特定自動運行車が日本の限定領域を特定自動運行するとき、システムAIの構造上の欠陥又は機能障害等を原因とする特定自動運行車事故による人身損害に対し、自賠責保険契約を適用できるのか、すなわち、原因事故が海外にある事案に対して自賠責保険契約を適用することが可能かという点である。この問題は、そもそも自賠法上は想定されていなかった問題である。もう一つの問題は、日本に設置されたシステムAIの所有者とそれに紐付けられた特定自動運行車の所有者が異なる場合はそれぞれの所有者が自賠責保険契約者になるのかそれぞれの所有者が被保険者になるのかという点である。

　デジタル社会の構築されたデータ連携基盤を背景にして所有者又は管理者が行う管理可能性を超えた領域において、事故が惹起され損害が発生し得ることから、責任保険契約における被保険者又は保険契約者は誰なのか考察することは適当でないかもしれない。なぜならば、責任保険契約において被保険利益が必要か否かは議論があるところであるが、少なくとも被保険者性が認められるためには、加害リスクを負いそれをコントロールできる地位にあることが必要であるからである。このような観点からは、デジタル社会において特定自動運行車の特定自動運行による事故に対しての自賠責保険契約の締結の在り方は、第一案が適当ではないかと考えられる。第一案によれば、システム全体の所有者と個々の特定自動運行車の所有者が異なるときの問題は解決される得る。

　しかし、第一案にしたがって考えるとしても、誰が自賠責保険料を支払うべきかという問題が残る。自賠責保険料を支払う者は、自賠責保険契約者であるが、特別法を制定したり又は自賠法上の特別規定を新設したりして、これによりシステム全体に法人格が付与されたとしても、当該システム全体はあくまで特定自動運行車の特定自動運行を適正に行うための装置又は仕組みであり、法人格を付与する趣旨は無過失責任を当該システム全体に認めるためであって、当該システム全体は経済活動を社会の実態として行う法人でもなければ自然人でもないのであ

る。したがって、システム全体を、自賠責保険契約時に自賠責保険料を支払う義務を負ってそれを支払う自賠責保険契約者であると認めることは難しいように思われる。

そこで、個々の特定自動運行車を登録する時に支払う登録料に自賠責保険料を加算して、自賠責保険料を登録者、すなわち、特定自動運行車の所有者が支払うという仕組みを考えることができそうである。しかし、この考え方の問題点は、システムAIの構造上の欠陥又は機能障害等を原因とした事故も起き得ることに照らして、システムAIの加害リスクに対しての自賠責保険料が徴収されないという点である。

このように考えると、結局のところ、特定自動運行車の特定自動運行による事故に対し自賠責保険契約を締結して人身損害を被った被害者を救済しようとするスキームは第1案から第3案いずれも無理なところがあるように思われる。

4　デジタル社会の特性と特定自動運転車事故による被害者救済

デジタル社会においては、分野横断的に構築されたデータ連携基盤があり、各種のAIがその基盤に紐づけられてデータを活用しリアル世界のさまざまなものを動かしていく。デジタル社会がデータ駆動型社会と言われるゆえんである。

このような社会においては、所有者又は管理者が特定の物を適切に管理又は支配することが求められたこれまでの工業化社会のように、適切に管理又は支配しなければ所有者又は管理者に過失が認められ、したがって、損害賠償責任を負うという建前が崩れる。すなわち、適切に管理又は支配すべき物が特定されたとしても、その特定物は、その背後にあるデータ連携基盤においては当該特定物の範囲を超えてデータが融合しており、その融合された未確定範囲のデータを基礎にして駆動するAIによって影響を受け、発生リスクも従来と質的に異なるリスクが生じるのである。

デジタル社会においては、このような所有者又は管理者が適切に管理又は支配できないリスクが一般にデジタル・インフラに潜む。このようなリスクはデジタル・リスクと称すべきであろう。

特定自動運行車の特定自動運行による加害リスクもデジタル・リスクの一種である。特定自動運行車の特定自動運行による加害リスクに対して、自賠責保険契約を締結して、加害リスクに対処することは困難である。なぜならば、一般に、

加害リスクを負う保有者は所有権又は利用権を自動車に対して有しており、したがって、その運行に対して支配を有し利益を享受するという「所有等≒加害リスク等」の＜対＞の関係が認められるが、特定自動運行車の特定自動運行については、「所有等≒加害リスク等」の＜対＞の関係が認められないからである。

　そうだとすると、特定自動運行車の特定自動運行による事故被害者の救済はどのようになされるべきであろうか。

　まず、自賠法上、従来のトランスミッション車による事故被害者救済のために集中化され厳重化された運行供用者の賠償責任の履行が確保されるように責任保険法理を導入して自賠責保険を創設したが、特定自動運行車においては、誰もが管理し得ないシステム AI 及び車載 AI の協働による特定自動運行に起因する事故に対しては、車両の脱輪事故等のように車両に対する保守点検義務違反を除いて、基本的に加害リスクを負う者が特定できず、したがって、責任保険法理を活用した自賠責保険を適用することは困難ではないように思われるのである。

　むしろ、特定自動運行車の特定自動運行に起因する事故に対しては、特定自動運行車は自家用車としての活用割合が低くなると予想され、むしろ公共交通を担うものとして無人バスや無人タクシーに活用されるであろうから、その公共性に鑑みて、インフラの1つと捉え、また、このような特定自動運行車の運行による事故が発生した場合の被害者の救済については、原則として、自然災害と同様に、国の一般会計予算を財源とする特定自動運転車事故被害給付制度を創設し、被害者を救済することが一案ではないだろうか[65]。ただ、この場合の損害は、大規模自然災害による損害と同程度に、数千台から数万台の特定自動運行車の同時多発事故がデジタル・インフラの破壊によって発生する規模や程度の甚大な損害までは発生していないが、しかし、自然災害による損害と同規模や程度の損害である必要がある。すなわち、1台や数台程度の特定自動運行車の事故のような小規模の事故による損害ではないことに注意を要する[66]。

65　たとえば、浦川・前掲注43) 参照。

66　筆者は、自然災害による損害の規模と程度と同等ではない特定自動運転車事故については、保険会社が「自動運転傷害保険」を開発し、自動車メーカーが保険契約者となって保険会社との間でこの保険契約を締結して、特定自動運行者の特定自動運行に起因する人身事故によって人身損害を被った被害者を被保険者として救済すべきであるという考えを公表したことがある。肥塚肇雄「自動運転車事故の民事責任と保険会社等のメーカー等に対する求償権行使に係る法的諸問題」保険学雑誌641号87頁以下（2018年）。

たとえば、上記の給付制度については、産科医療保障制度が参考になり得る。産科医療補償制度は、分娩機関側に過失が認められなくても当該児に対して補償金の支払がなされるものである。すなわち、分娩時の医療事故の特性として、過失の有無の判断が困難な場合が多く、裁判で争われる傾向にあり、そのため、産科医不足の原因の一つであるとされ、また産科医不足の改善や産科医療提供体制の確保が、わが国の医療における優先度の高い重要な課題とされていたところ、このような課題を解決するため、2009年1月に「産科医療補償制度」が創設された[67]。分娩機関の医学的管理下において出生した新生児が「脳性麻痺」であって、在胎週数28週以上であり、先天性や新生児期等の要因によらないものであり、身体障害者手帳1・2級相当の脳性麻痺である場合に、分娩機関に代わって公益財団法人日本医療機能評価機構が保険会社に保険金を請求しその後保険金が補償金として総額3,000万円の補償がなされる[68, 69]。契約上は、公益財団法人日本医療機能評価機構が定める産科医療補償制度標準補償約款によりあらかじめ分娩機関と妊産婦との間で取り交わした補償契約に基づき、当該分娩機関から当該児に補償金が支払われることになる（産科医療保障制度加入規約1条2項〔2019年1月〕）。補償金の支払義務の履行を確保するため、公益財団法人日本医療機能評価機構は保険会社との間で産科医療補償責任保険契約を締結している（同規約3条9号）。

　特定自動運行車の特定自動運行による事故の過失の有無を確定することは分娩時の事故の過失の有無を確定することと同様にたいへん困難な作業である。この点で、産科医療補償制度が無過失責任を導入し被害者を救済する設計にしたことは、原因究明が困難であるという点において、特定自動運行車の特定自動運行による事故被害者の救済についても参考になる。ただ、この制度の課題は複雑さにあり、さらに、この制度は出産の事故に対処するが、出産は私的な事柄であり、そこに公共交通ような公共性が認め難い点で、特定自動運行車の運行に起因する事故に対してそのまま当てはめることは困難である。

　これに対し、犯罪被害者等給付金の支給等による犯罪被害者等の支援に関する法律（昭和55年法律第36号）及び犯罪被害者等基本法（平成16年法律第161号）13条に

67　http://www.sanka-hp.jcqhc.or.jp/outline/purpose.html
68　http://www.sanka-hp.jcqhc.or.jp/outline/compensation.html
69　http://www.sanka-hp.jcqhc.or.jp/application/sphere.html

基づく犯罪被害給付制度もある。しかし、犯罪被害給付制度による給付金の支払事由をそのまま特定自動運行車の特定自動運行による事故に適用すると、やや狭いように思われる。

　ところで、製造物責任については、自動車メーカーの製造物責任の時的限界は車両の「引渡時」までであり（製造物責任法３条）、「引渡時」に存在した「欠陥」を原因とする事故が製造物責任の対象となる。今後、特定自動運行車を公共交通に活用する場合、タクシー事業者が自動車メーカーから特定自動運行車の提供を受け、タクシー事業者が特定自動運行車の特定自動運行に対する監視を自動車メーカーに委託することが想定される[70]。このとき、システム及びシステム AI については自動車メーカーが所有又は管理し、タクシー事業者が個々の特定自動運行車を購入し所有したり又はリース契約を締結して利用したりして特定自動運行させることになるので、特定自動運行車の「引渡」はタクシー事業者が受けるとしても、システム及びシステム AI の所有・管理は自動車メーカーに留まることから、システム及びシステム AI についての「引渡」はタクシー事業者が受けることはない。そのため、特定自動運行車事故が発生した場合、「引渡」がなされた個別の特定自動運行車の部分とそのような部分ではないシステム及びシステム AI とのどちらに「欠陥」があるか否かを基準として特定自動運行車の事故について製造物責任が発生するか否かを峻別するようにも思われる。特定自動運行車はシステム及びシステム AI と切り離しての特定自動運行は難しいことから、上記の峻別は妥当ではない。

　以上から、特定自動運行車の特定自動運行に起因する事故の被害者救済は、自然災害と同様に、交通災害と捉えて、かつ、特定自動運行車は公共交通に組み込まれることからも、国または自治体等の一般会計予算を財源とする特定自動運転車事故被害給付制度を創設することが妥当ではないだろうか。

五　おわりに

　以上をもって、「運行供用者と責任保険──個別の特定自動運行事故を対象と

70　日本経済新聞（朝刊）2024年５月８日付１面「ホンダ、無人タクシー支援　遠隔監視で分業モデル前進　26年開始へ規制緩和要請」、同2024年５月８日付３面「自動運転　遠隔監視で安全確保（きょうのことば）」。

して──」についての考察を了える。現行自賠法における運行供用者責任には、所有権絶対の原則を包摂する近代私法の原則の下、自由主義を守る過失責任の原則を修正した条件付無過失責任が導入されており、この意味においては、運行供用者責任も近代私法の原則にその基盤がある。すなわち、典型的には「人」が物に対する直接排他的な支配権を有し「人」は当該物をコントロールし得るという近代私法の原則の下、「人」がコントロールし得ない物から他人に損害を与えた場合、不可抗力として賠償責任を免れる。換言すれば、「人」が物から予見し結果を回避し得たのに、予見できず予見しても結果を回避しなかった場合、賠償責任を免れないのである。この枠組みの中で、運行供用者責任は、「人」が事故原因をコントロールし得ず不可抗力によって他人に損害を与えたことを立証しない限り、賠償責任を免れない（自賠法３条ただし書）こととし立証責任を転換したに過ぎない。

　Society5.0が構築され本格的なデジタル社会が到来すれば、上記のような近代私法の原則を維持できるかどうかが、特定自動運行車事故に対しても自賠法を適用できるかどうかの答えのポイントになるように思われる。すなわち、本格的なデジタル社会においては、デジタル・インフラに潜むデジタル・リスクに起因するデジタル災害が発生し得る。この場合の災害の規模や程度は甚大であるが、そこまで災害の規模や程度が及ばなくても、特定自動運行車事故の損害の規模や程度が自然災害による損害と同規模や程度であれば、「デジタル災害」に含めて（広義の「デジタル災害」）、被害者の救済を検討するべきであろう。このようなデジタル災害の抑止に対しては、特定自動運行車の所有者は無力である。なぜならば、AIがディープ・ラーニングで自律学習し自立的に判断するため、当該所有者は当該車の所有権を有しているにもかかわらず、システム AI を完全にコントロール下におくことは困難であり、さらにシステム AI に紐付けされた特定自動運行車に搭載 AI を完全にコントロール下におくことも困難であるからである。

　特定自動運行車事故が「デジタル災害」の一つであると捉えることができるとすれば、地震の発生と同じように予見可能性も結果回避可能性も認めがたいから、特定自動運行車事故による被害者救済は、公的な資金を財源とする特定自動運転車事故被害給付制度を創設し被害者を救済することが一案のように思われる[71]。MaaS が構築された場合は、一層この理が妥当する。

　地震の発生のような自然災害については、まったく「人」が関与しないのに対

し、自然災害と同規模・程度の特定自動運行車事故はそもそもデジタル技術そのものは「人」が作り上げ、かつ、運用も「人」が関与している点で大きく異なる。そうではあるが、「人」がその災害の発生についてコントロールし得ないという点では共通する。

今後は、デジタル技術の中でも AI の不具合等により生じ得る「デジタル災害」が自然災害と同列に法的に評価し得るかどうかはさらに検証する必要があるであろう。また、「デジタル災害」として被害者救済にあたる場合、救済の対象は人身損害に限られるか、物損も含めるべきかについても考察が必要であろう。

［付記］本稿は、科学研究費・基盤研究（c）研究課題22K01285の成果の一部である。

71　今日の地震保険のように、政府が運営する公保険が考えられるかもしれないが、当該地域に広範に災害をもたらす地震と異なって、特定自動運行車の搭乗者かその運行の周辺にある者に限定して事故が発生することから、特定自動運行車事故リスクは建物所有者が地震リスクに備えて付保する地震保険で対処するリスクとは異なるように思われる。

論　　説

民法第3編第5章題号「不法行為」の意義
——今日的状況に照らして——

畑　中　久　彌

- 一　はじめに
- 二　民法第3編第5章題号「不法行為」の意味
- 三　違法性要件固有の判断内容
- 四　諸外国の状況
- 五　おわりに

一　はじめに

　不法行為は、なぜ「不法」行為というのだろうか。不法行為という言葉に触れたとき、私たちは不法という部分に、どこかモヤモヤした感覚を持つのではないだろうか。違法行為であれば、「法に違反する行為のことだな」とスッと理解できる。これに対し、不法行為については、「不法（とは何だろう）？」という疑問が一瞬頭に浮かびつつも[1]、専門家ではない多くの人々は、「とにかく悪いことなんだろう」と思って済ませるように思われる。法が国民にとって分かりやすいものとなること、国民が法の内容に親しむことは、今日的な課題となっている。不法行為という言葉をなぜ使っているのか、その理由を明らかにすることは、こうした今日的課題に応える点で、意味がある作業と思われる[2]。

　それともう一つ、実定法学の点でも意味があると思われる。故意・過失[3]と違法性の関係をめぐって、長い間議論が行われてきた。その中で、違法の文字は民法709条にはないが、不法行為という題号から導けるとの主張がなされた[4]。この主

---

[1]　一瞬ではなく長引く点で異なるが、同じような感覚は、法律行為という言葉に触れた時にも生じる。

[2]　吉田利宏「気になるこの用語第48回『不法行為』」国民生活122号（2022）28-29頁。

[3]　以下、故意・過失については過失とだけ表記し、特に故意についても記載する必要がある場合にだけ故意・過失と表記する。

[4]　前田達明『不法行為帰責論』（創文社、1978）203頁注（3）〔初出1976〕。

160　論　説

張の通り、不法行為という題号から違法性を導けるだろうか。また、近時、709条における違法性要件をめぐって、判例と学説に新たな動向が生じている。こうした状況の変化は、不法行為題号論の観点からどのように評価すべきだろうか。

二　民法第3編第5章題号「不法行為」の意味

1　不法という言葉の道徳的ニュアンス

　日常的な感覚からすると、不法という言葉には、「人の道に外れた」とか「非行」とかいった道徳的ニュアンスが感じられる[5]。民法における不法行為は、こうした道徳的ニュアンスとどのような関係にあるだろうか。

　法典調査会では、題号確定以前のかなり早い段階から、不法行為という言葉が使われている[6]。最初期の発言を見てみると、不正と不法の言葉上の違いには特に注意が払われていない。また、法典調査会全体で見てみると、不法は様々な意味で用いられている[7]。

　そのような中で、不法行為の題号を確定した法典調査会の審議は、不法行為という言葉自体の説明をしている点で重要である。穂積陳重はこう説明する[8]。ボアソナード民法の題号「不正の損害」は、徳義上の意味合いをいくらか含んでいるように見える。不正な損害の中にも、法律上保護されるものとそうでないもの

5　中村明『日本語 語感の辞典』（岩波書店、2010）929頁、平井宜雄『債権各論Ⅱ不法行為』（弘文堂、平4）2頁。

6　第7回民法主査会（明治26年6月23日開催）。法務大臣官房司法法制調査部監修『日本近代立法資料叢書13』（商事法務研究会、昭63）所収「法典調査会民法主査会議事速記録」148頁〔富井政章発言〕、152頁〔穂積陳重発言〕。

7　国立国会図書館デジタルコレクションで法典調査会の議事速記録をキーワード検索すると、不法の方が違法よりも圧倒的に多い。今日の目から見ると違法という意味で使っている場合もある。当時は違法よりも不法を使う方が一般的だったのかもしれない。この他、不当という意味で使っていると読める箇所もある。法典調査会では不法という言葉の学理的意味や体系的用法にはこだわっていられないから、委員がその時どきの審議に応じて不法を様々な意味で使っていることは、もちろん問題ではない。

8　第119回法典調査会（明治28年10月2日開催）。法務大臣官房司法法制調査部監修『日本近代立法資料叢書5法典調査会民法議事速記録 五』（商事法務研究会、昭59）294-295頁。穂積は次のような説明も行っている。本案が採用した権利侵害は、法が他者に認めた権利の侵害であるから、必然的に「不法な行為、法にあらざる行為」である。このことからして、損害が生じただけでは損害賠償請求権は発生しないのだから、題号は「損害」ではなく「行為」の語を使うべきである。なお、不法行為という文言の具体的規範内容については、櫛比昭人による起草過程の研究があるが、本稿はそこまで検討が及ばなかった。櫛比昭人「明治民法『不法行為法』における起草者意思の探究——明治民法709条の思想的背景——」法学政治学論究66巻（2005）304-311頁参照。

とがある。不正な損害が生じたからといって直ちに損害賠償債権が発生するわけではないから、他に適当な言葉があれば「不正の損害」という題号は採らない方が良い。そしてその言葉が不法行為であった。

このような穂積の説明をふまえれば、不法行為にいう不法とは、道徳的観念としてではなく、あくまでも法的な観念として、すなわち法的観点からの評価を表す文言として規定されたといえる。

2　不法行為という言葉が選ばれた理由

上記審議において、穂積は、ドイツ民法等の題号を取り上げ、その邦語として「許されざる行為」、「不法行為」を示した。原語 unerlaubt Handlung からすれば「許されざる行為」が直訳であるが、これを不法行為と表現したのはなぜだろうか。

その理由は分からない。ただ、次のような推測は可能と思われる。不法行為という表現は、明治期のかなり早い段階で登場していた[9]。穂積も、自身の著作で不法行為と書いている[10]。そして何より、穂積は題号を起草する際、それまでの審議のこと——不法行為という表現が何度も使われていたこと——を思い浮かべていただろう。

3　不法行為という文字列の日本語的解釈と民法上の意味

しかし、不法行為という言葉自体の成り立ちは分からない。そのため、「許されない行為」と「不法行為」のつながりは、読み手の方で理解しなければならない。

「許されない行為」という言葉には、何によって許されないのか——許さない主体は何なのか——は書かれていない。しかし、「不法行為」は、「許されない」の部分を「不法」と表現しているから、何によって許されないのかを書いている。すなわち、「法が」許さない、と表現している。

このように考えると、不法行為という題号は、「法が許さない行為」という意味の文字列ということになる[11]。否定語は「不」で表せるから、法が許さ不い行

9　国立国会図書館デジタルコレクションで「不法行為」を検索すると、明治15年の文献が出てくる。

10　穂積陳重『法典論』（哲学書院、明23）179頁。

為（法的に不許容の行為）となる。これを縮めれば、不法行為という文字列になる。

これまで不法行為の定義は様々になされてきた[12]。それらの行為がなぜ不法行為という言葉で表現されるかといえば、それらの行為は「法が許さない行為」だからだ、と説明することができる。「不法行為」という題号は、原語にはない「許さない主体」を明記している点で、卓抜の用語選択だったといえる。

違法は、評価者の態度を留保した上で、行為が法から外れているかどうかを判断する中立的な言葉である[13]。これに対し、不法は、今日的な感覚によれば非難のニュアンスを伴っており、その語感からすれば、法の態度決定を含んだ言葉である。非難の根拠を道徳ではなく法とし、道徳的非難の意味合いを払拭するとしても、「不」という文字には強い否定のニュアンスが伴っており、非難のニュアンスは消えない。不法行為を「法が許さない行為」と理解することは、不法に伴う非難の語感を活かすことができる。

そして、民法上、不法行為という題号は債権の発生原因として規定されており、発生する債権は損害賠償債権である。このことをふまえると、不法行為とは、「法が許さない行為であって、損害賠償債権を生じさせるもの」と説明できる[14]。

4　判例における不法行為の定義

不法行為の意味を定義した判例として、大学湯事件大審院判決[15]がある。

判旨はまず、「不法なる行為」とは法規違反の行為をいうとし、かかる行為によって生じた悪しき結果は、可能な限り除去することが必要であるとする。そのための私法制度として、債務不履行、物権的請求権、損害賠償請求権がある。すなわち、不法行為とは、前二者に該当しない場合であって、法規違反の行為によって生じた悪しき結果を除去するために「被害者に損害賠償請求権を与えることが我々の法律観念に照らして必要と考えられる場合をいう」[16]。

11　前田・前掲4）196頁。

12　例えば「他人の権利を侵害して損害を加へる行為」（我妻栄『事務管理・不当利得・不法行為』（日本評論社、1937）94頁）など。

13　山川秀道「法哲学における不法概念の一考察」広島法学41巻1号（2017）2頁参照。

14　末川博『権利侵害論』（日本評論社、昭19）174頁参照。

15　大判大14・11・28民集4巻670頁。

16　「法規違反の行為」と「我々の法律観念」は、前者が後者によって決定されるという形で結びついていると思われる。

民法第 3 編第 5 章題号「不法行為」の意義（畑中）　*163*

　では、何を不法行為とすべきだろうか。不法行為の内容の定め方には、①個別
列挙方式、②一般的定義方式、③両者の折衷方式がある。わが国の民法は第二の
方式をとっている。それゆえ 709 条は、「故意又は過失によって法規違反の行為に
出でて、以って他人を侵害した者は、これによって生じた損害を賠償する責めに
任ずる、というような広範な意味の規定に他ならない」。ここで判旨は、わが国
の民法が第二の方式をとっていることを理由に、709 条を解釈する際の基本姿勢
——同条は幅広い意味を持った規定と読むべきである——を導いている。
　ではどうして、第二の方式であることが、そのような基本姿勢の根拠となるの
だろうか。第一の方式は、不法行為の種類を個別に定め、数多くの準則を限定列
挙的に設けていく立場である。第三の方式は、第一の方式ほど個々の規定は限定
的でないものの、一定の包括性を持った規定を複数設けているので、限定的に
規定を運用して構わない。これらに対し、第二の方式は、不法行為の意味を抽象
的に定めた規定を一箇条設け、そこに様々な不法行為を包含させる立場である。
この方式は、極めて多様な不法行為に一箇条で対処しなければならないから、幅
広い適用範囲を持つ必要がある。わが国の民法はこの方式に属するから、同方式
の基本的立場からすれば、709 条の権利侵害という文言は限定的な姿勢で解釈す
べきではない。「法規に違反する行為によって他人を侵害した」というくらいの
緩やかな構えで解釈すべきである。もっともこれは、そのような緩やかな姿勢で
解釈すべきと述べたものであって、要件の置き換えまで指示したものではない
（このことは、「云フカ如キ」という判示の表現にも現れていると思われる）。
　以上からすると、権利侵害という要件については、ドイツのように権利適格性
や権利の性質を厳密に評価する必要はない。そもそも「権利というような言葉
は、その用法が精疎広狭なのだから、その言葉を使う規定の趣旨に照らして解釈
すべきである」。そうでなければ（「争でか」）、どうしてその言葉の真意を当てる
（「中つる」）ことができようか。そして、上記のように 709 条は本来緩やかな構え
の条文であり、「法規に違反する行為によって他人を侵害した」というくらいの
意味で理解すべきである。この趣旨に照らすなら、同条の権利という言葉は、
「我々の法律観念上不法行為によって救済する必要があると考えられる利益」も
含むと解すべきである[17]。所有権や地上権など疑いなく権利であるものと「同一

17　幾代通・徳本伸一（補訂）『不法行為法』（有斐閣、平 5）61 頁参照。

164　論説

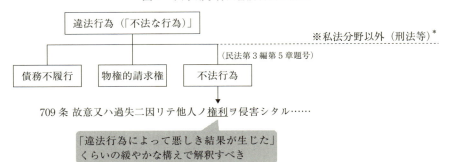

図1　大学湯事件大審院判決の構造

＊判旨は言及していないが、おそらく刑法も念頭に置いていると思われる。

程度の厳密な意味」のものだけを——すなわち、これらの権利と共通の性質を持つものだけを——権利と捉えるのであれば、上記利益のうちには権利に該当しないものがある。しかし709条にいう権利は、そのような厳密的意味合いのものではない（図1参照）。

　判旨がいう「不法な行為」は、現在の用語でいえば、違法な行為となろう。そうすると、不法行為は、違法行為を前提としているが、違法行為と同義の言葉ではなく、違法行為の一部ということになる[18]。違法行為という観念は、不法行為という題号を媒介にして、不法行為の内容を示す709条の要件の解釈（ここでは権利侵害）に影響を与えている。

三　違法性要件固有の判断内容

1　国立景観訴訟における違法性の判断内容

　過失と違法性の関係については、後者に固有の判断内容があるかが争われてきた。違法性の判断内容は、過失または権利・利益侵害によって賄えるだろうか。国立景観訴訟最高裁判決[19]を用いて検討したい。

18　なお、私法とは異なるが、現在、不法行為を違法行為の一部として位置づけていると読める法律がある。暴力団対策法2条1号は「暴力的不法行為等　別表に掲げる罪のうち国家公安委員会規則で定めるものに当たる違法な行為をいう。」と規定している。
19　最判平18・3・30民集60巻3号948頁。

民法第３編第５章題号「不法行為」の意義（畑中）　*165*

同判決は、景観利益を法律上保護される利益と認定した上で、「ある行為が景観利益に対する違法な侵害に当たるといえるためには、少なくとも、その侵害行為が刑罰法規や行政法規の規制に違反するものであったり、公序良俗違反や権利の濫用に該当するものであるなど、侵害行為の態様や程度の面において社会的に容認された行為としての相当性を欠くことが求められると解するのが相当である」と判示した。

（１）権利・利益の認定にまとめられるか

権利・利益の内容は社会的相当性の範囲内で認定されると考えるならば、違法性によって社会的相当性を判断する必要はない。国立景観訴訟との関係でいえば、法律上保護される利益とは、「良好な景観の恵沢を享受する利益」という抽象的内容ではなく、当該事件において具体的に保護される利益、例えば、当該地域の行政法規の範囲内の利益を指すことになる。

しかし、法律上保護される利益から一般性を排除し、当該事件において具体的に保護される利益と捉えると、極端にいえば、法律上保護される利益の内容は事案の数だけ多様なものが存在することになる。また、同じ景観利益の侵害事例であっても、この事件では法律上保護される利益はなく、この事件では法律上保護される利益があったというように、被侵害利益の共通性があるにもかかわらず、法律上保護される利益の有無が事案ごとに異なる結果となってしまう。

法律上保護される利益の認定でいきなり個別具体的な判断を行うよりも、まず、法律上保護される利益をある程度一般性を持った形で認定し、次いで、その利益が当該事案において損なわれたか否かを認定する方が、順を追って推論していける点で優れているのではないだろうか。

（２）侵害の認定にまとめられるか

「侵害」には「悪いこと」という語感があるから、「してはならないことをした」という意味合いを込めるならば、社会的相当性の有無は「侵害」の成否として判断することができ、違法性要件を立てる必要はなくなる。行政法規に違反して景観を損ねた場合には景観利益を「侵害」したことになるが、行政法規に違反していなければ、景観を損ねた場合であっても、景観利益を「侵害」したことにはならない。

しかし、このように「侵害」という文言を解することは、逆に日常的な感覚から外れてしまうと思われる。例えば、街路樹がたくさんあって美しい通りだった

のに街路樹が全部切り倒されたという場合、行政法規の有無にかかわらず良好な景観は損なわれている。この場合、「良好な景観は損なわれたが、『侵害』はされていない」というのでは、何を言っているのかよく分からなくなってしまう。

このように考えると、709条にいう「侵害」とは、「してはならないことをした」というニュアンスを込めずに、ある利益を「損なうこと」、「減らすこと」という意味だけに解すべきものと思われる。

（3）故意・過失にまとめられるか

違法性要件の判断内容を故意・過失要件にまとめるべきとの立場[20]からは、行政法規違反は過失において判断される。

そのような過失要件の運用は可能である。しかし、——実際に生じることは少ないであろうが——加害者が過失なく行政法規に違反した場合、過失の認定がややこしくなるように思われる。行政法規違反は、行為者の内心の状態にかかわらず、あるべき行為の仕方から逸脱したという点で、行為義務違反となる。しかし、（念のためにでも）そのことがやむを得なかったかどうかを問う必要があり、そのためには一歩踏み込んで、行為義務に違反した理由を評価する必要がある。そうすると、過失という一つの要件の中で、行政法規に違反したことと、違反した理由の両方を評価することになる。そのような運用は可能である。しかしそれよりも、行政法規違反は違法として認定し、違反した理由を過失において認定する方が、段階を踏んだ判断という点で優れているのではないだろうか。

2 民法709条における違法性要件の存在意義

709条において違法性要件でしか判断できない事項はないと思われる。しかし、違法性要件があれば、一つ一つ段階を踏んで不法行為の成否を推論し、何が判断の対象となっているかをより明確にすることができるように思われる。

行政法規違反を例にとって景観利益に対する不法行為を見てみると、次のように整理することができる。

①　「法律上保護される利益」として、ある程度一般性を持った形で、景観利益が認定される。

20　故意も義務違反として構成する見解として、窪田充見『不法行為法』（有斐閣、2007）75頁がある。

② 法律上保護される利益の「侵害」として、景観が悪化したことが認定される。

③ 景観を悪化させたこと（法律上保護される利益の侵害）が、行政法規に違反しているとして、「違法」と認定される[21]。

④ 行政法規違反について、どのような理由で違反したかが「過失」において判断される。

　違法性は、外面に現れた言動だけで認定すべき場合もあるし、そのような言動をした内面の考慮が必要な場合もある。これに対し過失は、「うっかりしていた」、「不注意だった」（意識を注がなかった）という言葉からして、行為者の認識——意識の操作ミス——に関する言葉である。それゆえ、過失においては、加害者がなぜ規範から逸脱した行為を行ったのかを、常に問うことができる。加害者が当該行為を回避する意思決定をしなかったことの是非が評価され、あるべき仕方で自分の意識を操作しなかった場合に意思活動への非難が加えられる。我々の社会は、皆が自分の意識を通常のまたは合理的な仕方で操作しているとの信頼の下で営まれているから、あるべき意識操作の内容は信頼責任法理[22]によって設定され、合理人または通常人が基準となる。行為の外面評価は違法性に任せて、過失は行為者の内面評価に限定された要件となる。

　行政法規違反の場合には、外面に現れた行為態様のみから違法性を認定し、次いで過失において法規違反の理由を問うことになる。これに対し、公序良俗違反や権利濫用の場合には、違法性の認定において、行為者の認識内容や行為の理由を問うことが多くなる。この場合には、故意・過失と違法性の判断内容は重複する。しかしこのような重複は、709条という一箇条によって過失責任主義を規定

21　違法性一般についていうと、違法評価は全法分野を通じて一致する必要はなく、法分野ごとの性格に合わせて行われる。709条における違法性は、同条の効果である損害賠償義務を念頭に置きながら評価すべきものである。したがって、行政法規や刑罰法規は、自動的に不法行為上の法規範として組み込まれるのではなく、不法行為の立場からそれを導入すべきかどうかを判断した上で組み込まれるべきものである。違法評価の相対性については、加藤一郎『不法行為〔増補版〕』（有斐閣、昭49）39頁参照。

22　前田達明の提唱した信頼責任（前田・前掲注4）212頁）は、外部に現れた言動だけではなく内面の意思活動——あるべき意識操作からの逸脱——にも適用できるように思われる（幾代・徳本・前掲注17）115頁注（4）参照。過失の内面性を前提としつつ、信義則によって注意水準の決定を説明する見解として、我妻・前掲注12）117頁がある）。実益面でも、ドイツ、スイス、オーストリアと異なりわが国には衡平責任がないから、後述する Koziol の見解は採れない。

している以上、やむを得ない。債務不履行（415条）においても、医療過誤や安全配慮義務違反の場合、債務内容の確定と過失の判断（免責事由の有無）が実際には重複する場合がある。一つの条文で多様な事例に対処する以上、同じ判断を複数の要件の下で繰り返すことは、あり得ることと思われる。

以上に述べた違法性要件の存在意義は、有責性・違法性二元論ではなく、各要件の語感と、各要件における判断対象の絞り込み——思考のプロセスの明確化[23]——の必要性から導かれている。

3　違法性と題号「不法行為」の関係

不法行為とは「法が許さない行為」である。ではなぜ、損害賠償を発生させる行為は「法が許さない行為」であることが必要なのだろうか。それは、法が当該行為を許しているのに、その行為に損害賠償義務という法的不利益を課すことはできないからである[24]。損害賠償義務という不利益を課す以上、その行為は「法が許さない行為」でなければならない。そして、大学湯事件大審院判決によれば、「不法行為」は、その上位概念として「不法な行為」（違法行為）を前提としている[25]。違法性要件に明文の根拠を求める場合、この上位概念としての違法性が、題号「不法行為」を通して709条の隙間に降りてきて、要件として組み込まれると考えることができる[26]。

最終的な法的対応という点からすれば、法が違法行為を許す場合もある。これに対し、不法行為の諸規定は、違法行為を行った者に損害賠償義務を負わせる。ここでは、法に違反したという評価にとどまらず、その違反に対して損害賠償義務という不利益を課す法的対応が行われる。この点で、法は違法行為を許していない。題号「不法行為」（法が許さない行為）は709条の要件を総括する観念であり[27]、違法性はそのように総括された709条の要件の一部という位置づけになる。

23　幾代・徳本・前掲注17）114頁参照。

24　このように本稿は、不法や違法という観念を、法的整合性による制約（損害賠償義務の発生に対する）と位置づけている。法秩序違反に対する制裁や、法の否定に対する法の側からの反撃・法の復元といった、損害賠償義務を積極的に根拠づけるものとはしていない。

25　Vgl. *Medicus*, Schuldrecht II, BT, 10. Aufl., 2000, S. 363; *Oftinger*, Schweizerisches Hauptpflichtrecht, Bd. I, AT, 5. Aufl., 1995, S. 186.

26　これに対し、709条では法が許さない行為の内容は明文の要件で尽きており、隙間はないと考えることも可能である。なお、大学湯事件では、隙間にではなく権利という文言に降りてきている。

27　*Larenz/Canaris*, Lehrbuch des Schuldrechts, Bd. II, BT, Halbb. 2, 30. Aufl., 1994, S. 360.

なお、わが国では、民法の題号を使って不法行為法といい、そこに無過失責任も含めている。この用法は、ヨーロッパの通例とは異なるようであるが、十分に成り立つ。無過失責任についても「法が許さない行為」を想定することは可能である。例えば、欠陥製品の製造によって損害を惹起したことは、「法が許さない行為」（不法行為）といえる[28]。

4　これまでの違法性論との関係

（1）前田達明の違法性論

　前田の違法性論は、故意・過失も権利・利益侵害も不法行為の要件として維持する。では、違法性はどのような役割を担うのだろうか。それは、「両要件の内容を同時に決定する形で、行為と被侵害利益の利益衡量を行うこと」の正当化である。例えば我々は、二重譲渡事例を考えるとき、加害行為の態様と被侵害利益の両方の視点を一括して思考している。第一買主の契約上の利益の保護は、第二買主が故意の場合に限定すべきだろう、との利益衡量である。そして、加害行為の態様は故意・過失要件に割り振られ（故意が必要との解釈になる）、被侵害利益の内容は権利・利益侵害の要件に割り振られる。

　このように前田説における違法性は、両方の要件の内容を、互いに影響させながら決めることを正当化する概念である。なぜ正当化できるかといえば、それは、「故意又は過失によって他人の権利・利益を侵害すること」全体で「法的に許されない」という評価（違法性）を示しているのだから、（各要件を捨象することはできないが）各要件を組み合わせる形で「法的に許されない」との評価を提示すれば良いからである。いわば違法性は、フランス民法のフォート（ただし必須の判断事項を内蔵している）に相当する。

　題号が不法行為であることは、「故意又は過失によって他人の権利・利益を侵害すること」全体を一体的に捉えるための明文の根拠となるから、前田説にとって重要な意義を有している。

　前田の違法性概念は、「権利侵害から違法性へ」で言われていた違法性ではない。したがって、過失一元論がもはや不要と主張した違法性ではない。この点で、前田以前の違法性概念とは大きく異なっている。前田自身、本来は違法性で

28　Medicus, a. a. O. (Fn. 25); Oftinger, a. a. O. (Fn. 25).

はなく不法行為性というべきであろうとしていたし、近時は不法性という言葉を用いている[29]。わが国では、違法性という言葉で通常思い浮かべるのは、故意・過失と並置される要件としての違法性である。それゆえ、前田説の内容は、709条の要件を総括する題号「不法行為」そのままに「不法行為性」という言葉を用いる方が、明瞭に表現できる。

前田説によれば、故意・過失と権利・利益侵害の判断の重複は起きない。利益衡量をした後に、行為に関する事項を故意・過失に、被侵害利益に関する事項を権利・利益侵害に振り分ければ良いからである。責任判断の思考プロセスにおいて利益衡量は一度で済む。

以上のように、前田説は、故意・過失と権利・利益侵害の重複回避に成功している。ただ、この見解の論理上の問題ではないが、判断対象の細分化による思考プロセスの明確化にとっては、後退となるのではないだろうか。例えば、前田説では、景観利益侵害における行政法規違反の判断は、過失要件か権利・利益侵害要件に含まれることになる。そうすると、前述した問題（三1を参照）が生じるように思われる。

（2）近時提唱されている違法性論

近時、709条における違法性の意義について、従来とは異なる角度から議論する見解が提唱されている。以下、二つの見解を紹介したい。

① 注意義務違反を二つのレベルに分ける見解（制度的判断と個別事例判断）[30]

不法行為の事例では、加害者の権利と被害者の権利が対立するため、両者の調整が必要となる。この調整は、対立する権利どうしの間に線引きをし、それらの権利の内容を決定する点で、権利という制度の中身を具体化する意味を持つ。これは、権利を通して社会の秩序――社会制度――を構築する作業である。そのため、社会的に一般性を持った判断が求められる。違法性はこの判断を担う。この調整は政策的判断によって行われるから、過失における注意義務でも行えるように思える。しかし、過失は、当該事案の具体的状況に基づいて利益衡量を行う要件であり、そこでの判断は当該事案に単発のものである。違法性におけるような

---

29 前田達明『民法Ⅵ2（不法行為法）』（青林書院新社、昭55）122頁、同「『新注釈民法（15）債権（8）』を読んで」書斎の窓653号（2017）29頁。

30 能見善久「不法行為の機能・要件の再構成」NBL937号（2010）18頁以下。以下、同説の紹介において、「権利」は法律上保護される利益を含む広い意味のものである。

一般性を持った判断ではない。過失は、社会の制度構築とは異なり、違法性要件で提示された社会制度を当該事案に当てはめ、個別評価を行うための要件である。

権利という制度を認める以上、それと表裏一体のものとして、他の権利との調整が必要となる。したがって、衝突する権利間の利益衡量は、権利そのものが予定している事柄であり、権利という制度に内在する事柄である。

そうすると、709条の要件としては、権利・利益侵害以外に違法性を設ける必要はないのではないか、との疑問が生じる。この点について同説は、権利・利益侵害という文言は被侵害利益の方に着目する姿勢と結びつきやすいため、加害者側の利益にも着目する別の要件が必要と答える（ものと思われる）。もっとも、そう考えるのであれば、片方に偏重しない文言であればよく、違法性という文言を使う必然性はない。むしろ、「違法」や「侵害」は、行為者側に着眼した文言であり、また、当該行為に対する評価結果まで含めた文言であるから、対立する権利の調整という作業内容にぴったり当てはまるわけではない。提唱者の能見が「違法性という言葉でとりあえず表している」と述べているのは[31]、このような理由によるものと思われる。

比較法上、この見解に類似するものとして、ネグリジェンスにおける duty of care（抽象的義務の認定）と breach of duty（抽象的義務を当該事案に適用・具体化し、当該行為の逸脱如何を認定する）の区別を挙げることができるかもしれない。ただし、これと比べると、上記見解は、breach of duty の判断のかなりの部分を duty of care の方で行うことになるだろう[32]。

この見解は、違法性概念を使うとしても、題号「不法行為」に明文上の根拠を求める必要はない。権利自体によって利益衡量を根拠づけているからである。

本稿で述べた過失と違法性の違いは、この見解のそれとは異なっている。本稿では、違法性は社会的一般性を持った判断である必要はなく、当該事案における個別評価であって構わない。また、過失は当該事案における個別評価であるが、評価の対象は、当該加害者がなぜ法規範に違反したかである。法規範への違反

---

31 「シンポジウム 新しい法益と不法行為法の課題」私法73号（2011）7頁〔能見善久発言〕（47頁も参照）。

32 Roberto は、スイス法における注意義務を duty of care、faute に該当するものとし、違法性の項目で取り上げている。*Roberto*, Schweizerisches Haftpflichtrecht, 2002, S. 15-16. また、Hartkamp は、一般的な注意義務を違法性の文脈で取り上げている。A. S. Hartkamp, *Law of Obligations*, in INTRODUCTION TO DUTCH LAW 182 (Jeroen Chorus et al. 5th ed. 2016).

は、違法性において既に判断されている。これに対し、上記の見解では、過失においても、当該行為の法規範違反の有無が評価される。

過失と違法性の役割分担という点からすると、上記見解においては、概念上または理念型として二つの判断を分けつつも、評価者の観方によって、要件の境界が融合してしまうように思われる。例えば、公園でサッカーボールを蹴って人に怪我をさせた場合や、公園や幼稚園を設置したら近所から騒音苦情が出たという場合、過失判断における負担の要素（当該行為の取りやめによって生じる不利益）の中には、子どもの成長に寄与できないという当該行為者の不利益も入る。その評価は、加害者・被害者間に限定されない社会的視点が必要になるのではないだろうか。また、指導の行き過ぎについて部下が上司個人の責任を問う場合、過失判断における負担の要素の中には、上司個人の利益にとどまらず会社の利益、すなわち加害者・被害者間に限定されない利益も入ってくるのではないだろうか。

② 「法律上保護される利益を侵害」という文言に着目する見解

709条の「法律上保護される利益を侵害した」という文言は違法性を想起させる、との指摘がある[33]。この指摘は、前田と異なり、違法性の明文上の根拠を709条の文言に見出している。

しかし、この指摘が「想起させる」と弱い表現を使っているように、「法律上」は「侵害」ではなく「保護」に係っており、保護すべき利益の基準として位置づけられている。そのため、違法性と結びつけるためには、法律上保護される利益の侵害は、その利益を保護している法規範の侵害でもあるから違法である、と解釈する必要がある。そうすると、権利も法律上保護されているのだから、権利侵害も違法であると解釈することになると思われる。

四　諸外国の状況

本章では、諸外国において不法行為の題号はどうなっているか、過失責任主義の規定はどのように定められているか、そこでの要件はどのように議論されているかを見ていくこととしたい。本稿の問題意識との関係で、ドイツ語圏の民法と、過失責任主義の規定中に違法性の要件を設けている民法を取り上げることと

33　大塚直「権利侵害論」内田貴・大村敦志編『民法の争点』ジュリ増刊（平19）267頁、268頁（ただし大塚自身は別の見解に立っている）。

したい[34]。

1 法典制定史

（1）バイエルン民法（1756年）[35]

バイエルン民法は、第4編（債務法）第16章（犯罪及びそれによって生じる債務一般）と第17章（名誉毀損）に不法行為の規定を収めている。第16章の表題には括弧書きで Obligatione ex Delicto と書かれている。publicum vel privatum Delictum という表現も用いられている。第16章6条は、他人の財産に不当な方法で（ungerechterweise）加えた損害についての賠償を規定している。

（2）オーストリア・テレジアヌス法典（1766年）[36]

オーストリア一般民法（AGBG）の制定は1811年であり、プロイセン一般ラント法よりも後であるが、第一草案であるテレジアヌス法典は1766年に作成されている。

同法典は、第3編（債務について）第21章（犯罪について）と第22章（犯罪とみなされる行為について）に不法行為の規定を収めている。

第21章3条は、現在の目から見れば、故意・過失による損害賠償を定めた規定といえる。注目されるのは、同章の文章中に、erlaubt と unerlaubt を用いた説明が見受けられることである。すなわち、ここまでは erlaubt Handlung（許された行為）に関する義務の4類型を説明してきたが、ここからは unerlaubt Handlung（許されない行為）について説明するとし、「許されない行為」とは契約と異なる行為であって、犯罪や危険によって誰かを拘束する行為であるとしている。

34　筆者の能力的制約により調査は一部の国々にとどまる。例えばアジア諸国では、故意・過失と損害以外に、韓国民法は違法行為、中国民法は権利利益侵害、台湾民法は不法な権利侵害を要件としている。台湾民法はさらに、ドイツ法と同様、故意による良俗違反規定と保護法規違反規定も有している。また、南アフリカ共和国は私法規範の大部分を法典化していないが、Roman-Dutch Law を承継している。同国では違法性（unlawfulness, wrongfulness）が不法行為の要件とされている。Cf. J. Neethling, *Wrongfulness in South African Law of Delict*, in Unification of Tort Law: Wrongfulness 101, 104-105 (H. Koziol ed. 1998); Daniel Visser, *Aspects of the Structural Foundations of the Law of Delict in South Africa and Scotland - Lessons from Two Mixed Jurisdictions*, in Grundstrukturen des Europäischen Deliktsrechts 107 (Reinhard Zimmermann ed. 2003); Anton Fagan, *Rethinking Wrongfulness in the Law of Delict*, 122 S. African L. J. 90 (2005); Max Loubser, Tort Law in South Africa 29, 36-37, 57-58, 63 (2020). いずれも関心を引く国々であるが、調査が及ばなかった。

35　Codex Maximilianeus Bavaricus Civilis. Google books で閲覧した。

36　Codex Theresianus. Google books で閲覧した。

174　論　説

義務が生じる行為の5類型目は、犯罪であり、法律と名誉に反して自発的に行われる「許されない行為」に他ならない、としている。

続く第22章は、家畜による損害等の規定を収めた章であるが、ここでも unerlaubt を用いた文章が登場する。

（3）プロイセン一般ラント法（1794年）[37]

本稿で調べた中では、プロイセン一般ラント法が最も早く unerlaubt Handlung を題号として用いている（以下、unerlaubt は「許されない」と表記する）。同法第1編第6章の題号は「許されない行為から生じる権利及び義務について」となっている。同法がなぜこの題号を設けたかは関心を引くところであるが、本稿では調べられなかった。

同法が規定する不法行為の成立要件は、「故意・過失によって他人を害すること」と要約できる（同章10条、12条）。そして、「他人を害すること」の意義が同章8条において規定され（「権利なくして他人に損害を与えること」）、さらに損害の意義が同章1条で規定されている。過失の意義は、第1編第1章16条と17条で規定されている。16条は「人は、市民生活上の事項について、法規に従って行為するよう注意する義務を負う」、17条は「その注意を欠いたために法規に違反して（wider die Gesetze）行為した者は、過失をなしたものとする」と定めている。

「許されない行為」の意味を定義する規定は存在しない。また、「許されない」という文言は過失責任主義の規定中にはなく、周辺的な規定で用いられるにとどまっている。

（4）オーストリア一般民法（1811年）

AGBG は1811年に制定された。オーストリアは、草案（テレジアヌス法典）の段階で不法行為を「許されない行為」と表現する用法を知っていたし、先行するプロイセン一般ラント法でもその文言が題号で用いられていた。しかし、AGBG は、第2編第2部第30章を広く「損害賠償及び原状回復の権利について」とし、そこに不法行為の規定を収めた。

過失責任主義の規定は次のようになっている。何人も、有責に（aus Verschulden）加えられた損害については、その加害者に対して損害賠償を請求できる（1295条1項）。損害は、財産、権利、人格に不利益を被ったことであり（1293

37　Google books で閲覧した。

条）、違法な行為（widerrechtlich handlung）[38]または違法な不作為から生じる（1294
条）。過失は、損害発生を予見しなければならなかったにもかかわらず、予見し
なかった場合に認められる（1297条）。

（5）オランダ民法（1838年）

オランダでは1806年に民法が起草されたが[39]、ナポレオンの占領によって同草
案は使われなかった。オランダでは最初にナポレオン民法が施行された（1811
年）。その後、1838年にオランダ民法が制定され、1992年に大幅に改正された。

1838年のオランダ民法は、第3編（債務について）第3章（法定債務）に不法行
為の規定を収めている[40]。不法行為の規定群に冠せられた題号はない。過失責任
主義を定めた1401条は、「他人に損害を与える全ての違法行為（onregtmatige
daad）は、その損害を有責に（schuld）惹起した者に対して、賠償義務を負わせ
る」と定めている。フランス民法と異なり違法性が規定されている。違法性導入
に関する政府の意図は、フランス民法1382条が惹起した多くの論争に終止符を打
つことにあった、と説明されている[41]。

違法性要件については、法規違反のみか、それとも権利侵害も含むのか、不文
法はどうかという議論が生じた[42]。1919年の最高裁判決は、違法性を権利侵害、
法律上の義務違反、良俗違反とした[43]。

1992年の大改正は、不法行為の規定群に「違法行為」（Onrechtmatige daad）と
いう題号をつけるとともに、上記判例を受けて、新法典6編162条を次のように
規定した[44]。

第1項　自らに帰しうる違法行為（Onrechtmatige daad）を他人に対して行った

38　以下、ドイツ語圏の法典に関しては、widerrechtlich を違法と訳して表記する。

39　Regtsgeleerd, practicaal en koopmans handboek. Google books で閲覧した。民商法と訴訟法を
　　内容とする。第1編（市民法）第16部（犯罪または準犯罪による義務）は、生命侵害、身体侵
　　害、財産損害、準犯罪という構成になっている。要件は故意・過失であり、違法性は規定されて
　　いないようである。

40　Burgerlijk Wetboek Officielle Utigave. Google books で閲覧した。

41　A. S. Hartkamp & C. H. Sieburgh, Verbintenissenrecht Deel VI, Deventer: Wolters Kluwer
　　2015, p. 39.

42　Hartkamp, *supra* note 32, at 182.

43　判決日1919年1月31日、事件番号4842。オランダ司法府のウェブサイト Rechtspraak.nl で閲覧
　　した。検索エンジンに欧州判例識別子（European Case Law Identifier）"ECLI:NL:HR:1919:
　　AG1776" を直接入力しても閲覧できる。

44　オランダ政府のウェブサイトで閲覧した（https://wetten.overheid.nl/BWBR0005289/2024-01-
　　01）。

者は、それによってその他人が被った損害を賠償しなければならない。

第2項　違法行為とは、権利侵害、法規上の義務違反の作為もしくは不作為、または不文法に照らして社会生活（verkeer）上適切とされる事柄に反する作為もしくは不作為であって、正当化事由がないものをいう。

第3項　違法行為は、行為者がそれについて有責であるとき、または法もしくは常識によって行為者に帰責事由があるとき、当該行為者に帰することができる。

（6）ヘッセン民法草案（1842-1853年）[45]

ヘッセン民法草案は、第1編（債務一般について）第2章第3節（許されない行為による義務の発生について）に不法行為の規定を収めている。

206条は、何人も、他人に違法に損害を与える行為を控える義務を負い[46]、この一般的義務に違反した者は、故意か不注意かにかかわらず損害について責任を負うと定めている。また、損害の発生可能性が、賢明な者でも考慮に入れないほど低い場合には、責任は課されないことも定めている。同条以外にも次のような規定がある。自らの権利を、権利の範囲内で、適法な方法で（auf gesetzliche Art）行使する者は、責任を負わない（207条）。他人に損害を与えても自らの責めに帰せられないときは、損害賠償義務を負わない（208条）。何人も、違法に惹起した損害についてのみ責任を負う（210条）。

本草案は、さらに第2編（債務各則について）第19章に不法行為の細則を設けている（661-685条）。

（7）セルビア民法（1844）[47]

セルビアは、フランス民法制定（1804年）以降でいうと、オーストリア、オランダに続いて民法典を制定した国である。セルビアでは当初、ナポレオン民法をモデルにして民法を起草する考えであったが、この考えは破棄され、オーストリア民法をモデルとすることになった[48]。

45　Entwurf eines bürgerlichen Gesetzbuchs für das Großherzogthum Hessen. Google books で閲覧した。

46　草案理由書は、何人も他人の権利領域を侵害しない義務を負っているとし、その義務に違反することを違法と表現している。

47　Српски грађански законик. セルビア民法170周年を記念する書籍（Српски Грађански Законик -170 Година）がベオグラード大学法学部から刊行されている（https://ius.bg.ac.rs/wp-content/uploads/2021/10/Srpski-gradjanski-zakonik-170-godina.pdf）。

48　Emilija Stanković, *The Serbian Civil Code – The Fourth Codification in Europe*, 20 Fundam-

たしかに、題号を「損害賠償について」(O Накнади Учињене Штете) とした点、また、財産、権利、人格いずれに対する損害であろうと賠償対象になると表現している点（800条）は、オーストリア民法に近いといえる。しかし、過失責任主義の規定（801条）は、「損害が自らの過失ではなく偶然によるものであったことを証明した場合にのみ、損害賠償の支払を免れることができる」と定めている。オーストリア民法と異なり、違法性が規定されていない。

現在のセルビアでは、債務法の主な法源は Zakon o Obligacionim Odnosima（債務関係法）である。同法は、ユーゴスラビア社会主義連邦共和国時代の1978年に立法され、同国解体後もセルビア、モンテネグロ等の国々で受け継がれた[49]。

セルビア債務関係法[50]は、第1部（総則）第1章で「何人も、他人に損害を与える可能性のある行為を控える義務を負う」(16条) と定めている。不法行為の規定は第2章（債務の発生）第2節（損害の惹起）に収められている。一般規定を定める154条は、その1項において、「他人に損害を与えた者は、その損害が自らの落ち度（Кривица）によらずに生じたことを証明しない限り、その損害を賠償する責任を負う」と定め、2項において無過失責任を定めている。落ち度の内容は158条で定められており、故意・過失とされている。このように、不法行為の要件として故意・過失は規定されているが、違法性は規定されていない[51]。第5款は、危険物または危険な活動による損害についての責任を定めている（173条以下）。

2015年に民法草案の叩き台が公表されたが[52]、そこでも違法性は不法行為の要件とされていない（295条）。

（8）チューリッヒ民法（1856年）[53]

チューリッヒ民法は、第4編（債権及び債務）第15節（許されない行為による債権

INA 881, 882, 884 (2014).

49　Marija Karanikić Mirić, Tort Law in Serbia 38-39 (2023).

50　セルビア共和国法務情報システムで閲覧した（https://pravno-informacioni-sistem.rs/eli/rep/slsfrj/skupstina/zakon/1978/29/1/reg）。

51　加害行為の違法性は不法行為の要件ではないと説明されている（Mirić, *supra* note 49, at 53-54）。同法は違法性を過失に統合しており、フランス民法の立場に従っていると指摘する文献として、Damjan Možina, *Fault, Presumption of Fault, and Wrongfulness in the Yugoslav Obligations Act*, 12 Journal of European Tort Law, 221, 229 (2021) がある。

52　Грађански Законик Републике Србије（民法／セルビア共和国）(https://www.mpravde.gov.rs/files/NACRT.pdf).

53　Privatrechtliches Gesetzbuch für den Kanton Zürich. Google books で閲覧した。

について）と第16節（犯罪及び悪意ある行為による損害賠償義務）に不法行為の規定を収めている。

第15節は、有責（Verschuldung）という項目の下、1834条において、「他人の身体または財産に損害を与えた者は、悪意（中略）がない場合であっても、違法かつ有責な方法によって損害を与えたときは、賠償義務を負う」と定めている。第16節は、物を投棄しまたは落下させた住居所有者の責任や、未成年者の損害惹起に対する父の責任など、有責性を要件としない責任や間接的な有責性を要件とする責任を定めている。

（9）バイエルン民法草案（1861年）[54]

バイエルンでは1756年の民法制定後、1861年に改正草案が作成されたが、改正は実現しなかった。同草案は、第2部（債務関係の法）第1編（債務関係一般について）と第2編（個別債務関係について）に不法行為の規定を収めている。

第1編第2章は「許されない行為」を題号とし、52条において、「故意または過失によって他人に違法に財産的損害を与えた者は、（中略）損害を賠償する義務を負う」と定める。53条は本文で過失の意義を規定し、ただし書で、予見不可能だった場合でも結果回避が不可能だったと主張できない場合を規定している。

「許されない」という文言は、理由書の方にも見受けられる。すなわち、責任を課すために必要な認識の程度については、「それ自体が許されていないのではない」行為と、それ自体が違法のまたは明示的に禁止された行為との相違が重要である。

（10）ザクセン民法（1863年）[55]

ザクセン民法は、第2部（債権の個別の性質について）第2章（許されない行為による債権）に不法行為の規定を収めている。

同章は、「1. 違法な加害」という項目の冒頭に、過失責任主義の規定を定めている。すなわち、1483条は、「故意、重過失、軽過失を問わず、違法行為により他人の身体や財産に損害を与えた者は、賠償を支払う義務がある」と定める。

（11）ドレスデン民法草案（1866年）[56]

ドレスデン民法草案は、「2. 契約及び不法行為による債務の発生」の項目に

---

54 Entwurf eines bürgerlichen Gesetzbuches für das Königreich Bayern. Google books で閲覧した。

55 Das Bürgerliche Gesetzbuch für das Königreich Sachsen. Google books で閲覧した。

民法第3編第5章題号「不法行為」の意義（畑中）　*179*

「2. 許されない行為」を設け、不法行為の規定を収めている（211-226条）。

211条は「何人も、他人に違法に損害を与える行為をしない義務を負う」と規定し、212条は、「故意または過失により第211条に定める義務を怠った者は、違法行為によって直接に損害が惹起されたか、または第三者もしくは偶然によって損害が惹起されたかにかかわらず、他人または財産に生じた損害について責任を負う」と規定する。そして、発生可能性が非常に低く、注意深い者であっても考慮に入れなかった損害については、過失は想定されないと定めている。

（12）スイス債務法（1881年）

1870年に作成された草案[57]は、第2章の題号を「許されない行為による債務」とし、そこに不法行為の規定を収めていた。冒頭の90条1項は、「故意または過失により違法な行為によって他人またはその財産に損害を加えた者は、その損害を賠償する義務を負う」と定めていた。

1881年に制定された債務法[58]は、第1章（債務の成立）第2節（許されない行為）の冒頭規定（50条）において、「故意か過失かを問わず、違法に他人に損害を与えた者は賠償の義務を負う」と規定した。同条の注釈は、違法について、「自らの権利を行使するに過ぎない者は、その行使によって他人がどれほど被害を受ける可能性があるとしても、損害賠償を支払う義務はなく、その権利を行使することに利益があるかどうかを検討する必要もない」と説明している[59]。フランス語版は、「違法に」ではなく「権利なくして」という文言であったが[60]、1911年の改正時に「違法な方法で」という文言に変更された。イタリア語版では1881年段階から「違法に」という表現が使われていた[61]。

1911年の改正では、題号と上記50条の内容が維持される一方（条文番号は41条に変更）、良俗違反の規定が追加された。スイスには公用語が4つあるので、それぞれの言語で題号と違法の文言を紹介すると、図2のようになっている[62]。

56　Entwurf eines allgemeinen deutschen Gesetzes über Schuldverhältnisse. Münchener Digital-isierungsZentrum のウェブサイトで閲覧した。

57　Schweizerisches Obligationenrecht. Entwurf. Google books で閲覧した。

58　Das Schweizerische Obligationenrecht sammt den Bestimmungen des Bundesgesetzes. 1883年に出版されたものを Google books で閲覧した。

59　Das Schweizerische Obligationenrecht, a. a. O.（Fn. 58）S. 78（2. Widerrechtlich の項目を参照）.

60　CODE FÉDÉRAL DES OBLIGATIONS. Google books で閲覧した。

61　CODICE FEDERALE DELLE OBBLIGAZIONI. Google books で閲覧した。

180 論 説

図2 スイス債務法

	題 号	条文中の違法の文言
ドイツ語	Die Entstehung durch unerlaubte Handlungen	widerrechtlich
フランス語	Des obligations résultant d'actes illicites	illicite
イタリア語	Delle obbligazioni derivanti da atti illeciti	illecitamente
ロマンシュ語	Obligaziuns che resultan tras acts illegals	illegalmain

スイス債務法は、2013年に改正草案が公表された。同草案は違法性要件を削除し、一般的行為義務違反のみを要件とした（新46条）。提案の趣旨は、従来の違法性要件を超えて、絶対権侵害と保護法規違反にとらわれずに不法行為を認定できるようにすることである[63]。ただし、同草案は立法には至っていない。

(13) モンテネグロ公国一般財産法 (1888年)[64]

モンテネグロでは1881年に一般財産法が制定された。同法は、Одуговима који долазе од <u>недопуштених дјела</u>, а уговора се не тичу (930) の題号の下、570条以下に不法行為の規定を定めている（下線は筆者が引いたもの）。570条は、違法行為 (незаконитим[65] дјелом) によって損害を与えた者は、故意の場合だけではなく過失による場合でも、損害を回復する義務があると定めている。

同法のフランス語訳[66]によると、題号は DES OBLIGATIONS NÉES D'ACTES ILLICITES (art. 930) となっており、条文中の違法行為 (acte illicite) と同じ文言が用いられている。しかしキリル語版では、上記のように題号と条文中の文言は異なっている。題号の недопуштених は、допуште (allowed) を не で否定していることから、「許されない」という意味のようである。

---

62 スイス政府ウェブサイト Fedlex による。

63 *Huguenin/Hilty* (Hrsg.), Schweizer Obligationenrecht 2020: Entwurf für einen neuen allgemeinen Teil, 2013, S. LXX, 155-157 [*Fellmann/Müller/Werro*]. 経済的損失の保護も意図されているようである。

64 Opšti imovinski zakonik za Knjaževinu Crnu Goru. Google books で閲覧した。同法典を取り上げる文献として前田達明『民法随筆』（成文堂、1989）22頁以下 [初出1975]、シーマ・アヴラモーヴィチ（松本英実訳）「ボギシッチと日本民法典——セルビア、モンテネグロと日本法の接点」青山法学論集57巻1号 (2015) 61頁以下、Gábor Hamza（棚澤能生訳）「モンテネグロにおける私法発展の歴史と特徴」早稲田法学92巻3号 (2017) 360頁以下がある。

65 законит (legal) を не で否定していることから、「違法に」という訳になると思われる。

66 CODE GÉNÉRAL DES BIENS POUR LA PRINCIPAUTÉ DE MONTÉNÉGRO DE 1888. Google books で閲覧した。

現行法である債務関係法[67]を見ておくと、セルビアのものと同様、第1部第1章で損害惹起の可能性のある行為を控える義務を規定し（9条）、第2章第2節（損害の惹起）で不法行為の規定を定めている。過失責任主義及び落ち度の内容の規定もセルビアのものと同様である（148条1項、152条1項）。違法性は規定されていない。

（14）ドイツ民法（1896年）

ドイツ民法は、「許されない行為」という題号の下に、不法行為に関する規定をまとめている。冒頭の823条は次のように規定している[68]。

第1項　故意または過失により他人の生命、身体、健康、自由、所有権またはその他の権利を違法に侵害した者は、その他人に対し、これによって生じた損害を賠償する義務を負う。

第2項　他人の保護を目的とする法律に違反した者も、前項と同様である。法律の内容によれば有責性がなくても違反を生ずる場合には、賠償義務は、有責性があるときに限り生ずる。

第一委員会の最初の条文案は、故意・過失と違法行為のみを要件としていた。これに対して Windscheid は、違法性を削除した条文を提案し、併せて、権利行使者は損害賠償義務を負わないとする条文等も提案した。フランス法を別として、近時の現行法は被害者救済の点で不十分だと批判されていること、主要原則に入らない多数の個別規定を設けるべきではないことから、この提案は基本的に承認された。しかし結局この立場は採られなかった[69]。

第一草案理由書は、「許されない」と「違法」の関係について、次のように説明している。「本草案は、違法行為を、法律行為によらない損害賠償義務の意味で（im Sinne der Schadensersatzpflicht）、許されない行為と呼ぶ」[70]。

67　Zakon o Obligacionim Odnosima. モンテネグロ政府のウェブサイトで閲覧した（https://www.gov.me/en/documents/3b3bca34-6f31-468a-a26b-f7da6b8a399f）。

68　E. ドイチュ＝H.-J. アーレンス（浦川道太郎訳）『ドイツ不法行為法』（日本評論社、2008）336頁。

69　*Jakobs/Schubert*, Die Beratung des Bürgerlichen Gezetzbuchs, Recht der Schuldverhältnisse III, 1983, S. 873, 875, 881-882, 884. Vgl. MünchKommBGB/Wagner, Bd 5, Schuldrecht, BT III, 5. Aufl., 2009, S. 1693-1694.

70　Motive zu dem Entwurfe eines bürgerlichen Gesetzbuches für das Deutsche Reich. Band. II, S. 725-726. Münchener DigitalisierungsZentrum のウェブサイトで閲覧した。末川・前掲注14）152頁も参照。理由書は、なぜ違法行為と「許されない行為」との関係を説明しているのだろうか。理由書は少し前の箇所で、近年の民法は違法性をおおもとに置きつつ、さらに過失も要件と

182 論 説

「損害賠償義務の意味で、許されない行為と呼ぶ」の部分はどう理解すべきであろうか。「損害賠償義務を発生させる行為の意味で」と書いてあれば、文章の意味は明確である。しかし、上記下線部に相当する文言はなく、単に「損害賠償義務の意味で」としか書かれていない。不法行為は損害賠償義務を発生させる要件であり、損害賠償義務そのものではない。そうすると、「の意味で」の部分を「を意味するものとして」と理解することはできそうにない。ここでは、"im Sinne"を「観点から」という意味で捉えて、「法律行為によらない損害賠償義務という観点から、許されない行為と呼ぶ」と理解すると、文章が自然につながるように思われる。

理由書の上記説明において、「法律行為によらない損害賠償義務」と「違法行為」と「許されない行為」は、どのように結びつけられているのだろうか。二つの理解が可能であるように思われる。一つは、「違法行為であって、法律行為によらずに損害賠償義務を発生させるものを『許されない行為』という」、との理解である。もう一つは、「違法行為は、法律行為によらずに損害賠償義務を発生させるから、『許されない行為』と呼ぶこととする」、という理解である。前者の理解によれば、「許されない行為」は、違法行為のうち損害賠償義務を発生させる要件を満たしたもの、ということになる。後者の理解によれば、違法行為と「許されない行為」は同義の観念ということになる。

以上の他、「違法でないものは許されている」との記述がある。

(15) ギリシャ民法 (1940年)[71]

ギリシャ民法はパンデクテン方式で編纂されている（総則、債務、物権、親族、相続）。不法行為の規定は債務編第39章にあり、題号は AΔΙΚΟΠΡΑΞΙΕΣ（小文字ではαδικοπραξία）となっている。αδικο は不当、πραξία は行為という意味のようである。そうすると、ドイツ民法等と異なり「許されない」という文言ではなく、また、わが国と異なり題号に「法」という文言は入っていないことになる。

914条は「違法（παράνομα）[72]かつ有責に他人に損害を与えた者は、その他人に賠償しなければならない」と定めている。919条は故意の良俗違反による損害に

している、という趣旨の説明をしている。本草案もそれらと同様の立場だ（すなわち、違法性をおおもとに置いている）との態度表明なのかもしれない。

71 ギリシャ政府のウェブサイトで閲覧した（Αστικος Κωδικας と Greek で検索）。邦訳としてカライスコス・アントニオス「ギリシャ民法典邦訳（4）」比較法学42巻3号（2009）173-175頁参照。

72 νόμος が法なので、παρά + νομα で「違法に」となるようである。

ついて定めている。

（16）イタリア民法（1942年）

イタリアの最初の民法（1865年制定）[73]は、ナポレオン民法と同様、「犯罪（delitti）及び準犯罪」を題号とし、過失責任主義の規定（1151条）も、過失（colpa）によって損害を生じさせることを要件としていた。そこには違法の文言はなかった。

その後、イタリア民法は1942年に改正され、不法行為の規定は第4編（債務）第9章に規定された[74]。題号は DEI FATTI ILLECITI（違法行為について）である。冒頭の過失責任主義の規定（2043条）は、「違法行為に対する賠償」をタイトルとし、「他人に不当な（ingiusto）損害を与えるところの、故意または過失ある全て行為は、当該行為者に対し、その損害を賠償する義務を課す」と定めている。

旧法と比較すると、ingiusto という文言が新たに追加されている。一般の辞書には不正、不当という訳がある。専門書では違法、wrongful と訳されている[75]。

（17）法典制定史から窺えること

フランス民法はフォートと損害のみを要件とした。その後、スイス民法は違法性を要件として追加し、さらにその後ドイツ民法は、権利侵害という要件も追加した[76]。これに対し、オランダ民法はドイツと異なる方向に進んだ。すなわち、違法性の内容を具体化し、そこに権利侵害等を位置づけた。

このようなフランス民法からスイス民法へ、そしてドイツ民法やオランダ民法へという推移は、少なくともその一面としては、フォートという包括的な要件を細分化し、判断要素を明確にしていく試みの足跡と評価できるのではないだろうか[77]。

わが国の民法は、フォートの内容を明確化してきた法典の系譜に属している

---

73 IL CODICE CIVILE ITALIANO CON LE CITAZIONI AD OGNI ARTICOLO. Google books で閲覧した。

74 Codice Civile. イタリア政府のウェブサイトで閲覧した（https://www.gazzettaufficiale.it/anteprima/codici/codiceCivile）。

75 風間鶴寿『全訳イタリア民法典──民法・商法・労働法──〔追補版〕』（法律文化社、1977）308頁、クリスティアン・フォン・バール（窪田充見編訳）『ヨーロッパ不法行為法（1）』（弘文堂、平10）514頁、Francesco D. Busnelli & Giovanni Comandé, *'Wrongfulness' in the Italian Legal System*, in UNIFICATION OF TORT LAW, *supra* note 34, at 69.

76 Vgl. *Mugdan*, Die gesammten Materialien zum Bürgerlichen Gesetzbuch für das Deutsche Reich, Bd. 2, Recht der Schuldverhältnisse, 1979, S. 1267（schärfer＝より鮮明に、より厳密に、という語を用いている）：平井宜雄『損害賠償法の理論』（東京大学出版会、1971）340頁。

77 ただし、イタリアとギリシャは過失と違法性という以上の具体化をしていない。また、セルビアはオーストリア民法をモデルとしつつも最初から違法性を導入しなかったし、モンテネグロ（及びスイス債務法改正草案）は過失に一本化し、フランス民法へと回帰している。

184 論 説

が、他国と異なり、過失・違法性のうち——ヨーロッパ諸国で長く承継され、広く受容されていた——違法性の文言を承継せず、権利侵害を採用した[78]。また、他の諸国では、不法行為の成立範囲をフォートよりも明確化するために違法性が導入されたと思われるのに対し、わが国では、不法行為の範囲を拡大するために違法性が導入された。

2　現在の議論状況——過失、権利・利益侵害、違法性の関係を中心に——
（1）過失、権利・利益侵害、違法性の関係

ヨーロッパでも、過失と違法性の重複が議論されている。両要件を明文で規定する国々においては、両要件の整理はわが国以上に深刻な問題と思われる。多くの国々は、学理上この問題への対処に苦慮しているようである[79]。そのような中、過失と違法性は以下の点で異なるとして、両要件に別々の判断を担わせる見解が主張されている[80]。

78　起草者は意図的に違法性を外したとする見解として、大河純夫「民法七〇九条『権利侵害』再考——法規解釈方法との関連において——」原島重義傘寿『市民法学の歴史的・思想的展開』（信山社、2006）533頁、546-547頁がある。

79　ドイツについては、*Larenz/Canaris*, a. a. O.（Fn. 27）S. 368-372（教育面での苦労にも触れている）, 426, 432; MünchKomm, a. a. O.（Fn. 69）S. 1739, 1740, 1763-1764, 1849; *Emmerich*, BGB-Schuldrecht, BT, 16. Aufl., 2022, S. 318; *Brox/Walker*, Besonderes Schuldrecht, 45. Aufl., 2021, S. 633-636; スイスについては、*Oftinger*, a. a. O.（Fn. 25）S. 185-186, 196, 200, 202; *Portmann*, Erfolgsunrecht oder Verhaltensunrecht? Zugleich ein Beitrag zur Abgrenzung von Widerrechtlichkeit und Verschulden im Haftpflichtrecht, SJZ 1997, S. 273-275, 277-279; Pierre Widmer, *The Concept of 'Unlawfulness'- Function and Relevance under Swiss Law*, in UNIFICATION OF TORT LAW, *supra* note 34, at 122; *Roberto*, a. a. O（Fn. 32）S. 1, 74-75, 63, 140（一般条項を持つスイスがドイツ民法の影響を受けてきたことを峻烈に批判する）; *Honsell/Isenring/Kessler*, Schweizerisches Haftpflichtrecht, 5. Aufl., 2013, S. 80; オーストリアについては、*Koziol*, Objektivierung des Fahrlässigkeitsmaßstabes im Schadenersatzrecht?, AcP 1996, S. 371; *Koziol*, Österreichisches Haftpflichtrecht, Band 2, 3. Aufl., 2018, S. 9; Helmut Koziol, *Wrongfulness under Austrian Law*, in UNIFICATION OF TORT LAW, *supra* note 34, at 13-14, 17-18; オランダについてはHartkamp & Sieburgh・前掲注41）95-96頁、113-115頁 ; Jaap Spier, *Wrongfulness in the Dutch Context*, in UNIFICATION OF TORT LAW, *supra* note 34, at 90; P. C. J. De Tavernier & J. A. van der Weide, *Harmonising tort law. Exploring the concept of fault*, 30（1）Bw-Krant Jaarboek（2016）109, 113, 138-139; ギリシャについては、EUGENIA DACORONIA, TORT LAW IN GREECE 66（2d. ed. 2023）を参照。

80　Larenz/Canaris, a. a. O.（Fn. 27）S. 370; ドイチュ・前掲注68）78-80頁 . Vgl. MünchKomm, a. a. O.（Fn. 69）S. 1751-1572; ハイン・ケッツ＝ゲルハルト・ヴァーグナー（吉村良一・中田邦博監訳）『ドイツ不法行為法』（法律文化社、2011）62頁〔増田栄作訳〕. 本文の以下の記述は、過失と違法性に——具体的レベルで——異なる判断内容を割り振れるのか、という観点から海外の議論を取り上げている。本稿では、過失責任主義と違法性の相性そのものについては検討できなかった。かかる検討のためには、損害賠償と比べて違法性とより結びつきが強い差止めの議論も

① 評価の対象

　行為を評価する際、評価の対象として、外部に現れた行為態様と内面の意識操作を分けることができる。外面評価は、行為者の実際の振る舞い方が、あるべき振る舞い方から逸脱していたかどうかを問題とする（違法性）。内面評価は、行為者が実際に行った意識の動かし方が、あるべき動かし方から逸脱していたかどうかを問題とする（過失）[81]。このように評価の対象を分けるのは、実際の行為態様が、あるべき行為態様から逸脱していたとしても、そのことについて行為者の意思を非難できなければ責任を負わせることはできない、と考えるからである。内面評価といっても意思の緊張状態を見るのではなく、あるべき意識操作からの逸脱を見る。ここでは、加害者はどのように意識を働かせるべきだったか、が問われる。

　あるべき意識操作の内容を決定する際、当該加害者の能力を基準にするか、通常人または合理人の能力を基準にするかが問題となる。この点について、Koziolは、有責性の思想により、過失は現実の注意力に基づいて評価すべきとしている。そうすると、責任能力者は標準的注意力を有すると推定するとしても、それは推定にすぎないから、結局は被害者に酷な結果となるのではないかとの疑問が生じる。この疑問への解答としてではないが、Koziolはオーストリアには（スイスとドイツにも）衡平責任があり、その活用が期待されると述べている[82]。個人能力基準説が通説かどうかについては、本稿では調べることができなかった。

② 評価の基準

　違法性要件は、社会一般に共通する規範に基づいて行為を評価し、過失要件は、当該事案の個別事情に基づいて行為を評価する。例えば、制限速度を超過して自動車を走らせることは、速度計が壊れていて速度超過に気づかなかったり、標識が一時的に撤去されていて制限速度に気づかなかったりした場合でも、交通上の義務に違反している。この場合、加害者は法的義務に違反しているが（すなわち違法性はあるが）、過失はない。このように、行為義務違反が違法性に入ってきても、過失と無理なく区別できる。

　　見る必要があるが、調査できなかった。

81　Robertoは、内部的注意の操作も一般的注意義務の一部であるから、外的・内的の区別は放棄すべきと批判する。Roberto, a. a. O.（Fn. 32）S. 64-65.

82　*Koziol*, Österreichisches Haftpflichtrecht, Bd. I, AT, 4. Aufl., 2020, S. 364-367, 371; Koziol, a. a. O.（Fn. 79）AcP 1996, S. 594-595, 603, 609-610.

（2）権利・利益侵害と違法性

行為義務違反を評価する際、利益衡量が必要となる場合がある。この利益衡量は、違法性で行うこともできるが、権利・利益侵害の要件で行うことも可能である。この点はヨーロッパではどのように議論されているだろうか。

オランダ民法は、違法性の内容を、権利侵害、法規違反、不文法違反として明文で規定している。そのため、行為義務に関する利益衡量は、それら下位概念のどれかと結びつけて行えば良い[83]。違法性という文言自体が利益衡量判断の受け皿となる必要はない。

これに対し、ドイツ民法823条1項は、権利侵害と違法性を並列的に規定している。行為義務に関する利益衡量を、当該権利の保護の内容を定めるものと位置づける場合には、行為義務違反は権利侵害の要件で判断することになる（権利侵害と評価されれば違法性が徴表される）。これに対し、権利侵害の認定後に、当該侵害が違法かどうかを評価するものと位置づけることも可能である（この場合、権利侵害は違法性を徴表しない）。

Larenz/Canaris は、行為義務を考慮しなければならない場合、それは違法性ではなく権利侵害で判断すべきとしているようである[84]。他方、教科書・体系書の中には、「枠的権利においては侵害が違法性を徴表せず、利益衡量が必要とされる」という趣旨の記述をするものがある[85]。この言い方は、侵害があることを前提とした上で、それだけでは違法性は認められない、というふうに理解できる[86]。そのような理解に立てば、利益衡量は違法性において行われる、ということになる。しかし、権利侵害で考慮するか違法性で考慮するかは、事案の類型によって異なると意識されているのかもしれない[87]。この問題については十分に調

---

83 もっとも、プライバシー侵害について、利益衡量のために「侵害」概念が使われてきたが、行為の不注意さとして判断する方が適切であるとの指摘も見受けられる。Hartkamp & Sieburgh・前掲注41）59頁。

84 Larenz/Canaris, a. a. O.（Fn. 27）S. 370.

85 *Fikentscher/Heinemann*, Schuldrecht, 10. Aufl., 2006, S. 766-767, 774; Medicus, a. a. O.（Fn. 25）S. 368-369, 395.

86 Brox/Walker による要件整理は、そのような立場のように読める。Brox/Walker, a. a. O.（Fn. 79）S. 606, 641-642.

87 例えば、Fuchs は、枠的権利について、利益衡量によって個々のケースにおける保護の範囲が決まるとし、利益衡量を権利の内容確定に位置づけていると読める記述をする一方、企業経営の妨害について、違法性判断には他者の権利との衡量が必要としている。後者については、営業権侵害があるとした上で、利益衡量によって違法性を判断すると考えているように読める。もっとも Fuchs は、社会生活上の義務違反は、違法性ではなくその前の構成要件レベルで考慮すること

べることができなかった。

五 おわりに

　本稿では、題号「不法行為」は「法が許さない行為」（であって損害賠償債権を発生させるもの）と解せること、違法性要件は709条において固有の存在意義を持ち、明文の根拠も題号に有していることを述べてきた。平成16年の民法改正以降は、709条の見出しにも根拠を見出せよう。

　しかし、論理上は上記のように考えることが可能だとしても、実質的には以下の問題が存在している。

　まず、違法性要件を設けることで思考のプロセスが明確化される事例は、それほど多くないのではないかとの疑問がある。例えば景観利益についていうと、刑罰法規違反の場合には行政法規違反と異なり加害者の認識が考慮されるし、公序良俗違反、権利の濫用についても、多くの場合、加害者の認識が考慮されるだろう。これらの場合には、違法性要件においても行為者の内面（心の中）と外面（行為態様）を考慮した判断が行われるので、過失と別に違法性要件を設けることは、思考プロセスの明確化には役立たないであろう。もし思考プロセスの明確化に資する場合が少ないとすると、それだけのために違法性要件を設ける必要はあるのかという疑問が生じる[88]。

　次に、709条に明文で書かれていない違法性が、実質的には非常に大きな役割を果たすことになり、不法行為の成否がそこでほとんど決まってしまうのではないか、という問題である。違法性の明示規定を持つヨーロッパ諸国では、違法性が不法行為の中心であると指摘されているが[89]、わが国もそれと同じ状態になってしまうのではないか、との懸念である。

　翻って、違法性要件を明記したヨーロッパ諸国が、学理上、要件の重複に苦慮

　が望ましいとしつつ、どちらに分類するかは実際上の重要性を持たない問題だ、としている。*Fuchs*, Deliktsrecht, 5. Aufl., 2004, S. 48-49, 65, 89-90.

88　本稿で取り上げた行政法規違反は、もともと違法性要件に有利な例である。平井・前掲注76）389頁、窪田・前掲注20）90-91頁参照。

89　Hartkamp & Sieburgh・前掲注41）38-39頁、116頁；Tavernier & Weide, *supra* note 79, at 133; Honsell, a. a. O.（Fn. 79）S. 80; Roberto, a. a. O.（Fn. 32）S. 65; MünchKomm, a. a. O.（Fn. 69）S. 1739.

することになったのに対し、この要件を持たないわが国の民法は、そのような苦労を抱え込まずに済むという長所を有している。もともと不法行為は統一要件を設けることが困難な法分野である[90]。題号（及び条文見出し）から709条の違法性要件を導くとなると、同条で処理する全ての不法行為類型について違法性要件を立てることになる。多くの事例で、違法性が故意・過失の判断を先取り的に吸収することが予想される。このことは、様々な不法行為を一箇条で処理する以上、やむを得ないことではある。しかしむしろ、不法行為という法分野の性格に合わせて、統一要件を設けないという方向も可能である[91]。条文は一箇条でも、事件の類型に合わせて解釈で要件構成を変えるという方法である。違法性についても、事件の類型に応じて――たとえば公益性が関わってくる事件については――、解釈で違法性要件を立てるという運用も可能かもしれない[92]。

　今日のわが国の状況において、709条における違法性要件の存在意義を見出そうとすれば見出せるが、他方で上記のような課題がある。これらの課題をどのように評価すべきか、本稿では検討できなかった。上述した違法性要件の存在意義については、同要件を設けるべきだとの主張ではなく、そのような役割があり得るとの指摘にとどめたい。

　　［付記］インターネット上の資料の最終閲覧日は、全て2024年5月6日である。

90　Oliver W. Holmes は、「我々は、不法行為というのは法律の教科書には適さない科目だと思いたくなる」と述べている。[Holmes], *Book review*, 5 AM. L. REV. 340, 341 (1871). Holmes はその一方で、この分野を統合する解説書の登場を切望すると言い（*id.* at 341）、実際、自らそれに取り組んでいった。不法行為の教科書を書けるという手応えを得て（[Holmes], *The Theory of Torts*, 7 AM. L. REV. 652, 659-660, 663 (1873))、嘆息にも似た先の文章から10年後、Holmes は The Common Law を著すことになった。しかし Holmes が行った不法行為法の体系化は、固有の分野として不法行為法を立ち上げること、そして、ネグリジェンスという不法行為類型を発見し、それを不法行為の柱として位置づけることであった。ドイツ民法823条のように、過失責任の要件を細分化するというものではなかった。*Cf.* G. EDWARD WHITE, TORT LAW IN AMERICA: AN INTELLECTUAL HISTORY 12-13 (1980).

91　加藤一郎編『注釈民法（19）債権（10）不法行為』（有斐閣、昭40）所収「はしがき」1頁〔加藤一郎〕、同・前掲注21)「はしがき」4頁〔昭32)、窪田充見ほか編『事件類型別 不法行為』（弘文堂、2021）所収「はしがき」i頁〔窪田充見〕、同・前掲注20) 26頁。

92　国家賠償法1条は明文で違法を規定し、不正競争防止法4条は不正競争という文言で違法を表現している（不正競争防止法については我妻・前掲注12) 100頁参照）。これらは、解釈で違法性要件を立てたわけではないが、分野の特性に応じて違法性を要件とした例として理解できるかもしれない。なお、行政事件に関する大日本帝国憲法61条は、違法と権利の傷害を条文中に規定しており、興味深い。

［編集委員］

新 美 育 文（にいみ いくふみ）　明治大学名誉教授

浦 川 道太郎（うらかわ みちたろう）　早稲田大学名誉教授

古 谷 英 恵（ふるや はなえ）　武蔵野大学法学部教授

［執筆者］

浦 川 道太郎（うらかわ みちたろう）　早稲田大学名誉教授

新 美 育 文（にいみ いくふみ）　明治大学名誉教授

齋 藤 　 航（さいとう こう）　明治大学情報コミュニケーション学部専任講師

村 山 淳 子（むらやま じゅんこ）　筑波大学ビジネスサイエンス系教授

肥 塚 肇 雄（こえづか ただお）　早稲田大学法学学術教授

畑 中 久 彌（はたなか ひさや）　福岡大学法学部教授

不法行為法研究⑤

2025年2月20日　初版第1刷発行

編集委員　新　美　育　文
　　　　　浦　川　道太郎
　　　　　古　谷　英　恵

発 行 者　阿　部　成　一

〒169-0051　東京都新宿区西早稲田1-9-38

発 行 所　株式会社　成　文　堂

電話　03(3203)9201(代表)　Fax　03(3203)9206
https://www.seibundoh.co.jp

製版・印刷　藤原印刷　　　製本　弘伸製本　　検印省略

©2025　I. Niimi, M. Urakawa, H. Furuya
Printed in Japan
ISBN978-4-7923-2815-3 C3032

定価（本体4500円＋税）